本书由“中央高校基本科研业务费专项资金”资助

法大法律评论

CUPL LAW REVIEW

（研究生法学）

法律出版社 LAW PRESS · CHINA
北京

图书在版编目（CIP）数据

法大法律评论. 2024 年. 第 2 辑 ：总第 40 卷 / 汪雄主编 ；刘奕辰，陈姜韬，徐翌洋副主编. -- 北京 ：法律出版社，2025. -- ISBN 978 - 7 - 5244 - 0053 - 0

Ⅰ. D9 - 53

中国国家版本馆 CIP 数据核字第 20251TE204 号

法大法律评论 2024 年第 2 辑(总第 40 卷)
FADA FALÜ PINGLUN 2024 NIAN DI-2 JI
(ZONG DI-40 JUAN)

汪　雄 主　编
刘奕辰
陈姜韬 副主编
徐翌洋

策划编辑 张　珺
责任编辑 张　珺
装帧设计 汪奇峰

出版发行 法律出版社
编辑统筹 法商出版分社
责任校对 王语童
责任印制 胡晓雅
经　　销 新华书店

开本 787 毫米 × 1092 毫米　1/16
印张 15　　**字数** 293 千
版本 2025 年 6 月第 1 版
印次 2025 年 6 月第 1 次印刷
印刷 唐山玺诚印务有限公司

地址：北京市丰台区莲花池西里 7 号(100073)
网址：www.lawpress.com.cn
投稿邮箱：info@lawpress.com.cn
举报盗版邮箱：jbwq@lawpress.com.cn
销售电话：010 - 83938349
客服电话：010 - 83938350
咨询电话：010 - 63939796

书号：ISBN 978 - 7 - 5244 - 0053 - 0
定价：80.00 元

凡购买本社图书，如有印装错误，我社负责退换。电话：010 - 83938349

编辑部地址　北京市海淀区西土城路25号中国政法大学教学图书综合楼600

邮政编码　100088

邮　　箱　yjsfxcupl@163.com

CUPL Law Review is edited by the Editorial Board of the Journal, and published biannually in Beijing, under the auspices of China University of Political Science and Law. The journal invites the submission of manuscripts in Chinese. All correspondence should be sent to:

CUPL Law Review Editorial office,
Room 600,
Multifunctional Building,
China University of Political Science and Law,
25 Xitucheng Road,
Haidian District,
Beijing, China 100088
E-mail:yjsfxcupl@163.com

目　录

特　稿

专题一　智慧法学

专题二　行政程序法研究

实证与比较研究方法的运用

学术争鸣

译文专栏

特　稿

寻找法律的实践基础

——以哈特《法律的概念》为文本展开

范立波*

摘　要　阅读经典著作的最佳方法之一,是"重做式"的阅读,即从作者的问题出发,追寻作者的探索过程,发现作者观点可能存在的问题并做出适当的修正或发展。哈特的主要问题是解释法律的义务性,并最终通过承认规则这一社会规则来说明。因此,哈特需要解释义务的强制性含义,并将法律的义务性与道德的义务性区别开来。本文将义务的强制性解释为理由的强制性,清除哈特在解释义务时与社会压力因素的纠缠。哈特用内在立场解释社会规则的存在时,没有区分构成性的内在立场和回应性的内在立场,导致其所谓的社会规则只是指社会性实践的规则,无法将内容依赖的规则和实践依赖的规则区别开来。而这种理论混乱也使其通过外部陈述来支持法律是社会事实的主张具有歧义。但哈特的理论不足可以在其脉络中修正。哈特坚持法律义务与道德义务的区分,突出了规范性现象的不可还原性,在内容重要性之外,开创了一种通过态度来解决规范性的理论路线。

关键词　哈特　构成性内在立场　实践依赖的规则　规范性现象的不可相互还原性　理由的强制性

在法哲学领域,哈特无疑是一位伟大的学者,而《法律的概念》则是其无可争议的代表作。该书一经出版就产生了持久且热烈的反响,成为法理学研究者必须精读深研的经典著作,作为法哲学的重要遗产而被反复检讨,极大地促进了法哲学的繁荣与发展。即

* 范立波,中国政法大学法学院法理学研究所副教授,法学博士。

使是哈特终生的批评者德沃金也承认,在法哲学的几乎任何一处,要想获得建设性的思想,都必须从考虑他的观点开始。不过,如果我们认为该书的主要贡献是哈特对法律实证主义提出了一种富有吸引力的辩护,就严重低估了其价值。该书对法哲学的贡献是全面性和根本性的。哈特的传记作者莱西在《哈特的一生:噩梦与高贵之梦》中评价:“人们已经公认,他几乎是凭一己之力……在某种程度上彻底改造了法哲学……”①《法律的概念》“第二版前言”也指出,该书的出版改变了“英语世界和更多地方理解法哲学的方式”(the way jurisprudence was understood)②。

哈特曾经讨论过法哲学的做法。他明确反对将定义视为适当的法哲学方法。其显然受到“哲学的语言学转向”的影响,并把自己看作这一转向的倡导者。在《法律的概念》的序言中,哈特声称其关注语言现象,并非为了“了解文字本身”,而是因为“各类型的社会情境或社会关系”间的重大差异“并非昭然若揭”,“唯有通过对相关语言之标准用法的考察,以及推敲这些语言所处的社会语境,始能将这些差别呈现出来”③。哈特事实上也考察了许多重要的语言实践,其中最为著名的就是通过对“有义务”(have a obligation)和“被迫”(be obliged to)的考察,细致且深入地阐释了义务与制裁的重要区别。但是,哈特也在很多地方提醒读者,把法律的概念争议看作只是“语言的问题”或“用语上的争执”,不仅是错误的,也“无法把握(问题的)重点”。正如莱斯利·格林(Leslie Green)所指出,理解法哲学家方法论的最佳方法,不是“他认为他在做的”和“他说他在做的”,而是“他事实上做的”。④ 我无意否认语义学分析是有用的方法,但不会简单地认为,哈特是通过这一方式改变了人们“理解法哲学的方式”。

关于《法律的概念》已经有不少优秀的导读性文献,但基于两个理由,我仍然试图从“做哲学”(doing philosophy)的角度提供一种解读。首先,哲学是做出来的。要深入理解一位哲学家的观点,最有效的方式之一就是考察他的做法,并且只有用他的方法将其理论重新“做”一次,才能如陈寅恪先生所言,真正与立说之作者“处于同一境界,而对于其持论所以不得不如是之苦心孤诣,表一种之同情,始能批评其学说之是非得失,而无隔阂肤廓之论”⑤。其次,学术阅读的根本目的不是单纯从知识的层面理解哈特说过什么,甚至也不只是求得陈先生所说的“真解”,而是要提高自己做哲学的能力。尽管坊间已有不少指导做哲学的专著,但做哲学是实践性的。学习做法哲学需要“个别”地学,也就是要

---

① Nicola Lacey, *A Life of H. L. A. Hart the Nightmare and the Noble Dream*, Oxford University Press, 2006, Introduction.

② [英]哈特:《法律的概念(第三版)》,许家馨、李冠宜译,法律出版社 2018 年版,“第二版前言”第 1 页。

③ [英]哈特:《法律的概念(第三版)》,许家馨、李冠宜译,法律出版社 2018 年版,“第一版前言”第 2 页。

④ 参见[英]哈特:《法律的概念(第三版)》,许家馨、李冠宜译,法律出版社 2018 年版,“绪论”第 8 ~ 9 页。

⑤ 陈寅恪:《冯友兰中国哲学史上册审查报告》,载《陈寅恪文集之三:金明馆丛稿二编》,上海古籍出版社 1980 年版,第 247 ~ 248 页。

选择伟大的榜样,在其做哲学的实例中学习,方能对高明的做法有所体悟。而提升能力的捷径之一,则是透彻掌握高明作者的做法,用作者的“做法”来处理法哲学上的其他重大主题,努力将自己做哲学的能力提升至作者的水平。[①] 而哈特无疑是学习做哲学的最佳榜样,几乎不用再加“之一”。

一、问题的界定

学术著述的目的,是要和读者就某个问题分享有价值的观点。这是关乎学术研究的常识,也对学术阅读具有根本性的指导意义。按照这一常识性观点,理解学术著述的要点就是要先抓住问题和观点,再考察其论证及价值。其中,问题和观点无疑是最基本也是最重要的。因为一旦我们理解了作者的问题与观点,就可以抓住其理论的其他基本方面。本书探讨的是“法律是什么”这一法理学的经典问题,而其观点则是“法律是两种规则的结合”。根据“问题”与“观点”,我们就大致可以“猜测”其论证需要处理的重要方面:(1)哈特必须提出某种规则理论,并在此基础上区分两种规则类型。(2)哈特需要解释两种规则是如何结合的。(3)哈特观点的价值,或许可以通过与单一规则模式等对立观点的比较得到解释。

既然学术著述是关于问题的,那么如何界定问题就是研究的基础。哈特关心的是法律是什么,其也称之为法律的概念问题。概念问题不是要给法律概念寻找一个合适的定义,或阐明法律的语义学含义和标准用法。法律的概念是用来指代某类被称作法律的社会现象。对法律的哲学分析,要阐明“法律的本质属性是什么”。所谓本质属性,就是使法律成为法律的属性。法律是重要的社会现象,存在于不同时代和不同社会。我们之所以将某些社会现象称为法律,就是因为它们拥有法律的本质属性。通过解释法律的本质属性,我们可以理解法律是什么,同时也可以清楚地解释什么不是法律,特别是将法律与强制、道德等“虽不相同但相互牵连”的社会现象区别开来。

考虑到法律具有无限多的特征,哈特的任务会面临一个重大的方法论挑战,即我们应将什么特征当作法律的本质特征。哈特采取两个步骤来保障归属的可靠性。其一,提出某个直觉上显而易见的特征:“在所有时代和所有地域中,法律最为突出的一般性质是,法律的存在意味着,某些类型的人类举止不再是任意的(optional),而是在某种意义下具有义务性的(obligatory)。”[②]对法律的本质思考,都要从某些直觉开始。但直觉未必是可靠的。因为直觉可能只是抓住了法律的显著特征,而显著特征未必是本质特征。例

① 关于“做哲学”,参见范立波:《如何成为一位法理学者?》,载郑永流主编:《法哲学与法社会学论丛》第23辑,商务印书馆2021年版,第217~247页;范立波:《概念分析、还原论与法哲学的做法》,载舒国滢主编:《法理——法哲学、法学方法论与人工智能》2003年第2期(总第12辑),商务印书馆2003年版,第127~145页。

② [英]哈特:《法律的概念(第三版)》,许家馨、李冠宜译,法律出版社2018年版,第54页。

如,迄今为止的人类法律中,强制无疑是最显著的特征。然而,如果哈特是正确的,强制就不是法律的本质特征。由于法理学的目标是阐明法律的本质特征,致力于解释法律强制性的法哲学就是错失目标的。

其二,将直觉特征置于既有理论脉络中检验。哈特一开始就指出,在“法律是什么”这一问题上存在各式各样的主张,其中有些主张在其他学科的研究者看来是“奇怪而似是而非的”①。而在法律概念上出现各种奇异主张的一个重要原因,就在于我们过于急切地给出答案,而没有认真地想清楚,困扰我们的究竟是什么。要限制研究上的任意性,较好的策略是先搞清楚困扰我们的究竟是什么。哈特很有道理地认为,如果某些议题在法理论上反复出现,就可以假定它们可能和法律的本质特征有关,或者说是在解释法律本质特征时“必然”会出现的。因此,如果我们打算将本质特征归属于法律,其既是直觉上可靠的,又能合理地解释某些问题为何会反复出现,才可能是一个比较可靠的归属。

哈特从法理论的争议中提炼出三个反复出现的议题(issue):法律与强制的联系与区别,法律与道德的关系以及法律与规则的关系。哈特认为,前两个议题和法律的义务性特征关系比较直接。而第三个议题则属于更为一般的问题。但正如哈特所说,法律的义务性这一“看起来简单的特征”事实上并不简单。在“导言”中,哈特只提及了“非任意而具有义务性”的行为包括不同的形式,因此其对前两个议题为何会反复出现的解释很难让人满意,而将第三个议题另行处理也难言妥当。不过,哈特在第 5 章细致地讨论了义务的四个特征:(1)义务隐含了规则的存在;(2)义务总是伴随持续而强大的社会压力;(3)义务对于社会生活或社会生活某些特征的维持是重要的;(4)义务总是与义务人的意愿或目标相冲突,经常包含了牺牲和放弃。如果我们不只是注意到哈特在第 1 章中提出的解释,同时也注意到其在第 5 章中关于义务的分析,就可以对三个议题为何会反复出现提供更好的解释。

首先,就强制而言,哈特指出,义务意味着“举止不再是任意的”②。哈特认为非任意性现象“最初且最单纯的形式”,是一个人以不愉快的后果(unpleasure consequence)威胁另一个人去做某事。但是,非任意性不等于强制或被迫。感冒后服用药物是非任意性的,却不是被迫的。这一疏忽可能是哈特为解释强制议题为何会出现所导致的,其理论后果是很严重的。因为对义务之非任意性的不同解释,会影响我们对强制为何会成为法哲学议题的理解。其一,强制进入法律的理由和法律内容的特征有关。例如,刑法对违法行为规定的处罚,看起来就是以惩罚这一不愉快后果来迫使人们遵守法律。法律包含大量规定了不愉快后果的规则。因此,以制裁为后盾的强制,就会通过法律内容的特征

① [英]哈特:《法律的概念(第三版)》,许家馨、李冠宜译,法律出版社 2018 年版,第 48 页。
② [英]哈特:《法律的概念(第三版)》,许家馨、李冠宜译,法律出版社 2018 年版,第 54 页。

进入法理论,诱导法哲学家将强制这一明显特征作为本质特征归属于法律,将法律理解为一种强制秩序。哈特看起来也是如此理解强制为何会反复出现在法理论中。但其认为将强制当作法律本质特征是一种归属错误,并试图用义务性取代强制性。由于哈特用强制来界定义务的非任意性特征,其就无法彻底从义务性质中清除强制,否则义务的非任意性特征也将随之消失。这种不彻底性或许可以解释,哈特在解释义务的非任意性时,为何仍然要求助社会压力等强制形式。

其二,义务特征(4)指示了强制与义务性的另一种联系:义务必然要求义务人以与其意愿或目标相反的方式行动。这一表述刻画了另一种义务的强制性特征,即义务可以不顾义务人的意愿或目标而要求履行。义务特征(4)是关于义务特征的描述。如果这一描述为真,非任意性或强制性就被确定为义务的本质特征之一,不仅无法从义务的概念中被清除出去,而且在解释义务的性质时,必须对义务的强制性特征做出说明。而命令理论中的以制裁相威胁,不过是对义务为何具有强制性的一种说明。如此一来,命令理论进入法理学的理由就不是法律的内容包括以不利后果威胁了,而是我们将义务性特征归属于法律之后,对义务强制性提供的进一步解释。事实上,奥斯丁就是把命令、规则和义务看作同一件事情的不同表述,而其之所以用命令来解释其他两个概念,不过是因为命令理论更容易理解而已。当强制作为义务的本质特征进入法理论时,哈特与命令理论的竞争就是关于如何解释义务强制性的竞争,而不是特征归属上的竞争。哈特需要提出一种关于义务之强制性特征的解释来取代命令理论。

其次,哈特对法律和道德的联系也提出了两种解释。在第 1 章中,哈特认为,法律与道德的关系议题与下述事实有关:两者共享一套权利、义务和责任等词汇;法律必然会规定禁止杀人或滥用暴力,而这些也是道德的基础性要求。另一个凸显法律与道德关系的现象是正义,其既是道德的“分支”,也是特别适合法律的美德,或最具“法律性格”的美德。所以,正义看起来就是一个统合了法律和道德两个领域的理念。然而,通过法律与道德的“现象学”联系来解释道德为何会反复出现在法理学争议中,既不牢靠,也不深入。真正重要的是,我们必须对义务为何能够不顾义务人的意愿和目标而对其给出行动理由做出解释。命令理论和道德理论都是作为对义务强制性的解释出现在法理论的争议之中的。哈特提炼的义务特征(3),可以简称为义务的重要性特征。正如哈特所暗示的,重要性特征解释了义务特征(2),即义务为何会经常伴随持续而强大的社会压力,由此也部分解释了命令理论作为义务理论的可理解性。但重要性特征也凸显了法律义务与道德义务相互区别又相互纠缠的复杂性。

让我稍微解释一下。人类义务的主要类型就是道德义务,而道德义务是通过义务内容的重要性来证成的。例如,禁止滥用暴力规则之所以能够施加义务,是因为这一限制“对社会生活的维持”具有高度的重要性。法律义务作为义务,自然也要满足重要性要求,而诉诸义务内容的重要性似乎是很合理的选择。事实上,哈特所说的禁止滥用暴力、信守承诺和诚信等义务都是道德义务,其也不自觉地从内容的重要性来解释义务的强制性。由此也就不难理解,为何许多法哲学家会选择道德路线来解释法律义务。自然法主张"法律是正确理性"或"不正义的法律不是法律",都是从法律内容的重要性来解释法律为何能够施加义务。不过,哈特认为自然法的说法是"夸大其词而又似是而非"的。因为从道德路线来解释法律义务性,混淆了"不同种类的"义务性行为,也没有注意到"法律规则和道德规则在性质和构成要件上的分歧和差异"①。很显然,如果所有的义务都是通过内容的重要性来解释,法律的义务性就无法和道德的义务性区别开来。哈特要将法律与道德区别开来,就必须提出一种新的义务类型或规则类型。

最后,一旦我们注意到义务特征(1),规则问题为何会出现在争议中,似乎就不需要太多解释。但从思想的清晰性与严谨性来看,我们也应区分规则与法律关联起来的两种方式。第一种方式认为,法律包含了规则,如果缺乏"规则"的观念,我们就会连最基本形态的法律也无法说明。确实,法律通常被看作规则体系,法治也被认为是规则之治(rule of rules)。但我们不需要极端地认为,法律只包括规则,也不需要如德沃金那样去争议,如果法律也包括原则,哈特以规则作为范式建立起来的法律理论是否要作出重大的修正?这些都是有趣且重要的问题,是关于规则在法律中的地位和意义的进一步讨论。第二种方式是更谦逊的理解,其只是认为,即使是在前两个问题上持不同立场的人,也会承认法律虽然主要不是由规则构成,但其中至少也包含着规则。而法律包含规则这一事实就表明为何规则问题会出现在法理论的争议中。

遗憾的是,哈特没有结合其提出的义务特征(1),对规则与义务的关系做出清晰的解释。这导致其认为,规则出现在法理论中的理由,是"法律必然包含了规则"。因此,哈特才认为,相对于法律性质而言,规则问题"更具一般性",可以在法律之外被讨论。规则与法律的相关性,或者说规则一般理论与法理学的联系,是通过"法律包含规则"这一特征而被应用于法律的。但两个特征并列破坏了理论的融贯性,也不能解释更深层次的问题,这就是法律为何必然包含规则,以及哈特要解释法律的义务性,为何会大量地讨论规则问题。义务特征(1)展示了义务与规则的内在联系。这一观点虽然有争议,但其表明哈特接受了奥斯丁等人对义务与规则之关系的看法。按照他们的观点,义务是由规则施加的。有义务去做 X,就等于规则要求做 X,也就意味着存在一条要求做 X 的规则。正因如此,哈特才能够将义务的问题转换为规则的问题,并通过区分不同规则的"种类"来阐明不同义务"种类"上的差异。

经过这些重述,我们就可以将哈特的问题界定为:要阐明法律是什么,就应阐明法律

① [英]哈特:《法律的概念(第三版)》,许家馨、李冠宜译,法律出版社 2018 年版,第 56 页。

的本质特征。而法律的本质特征就是法律的义务性。该书的任务就是要解释法律的义务性这一特征。我们的分析也表明,将制裁作为本质特征归属于法律,是归属性错误。哈特要建构一个公平的论辩平台,就应该将命令理论看作一种义务理论。在解释法律义务性这一平台上,哈特可以批判命令理论和自然法提供了错误的解释,但它们是两种不同的错误。命令理论错在其不是合格的义务理论,无法用来解释法律的义务性。而自然法从重要性去理解义务却不能说是错误的。因此,哈特与自然法的竞争,就不是批评自然法拥抱了错误的义务理论,而是要提出一种不同于道德义务的"义务类型",开辟一条不需要通过义务内容重要性来解释义务的道路,再用来解释法律的义务性。哈特提出两种规则的结合这一观点,就是要阐明法律规则在"性质"和"构成要件"上的差异,为法律的义务性提供一种不同于道德义务的解释。

二、规则的实践理论

哈特对规则的讨论,主要是通过批判奥斯丁的理论展开的。哈特在批判的同时,重点阐明了社会规则(social rules)这一概念,为其建构一种不同的法哲学提供了基础性概念。不过,在解释哈特的规则理论之前,需要做两点预备性说明。其一,哈特声称法律的性质可以通过两种规则的结合来解释,因此,哈特根据规则的社会功能,区分了施加义务的规则与授予权力的规则。但是,对于解释法律的义务性这一目标而言,哈特最终还是需要诉诸施加义务的规则,而不是授予权力的规则。我的意思不是说两种规则结合不重要。我在后面将会说明,两种规则的结合带来的重要后果,是其将法律的义务性与特定权力机构的实践关联在一起,改变了我们思考法律义务性的方式。其二,哈特在讨论规则时,援引了很多法律规则,但其所解释的规则,反而不是法律规则,而是一种特殊的规则,即社会规则。这是因为法律规则的效力,通常来自另一个更高等级的规范。我们通常会将法律效力的问题追问到宪法。但宪法的规范性来自何处呢?这是部门法学者研究的"止步"之处,却是法理学思考真正开启的地方。法理学最困难的地方,就是法律效力问题的最终回答,只能在法律之外去寻找。在哈特之前,我们可以发现各种尝试。自然法求助于正确理性,法律的命令理论求助于习惯性服从等非规范性事实。凯尔森坚持一个规范的效力只能来自另一个规范的效力,让自己陷入"鸡生蛋、蛋生鸡"的无穷回溯难题。其提出基础规范(basic norm)来终止这一回溯,但基础规范是一个为解释法律的规范性而必须依赖的先验的逻辑假设,而逻辑假设不能够产生真正的义务。① 哈特要将法律的规范性建立在规范之上,就必须找到某种规范,这一规范的效力不能来自其他规范,而是本身就是真实有效的。哈特不同于凯尔森之处,就在于其试图在实践中寻找规

① 参见[奥]凯尔森:《法与国家的一般理论》,沈宗灵译,商务印书馆 2013 年版,第 126 页。

则的效力来源,因此哈特也将其规则理论称为规则的实践理论(the practice theory of rules)。

哈特思考社会规则时,并没有直接问社会规则是什么,而是将其转换为一个相对具体和更容易展开思考的问题:如果一个社会存在受规则指引的行动,其会呈现出哪些特征?哈特提出两组重要的概念来阐明规则的性质。一是规则的外在面向和内在面向(external and internal point of impact)。前者是指规则指引行动时伴随的可观察到的行为的规律性。后者是行动者所持有的观点、立场或态度。① 二是对待规则的内在观点和外在观点(external and internal point of view)。前者是指行动者本身并不接受规则,而是站在观察者的角度,记录可观察之行为的规律性以及伴随违规而来的敌对反应、谴责或惩罚的规律性,并据此评估违规遭遇敌对反应或惩罚的机会。而后者则是站在群体成员的角度,接受并使用这些规则作为行为的指引。他们在连续出现的情况中,使用这些规则来指导社会生活中的行为,并以之作为主张、要求、允许、批判或惩罚的基础。对他们而言,规则的违反不仅是敌对反应随之而来的基础,而且成为敌对的理由。② 哈特很确定地指出,任何一个社会都存在对待规则的两种立场,但只有当社会的大多数成员对规则持内在立场时,才不只会出现行为的规律性,也可以说存在一条规则。

规则的实践理论既是原创性的,也是含混不清的。我倾向于认为,内在面向和外在面向只是就行动而言,而与规则无关。只有人类才能拥有立场或观点,也只有人类行动才拥有外在面向和内在面向。行动可观察到的部分就是行动的外在面向。但在理解和解释人类行为时,不能只看其做了什么,还应考虑其根据什么"观点"而行动。引发行动的考虑构成了行动的内在面向。这一澄清表明,哈特认为习惯性行为只具有行为的规律性这一外在面向,是一个有疑问的说法。习惯作为人类行为也具有内在面向。"出自习惯"就是对行动内在面向的一种解释。当然,要解释受规则指引行动的内在面向,与习惯比较提供不了太多帮助。因为习惯性行为的特征之一,就是对其行为不过多采取反思批判的态度。因此,哈特区分内在观点和外在观点时,更多的是与预测理论进行比较。预测理论虽然采取的是对待规则的外在立场,但其既然引发行动的"观点"或"立场",也应该属于对行为内在面向的一种解释。

当然,对于哈特来说,最重要的概念还是内在立场。我们可以结合法律的义务性这一主题做一些分析。其一,内在立场如何解释规则的强制性,同时又和法律命令理论区别开来。哈特对于内在立场的许多论述是令人不安的。例如,其认为内在立场包含对违反行为进行批判、惩罚的"敌对反应",强调在规则存在的地方,"对遵从某规则的一般性

① 参见[英]哈特:《法律的概念(第三版)》,许家馨、李冠宜译,法律出版社 2018 年版,第 109 ~ 110 页。

② 参见[英]哈特:《法律的概念(第三版)》,许家馨、李冠宜译,法律出版社 2018 年版,第 146、148 页。

要求是持续且强烈的,并且对那些违反或有违反之虞之人所施加之社会压力非常强大”。或许是基于这些观察,哈特甚至表达了一个与命令理论类似的结论:“人们对规则背后之社会压力的重要性或者严重性的坚持,是这些规则是否产生义务的主要因素。”①这几乎意味着制裁或对制裁的预测,仍然是解释义务的关键要素。不过,哈特并没有接受这一结论。他认为义务通常由社会压力支持,但对规则持内在立场的人,会接受规则施加的义务却不会感受到社会压力。即使对规则持外在立场的人,也不一定会感受到社会压力。例如,一个诈骗惯犯会承认自己有支付租金的义务,却不会因到期不支付租金而感受到任何压力。然而,诈骗惯犯感受不到压力,可能只是因为其对不利后果不在乎,而不是说义务的违反不会存在社会压力。正如我下面将要指出的,对于义务来说,真正重要的,不是义务违反是否会伴随社会压力。这一回答是肯定的,但真正关键的问题是社会压力是否为“规则产生义务的主要因素”或必要条件。哈特如果坚持这一观点,就很难和命令理论区别开来。

哈特对于义务强制性提供的另一种解释是真正有吸引力的。这一解释将规则看作理由。哈特多次强调,规则既是指导行动、相互提出要求和主张的理由,也是批评和惩罚的理由。例如,哈特认为,“违反规则的行为,不仅仅是构成预测敌对反应或法院制裁的基础,而且也是这种反应和制裁的理由或证立”②。既然规则是制裁的理由,规则的存在或其施加义务的能力就不依赖于制裁,而是在制裁之前就存在的。规则作为理由的强制性,与物理强制或心理感受无关。结合义务特征(4),我们可以对义务强制性特征提出一种解释:如果不存在义务,行动者可以将意愿或目标当作行动理由。而义务的强制性特征,或者说规则作为理由的强制性,就是指义务在理由层面上具有某种优越地位:当存在一项类似于支付租金的义务时,义务人就有理由不根据自己的意愿和目标而行动。用拉兹的术语来说,支付租金的义务不只是支付租金的行动理由,还是不得再将意愿或目标作为行动理由的排他性理由(exclusive reasons)。③

将义务的强制性解释为理由的强制性,对解释哈特的内在立场或“反思批判态度”(reflective critical attitude)具有重要意义。哈特在解释内在立场和态度时,采用的是“应当”(ought)、“必须”(must)、“应该”(should)、“对的”(right)和“错的”(wrong)。但他自己也意识到,仅仅依赖宽泛的“应当”和“对的”等观点,无法理解规则,以及建立在规则基础之上的“义务”或“责任”。④ 例如,我们有很好的理由支持母亲应该用母乳喂养孩子。大多数母亲会用这一理由指导行动、作为相互要求甚至批评的基础。不用母乳喂养

① [英]哈特:《法律的概念(第三版)》,许家馨、李冠宜译,法律出版社 2018 年版,第 144 页。
② [英]哈特:《法律的概念(第三版)》,许家馨、李冠宜译,法律出版社 2018 年版,第 141 页。
③ See Joseph Raz, *Practical Reason and Norms*, 2nd ed., Princeton University Press, 1990, p. 39.
④ 参见[英]哈特:《法律的概念(第三版)》,许家馨、李冠宜译,法律出版社 2018 年版,第 143 页。

孩子的母亲可能会承受社会压力,但是,我们的反思批判态度会要求我们承认,是否用母乳喂养孩子,应尊重母亲的意愿和个人安排,也就不存在"应用母乳喂养孩子"的义务或规则。因此,对待规则的内在立场,以及与规则相关的义务和责任,都不只是要求我们把规则当作行动理由,还应把其当作不得基于个人意愿和目标行动的排他性理由。而预测论所采取的外在立场之所以是错误的,不是因为其不把规则当作行动理由,而是因为其只将规则的要求和违反规则的后果作为有分量的行动理由,置于自己的意愿或目标之下加以权衡。

其二,内在立场如何对义务提供不同于道德义务的解释。哈特试图通过义务特征(3),即重要性来解释义务的强制性。但是,在讨论法律义务与道德义务的区别时,哈特又强调道德义务具有重要性面向,但"重要性对于法律规定的地位而言不是不可或缺的"①。用更精确的术语来说,道德义务的约束力来自义务内容的重要性,因此,道德义务的约束力与内容的重要性之间是可传递的。而法律义务与内容评价之间则不具备可传递性。例如,法律的规定可能是琐碎甚至是错误的,根据对其内容的重要性评价无法产生义务。由此也就引出了法律义务与道德义务的另一个重要差异,即道德义务是"豁免于有目的地故意改变的"②。又如,禁止滥杀无辜对社会生活的维持而言是重要的,没有任何人或机构可以通过宣布其不重要,来使其变得不重要。但法律规则的效力是可以改变的。立法者可以通过宣布而使一项规则具有法律效力,也可以通过宣布而使一项本来有效的法律规则失去法律效力。再如,法律可以宣布取消禁止滥用暴力的规则,其宣布行为取消了这一规则的法律效力,但是,立法者无法改变重要性判断,也就不能取消其作为道德规则的道德效力。

然而,哈特在论述社会规则时,却没有对两种义务的差异予以充分的重视。这一错误可能和其方法论有关。前文我已经指出,哈特不是直接去思考规则的规范效力,而是将其转换为一个描述性问题,而其所描述的社会规则,可以称作社会性实践的规则。同实证道德概念一样,社会性实践的规则只是用来描述一个规则被社会大多数成员所遵守的事实。如果社会大多数成员都对某个已存在的规则采取内在立场,该规则就会成为社会性实践的规则。例如,如果社会大多数成员对禁止滥用暴力规则采取内在立场,也就是普遍地用其来指导行动,并将其作为相互要求、主张、批评甚至惩罚的基础,那么该规则就是社会性实践的规则。但禁止滥用暴力规则是因其重要性而有效的,其存在和大多数社会成员是否对其采取内在立场无关。虽然如果社会大多数成员不对其采取内在立场,就会存在广泛的滥用暴力现象,但我们不会说,禁止滥用暴力规则由于缺乏内在立场

① [英]哈特:《法律的概念(第三版)》,许家馨、李冠宜译,法律出版社 2018 年版,第 241 页。
② [英]哈特:《法律的概念(第三版)》,许家馨、李冠宜译,法律出版社 2018 年版,第 243 页。

的支持而无效。正确的看法是,这仍然是一个根据内容的重要性而有效的规则,其作为规则的效力不依赖于社会成员的内在观点或实践。

出现这一重大错误的根源之一,是哈特混淆了两类内在立场。对于依内容而有效的规则,如禁止滥用暴力的规则,我们也应对其采取内在立场,但这一类的内在立场,我称作回应性的内在立场(responsive internal point of view)。这是我们作为理性能动者,对于一个已经存在的规则和义务应该采取的立场。回应性的内在立场和对待规则的外在立场是相对的,它们都和规则与义务的存在无关,而是指向已经存在的规则。另一类内在立场可以称为构成性的内在立场(constitutive internal point of view)。在采取构成性的内在立场之前,规则或义务本来是不存在的,但我们可以通过特定立场将其创设出来。“本来不存在”在这里是指,根据内容的重要性判断不能产生规则和义务。例如,晨跑有益健康提供了跑步的理由,虽然依据其内容无法成为一项规则,但我可以为自己制定一条晨跑的规则。制定规则就是将某个行为模式同时看作行动理由和排他性理由。这一规则依赖于我的态度,也可以说态度或立场对于规则来说是构成性的。当哈特说规则依赖于内在立场时,其所说的内在立场是构成性的而非回应性的。

根据这两种内在立场,我们就可以发现,哈特的社会规则概念,只是笼统地指社会性实践的规则,而对被实践的两种规则类型没有做出精确的区分。我这里所说的两种规则类型,不同于哈特根据规则功能区分出的施加义务的规则和授予权力的规则,而是根据规则效力来源对施加义务的规则做出的区分。[①] 哈特混淆两类规则的一个根本原因,就是实践依赖,依据其性质,必然是被社会性实践的规则,在内在面向上会展示出普遍的内在立场,但哈特没有对规则的效力与立场的关系做出更进一步的考察。社会性实践的规则,既可以是依据内容重要性有效并被普遍实践的规则,也可以是实践依赖的规则。哈特所说的社会规则,应该被限定为实践依赖的规则,或者说是由内在观点“构成”和维持的规则。哈特后来也意识到,规则的实践理论不是关于规则效力的一般理论,而是关于特定类型规则的理论,或者说是对惯例性规则(convenient rules)的说明。我并不认为由态度和观点构成的规则只适用于惯例,但在这里可以不用展开讨论。我们应该指出的是,如果缺乏构成性的内在立场这一概念,规则实践理论就很难成为一个合理的规则理论。

最后一个问题,是如何解释社会规则的重要性面向。重要性有两种理由:其一,是指规则施加义务的能力来自规则内容的重要性;其二,也可以指创设一个规则是重要的。例如,规则对于维护交通秩序是重要的。如果部分司机靠左行驶、部分司机靠右行驶,就

---

① 这不是说构成性的内在立场不适用授予权力的规则,也不是因为权力关联义务,而是因为义务对于授权来说也是构成性的。

会出现严重的交通秩序混乱。如果大多数司机都意图将靠右行驶创设为规则,他们就通过意图创设了一个靠右行驶的惯例性规则。这一规则的效力既不是直接来自其对交通秩序的重要性,也不是由“靠右行驶”这一行动的重要性决定的。创设规则的行为固然是对重要性的回应,但规则的存在在一个关键的意义上是态度、立场和观点所“构成”的。而由态度、立场和观点“构成”的规则,原则上也是可以“有目的地故意改变的”。正如哈特所指出的,法律的重要特征之一,是可以“有目的地故意改变的”。这就使得将法律效力建立在内容重要性之上的理论存在严重的困难。而社会规则可以为解释法律提供适当的概念工具。

三、法律是两种规则的结合

哈特虽然提出了社会规则理论,但如何将其运用于法律,还需要借助关于法律的某些理解。哈特试图通过两种规则的结合这一观点来沟通法律与社会规则。其将施加义务的规则称作初级规则(primary rules)。而授予权力的规则,因其不是直接用来指导行动,而是指向第一类规则,如引入新的初级规则、取消或者修改既有的初级规则,或控制初级规则的适用,被哈特称作次级规则(secondary rules)。哈特认为,法律科学的关键就是将法律看作初级规则与次级规则的结合。

哈特通过一个思想实验,来阐明法律为何是两种规则结合的观点。其设想了一个只存在初级规则的简单社会,再通过简单社会存在的缺陷,解释了引入相关次级规则的必要性。缺陷之一是不确定性,即简单社会中的成员会在规则是什么或者规则的精确范围上存在争议;缺陷之二是静态性,指的是简单社会中规则的变迁只能缓慢地演进,难以适应变动的环境;缺陷之三是无效率性,也就是维持规则的社会压力是分散的。而引入相应的次级规则就可以对此进行改进:引入承认规则(rules of recognition)作为鉴别一个规则是否属于特定之法体系的标准,以此改进不确定性;针对静态性缺陷,可以引入变更规则(rules of change),授权某人或机构引进新的初级规则、废止旧的初级规则;针对无效率性缺陷,可以引入裁判规则(rules of adjudication),授权某人或机构就初级规则是否被违反等争议做出权威性的决定。引进次级规则的意义就在于,“每一次引进一类次级规则本身就可以看作是从前法律世界迈入法律世界的一步,而引进这三个规则之后,一个社会的义务规则体系才无可置疑地转变为法律体系”①。

在哈特看来,与命令理论相比,两种规则结合的理论可以厘清法律性质中的大部分问题。哈特认为命令理论在许多方面构想精巧,但其试图将规则统一于“主权者以威胁为后盾之命令”的单一模型之下,因此用其来解释法律的性质,“对于法律所遮蔽的远比

① [英]哈特:《法律的概念(第三版)》,许家馨、李冠宜译,法律出版社 2018 年版,第 152 页。

所揭露的来得更多”。例如,为了保持其单一模型虚假的统一性,不得不将无效也解释为制裁,或将规则的观点窄化,以便排除授予权力的规则;为了解释法律为何可以约束立法者而将立法者的单一自然人的人格区分出两个人格;为了解释习惯的法律地位发展出默示命令。此外,其诉诸习惯性服从等概念来解释主权者,也无法解释立法权威的连续性(continuity)和法律的持续性(persistence)。更重要的是,哈特认为不只是命令理论,而是所有采取单一义务模式的理论,都不可能对立法、审判管辖、效力与法源、权利与义务等重要的法律概念,以及国家、权威和官员等横跨法律与政治理论两个领域的重要概念做出正确的分析。这是因为法律与政治理论上的重要概念,大多数都“以不同方式关联于次级规则”。所以,在两种规则结合的体系中,内在观点的范围就会大幅地扩张,而上述概念只有结合对待次级规则的内在观点才能得到合理解释。①

将法律看作两种规则结合的体系,最直接也最重要的结果之一,是其解释了法律的制度化特征。例如,引入变更规则,就会出现立法机关;裁判规则创设了司法机关。承认规则的存在也主要关联着法律官员的行为。法律的制度化特征,使法律存在的基础和条件不同于初级规则体系。在初级规则社会,规则的存在需要社会大多数成员采取内在立场。而在成熟法律体系下,对待规则的态度却可以区分为服从(obedience)和接受(acceptance)。哈特指出,服从规则的人,不需要认为其行为对自己和对他人而言是正确的行动,也不需要将服从行为看作对社会群体行为标准的满足,或是“对的”“正确的”“有义务的”。或许哈特应该更清楚地指出,服从者主要是指一般民众,而其服从的对象则是其认为有效的法律。服从者可能对其所服从的规则为何是法律规则缺乏认知,也不清楚其所在社会的承认规则是什么。而接受的对象则主要是指承认规则,接受的主体主要是法律官员,尤其是法官。接受是指作为法体系中效力最高和终极判准的承认规则,不只被法官接受为个人的行动标准,还被视为正确司法裁判所应适用的公共的、共同的标准。而背离规则的行为就是对公共的、共同的标准的背离,会被大多数其他法庭所批判。

哈特由此得出两个重要结论。其一,如果法官普遍将某个规则接受为辨识法律的标准,该法律体系就存在一个有效的承认规则。承认规则的存在和一般民众是否接受无关。其二,法律作为规则体系的存在基础,不同于初级规则体系,而是取决于以下两个条件:(1)因符合法体系之终极判准而有效的行为规则,被普遍地服从;(2)只要法律官员或者说法官将承认规则接受为公共的行动标准,就足以维持法律的存在。哈特有时候甚至认为只要满足第二个条件就足够。例如,哈特批评命令理论将习惯性地服从主权者颁布的命令作为法律存在的必要且充分的条件,并指出只有下述社会情境才是法体系存在的

① 参见[英]哈特:《法律的概念(第三版)》,许家馨、李冠宜译,法律出版社 2018 年版,第 176 ~ 179 页。

基础:“属于次级规则的承认规则被人们接受,而且被用来辨识科予义务的初级规则。”①这里的“人们”其实可以限定为法官。这也印证了我前文所说的,两种规则结合的理论改变了法律存在的基础。由于法律存在的基础取决于对承认规则的接受,而承认规则所依赖的最小实践则可以是法官的实践,因此,法律仍然是态度依赖的,但法律的存在并不依赖于大多数社会成员的立场,而是依赖于法律官员的态度。

在两种规则的结合中,承认规则无疑具有最为重要的地位。承认规则会“提出某个或某些特征”作为辨识法律规则的“权威性标识”。例如,英国法律的承认规则可以表述为:“凡女王议会通过者即为法律。”这一规则将“女王议会通过”作为辨识英国法律的权威性标识。而承认规则为法律的性质提供了更好的理解。首先,承认规则是法效力(legal validity)观点的起源。法效力不同于规则的其他效力。在初级规则体系或习惯性规则中,如果“进教堂时应脱帽”的规则确实存在于社会群体的实践中,我们就没必要再去讨论其有没有效力。因为其存在就意味着其有效。但承认规则使规则的“存在”有了“新用法”。因为在成熟法律制度下,法律规则的存在或效力,仅仅根据承认规则确认,而不需要考虑其是否会被大多数人所遵守。因此哈特才说,在引入承认规则之后,才会出现法效力观点的萌芽。其次,承认规则使法律体系的观点成为可能。在初级规则体系下,规则是个别的、没有联系的规则集合,而承认规则通过特定的权威性标识将其统一起来,使之成为一个法律体系。如果法官背离承认规则而不会受到批评,法体系的统一性与连续性就会消失。最后,承认规则更好地解释了立法权威的连续性和法律的持续性,包括法律变迁和革命等。

当然,评价作者理论成败,还应看其能否实现理论自身的目标。我们已经指出,哈特的目标是要解释法律的义务性,其虽然将承认规则看作次级规则,但该规则不是授予权力的规则,而是施加义务的规则。承认规则意味着“应用其来鉴别有效法律”。因此,哈特理论的成败就取决于承认规则能否为法律义务性提供合理的解释。其中又可分解为两个更具体的目标。其一,承认规则如何解释法律义务的强制性。前文我们已经指出,义务的强制性是相对于义务人的意愿或目标而言的,但强制不是物理强迫或心理感觉上的“被迫”,而是规范性的,也就是受规则约束的人,不仅要将规则当作行动理由,还要将其当作不得基于个人意愿和目标行动的理由。将承认规则当作鉴别法律的公共的、共同的标准,也会经常和法律官员的意愿和利益不一致。因此,将承认规则当作识别法律的标准,相对于法律官员的意愿和目标而言就具有强制性,也就是排除了他们根据意愿或利益来确认法律的规范可行性。

其二,哈特对法律义务性的解释,不同于道德义务。哈特关于一个社会由初级规则

① [英]哈特:《法律的概念(第三版)》,许家馨、李冠宜译,法律出版社 2018 年版,第 158 ~ 159 页。

体系进入两种规则结合的体系的理论，容易被理解为是政治上好的或有价值的。如果我们注意到，哈特提及的简单社会的三个缺陷，与洛克在《政府论》下篇提及自然社会中存在的三个“不便”高度一致，而洛克利用同意来确定国家的权威，似乎就更容易对哈特的“接受”做类似“同意”的道德解读。但哈特的接受理论关心的不是国家或法律的道德正当性问题，而是要说明在何种情形下会存在一种我们现在称作法律的制度。前者是一个规范性问题，而后者则是一个说明性问题。对于理解哈特来说，重要的是抛弃关于法律的浪漫想法。例如，拥有法律总是道德上好的，或拥有法律的社会比没有法律的社会在道德上更好。在哈特看来，初级规则体系下的缺陷不是道德缺陷，而是功能性缺陷。规则的功能是指导行动，而在缺乏相关次级规则的情形下，规则将不能更好地发挥指导行动的功能。引入次级规则带来的只是功能上的提升，但功能提升并不意味着法律在道德性方面的进步。法律的道德性和其内容或目标有关。功能性提升是道德中立的，可以更好地实现法律的道德目标，但也可能实现更不道德的目标。例如，哈特认为在成熟法律体系下，民众的处境可能还不如初级规则体系，而是像待宰的羔羊一样悲惨。

哈特的两种规则结合理论存在诸多深刻而有趣的争议。我在下一节将重点讨论承认规则可能存在的问题，在此不妨列出其他几个并非不重要的争议。其一，哈特认为前法律社会只存在施加义务的规则并不具有说服力。遗嘱、契约和承诺都是哈特所谓的授予权力的规则的实例，我们没有理由认为，它们不能存在于前法律社会。其二，哈特引入三种次级规则时有循环论证之嫌。其中最明显也最重要的循环，是哈特强调承认规则是由法官群体的实践确定的，必然要预设法官和裁判规则的存在；而裁判规则作为法律规则的效力，只能由一个在先的承认规则鉴别出来，此后方能创设法官角色。很多学者试图通过现代法律的自我指涉性(self-referential)来为哈特的论证循环辩护。[①] 麦考密克以司法角色为起点，重构了哈特的思想实验，为法律的“起飞”提供了一个非循环论证。[②] 其三，两种规则结合的模式，不只存在于法律中，也存在于俱乐部或企业等的各种制度中，甚至存在于道德实践中。因此，仅通过两种规则结合尚不能说明什么不是法律，自然也就不能真正解释什么是法律。拉兹后来认为，法律与其他两种规则结合体系的区别，在于法律主张全面的、至上的权威，而其他规则体系则不会提出此类主张。[③]

四、承认规则与法律实证主义

对于哈特而言，最困难的问题是如何解释承认规则的效力。这一困难来自承认规则

① See Joseph Raz, *Ethics in the Public Domain*, Clarendon Press, 1994, p. 289.

② 参见[英]尼尔·麦考密克:《大师学述:哈特》,刘叶深译,法律出版社2010年版,第224页。

③ See Joseph Raz, *Practical Reason and Norms*, 2nd ed., Princeton University Press, 1990, p. 152.

的性质。哈特认为承认规则作为辨识法律规则的判准,既是最高(supreme)判准,也是终极(ultimacy)判准。最高判准是指尽管存在其他鉴别法律的标准,但只要承认规则将某个规则鉴别为法律规则,其他判准就无法对抗这一结论。而终极判准是指承认规则是鉴别其他法律规则之效力的标准,但我们"无法找到另一条规则,可以提供判准来衡量这项规则的效力"。换言之,承认规则的终极性就是指其效力不能由其他规则来鉴别。[①] 终极性决定了承认规则不可能是法律规则,否则就必须存在一个将其识别为法律规则的承认规则,与其作为终极判准的性质不符合。正是终极性导致凯尔森解释法律效力基础时,陷入了无限回溯的窘境,最后不得不求助于基础规范。但哈特认为基础规范只是"被假定的"(assumed)、"作为前提的"(postulated)或一种"假设"(hypothesis),"其效力被拟设但无法证明"。

哈特通过区分两种法律陈述,避免凯尔森在解释法律效力时的无限倒退困境,而在真实的法律实践中解释承认规则的性质。哈特指出,当我们根据某个承认规则做出"这是一条有效法律"的陈述时,是对法律效力做出的一个内部法律陈述(internal statement of law);但如果陈述转变为"某些人根据某个承认规则判断这是不是一条有效法律",则是外部法律陈述(internal statement of law)。外部法律陈述不是一个关于法律效力的判断,而是站在观察者的立场,做出的关于某人在做法律效力判断的事实陈述。[②] 哈特认为,凯尔森忽视了下述事实:要严肃地做出某条规则是有效法律的内部法律陈述,需要预设两个条件。其一,他在用一个承认规则来辨识法律。其二,他所使用的承认规则,不只是他一个人所接受的,而是被社会普遍地接受。如果我们对此有所怀疑,可以查证法律的真实运作情形。例如,英国的法院、政府官员和一般民众事实上将"凡女王议会通过者即为法律"作为法律效力的最终判准。而对于这一可查证的事实,我们可以做出一个外部陈述:英国的法院、政府官员和一般民众将"凡女王议会通过者即为法律"当作英国法律的承认规则。由此,哈特似乎就可以维持法律的存在及其内容是一个社会事实这一法律实证主义的基本纲领。

然而,哈特似乎忽视了两种陈述的复杂性。我们可以稍微分析由哈特引发的两种法律实证主义的内部争议来呈现其理解中存在的问题。简单来说,包容性法律实证主义(inclusive legal rositivism)认为承认规则的存在虽然是一个社会事实,但其内容可以安置道德标准,所以法律的内容也可由道德决定。排他性法律实证主义(exclusive legal positivism)则认为法律只能由社会事实决定。哈特支持的柔性法律实证主义(soft positivism)就属于前一阵营。哈特似乎可以很容易用两种陈述理论支持其立场。假设某

① 参见[英]哈特:《法律的概念(第三版)》,许家馨、李冠宜译,法律出版社 2018 年版,第 167 页。

② 参见[英]哈特:《法律的概念(第三版)》,许家馨、李冠宜译,法律出版社 2018 年版,第 161 ~ 169 页。

国宪法禁止立法机关制定不正义的法律,[①]法官采取这一标准作为辨识法律的标准,就会对不正义的法律做出一个否定性的内部陈述,同时我们也可站在观察者立场做出一个外部陈述:“某国法官用正义标准来识别法律是一个事实。”但排他性法律实证主义可以认为,虽然法律确实经常把道德规定为标准,但道德标准经常像正义标准一样过于宽泛,法官不能依据正义的抽象原则来辨识法律,而是必须形成类似于“在这种情形下采取该行动是不正义”的具体判断,并根据其具体判断来做出“某个立法因不正义而不是法律”的内部陈述,而相应的外部陈述就变成:“某国法官用他们关于何为正义的具体观点来鉴别法律。”法官在正义问题上持有什么观点是一个事实标准,而不是道德标准。因此,两种法律实证主义的争议都可以得到两种陈述的支持,两者的分歧不过是对事实的观察和判断不同而已。

不过,两种法律实证主义都会在另一个层次上遭遇更重大的批评。按照哈特的看法,外部陈述依赖于内部陈述。内部陈述虽然预设了对待规则的内在立场,但哈特没有区分回应性和构成性的内在立场,无法区分社会性实践的规则和实践依赖的规则。例如,如果英国的大部分民众普遍对禁止滥用暴力规则持内在立场,其就成为社会性实践的规则,我们可以做出一个外部陈述:英国民众普遍用“禁止滥用暴力规则”来指导其行动。但是,禁止滥用暴力规则是因内容重要性而有效的道德规则。因此,仅仅通过内部陈述和外部陈述,只能表明某个规则被使用,却不能说明所使用的规则是何种效力类型。排他性法律实证主义看起来对事实的观察和判断更精准,但其同样混淆了不同观点的效力问题。法官普遍持有某个正义的具体观点,可能是因为正义的具体观点是正确的,也可能是因为正义的具体观点被其他法官所接受而被当作法律效力的标准。而前者是一个道德判断。如果正义的具体观点因为其是正确的而被法官持有并当作辨别法律效力的标准,法律的内容就是由道德所决定的。同样,我们也可以假定英国法官因为正义是法律效力的正确标准而使用它,从而做出一个外部陈述:“法官使用正义作为承认规则是一个社会事实。”但这不是法律实证主义要支持的观点。

在我看来,对于法律实证主义而言,真正重要的不是承认规则是否可以安置道德标准,或道德是否可以决定法律的内容,而是道德标准是以什么方式成为法律效力的标准的。哈特反复强调,道德规则不会因为其道德效力而自动具有法律效力。没有人会持其所反对的观点。自然法学家不会简单地认为道德标准会自动成为法律效力的标准。例如,拉德布鲁赫就认为,正义之所以是法律效力的判准,是因为其是法律的性质或本质要素。根本失去正义的法律不只是不好的法律,也根本缺乏法的“性质”。而德沃金则是通

---

① 哈特的例子是体现美国宪法禁止制定国教和剥夺选举权的法律,但国教和选举权都过于具体,容易转换为事实标准。参见[英]哈特:《法律的概念(第三版)》,许家馨、李冠宜译,法律出版社2018年版,“绪论”第29~30页。

过法律对强制的证成功能,主张在"法律是什么"这一点上需要参考道德标准。法律实证主义的理解,就是坚持正义和道德原则要成为承认规则,都必须通过接受,而不是通过可证成的理由。因此,法律实证主义不需要关心承认规则的内容是否可以安排道德,其对此应该提供的答复是:是的,承认规则可以安置道德标准,但其能够成为承认规则的内容,却不是因为其是道德的,也不是有其他可证成的理由,而是法官普遍将其接受为辨识法律的有效标准。换句话说,正义作为道德原则的效力虽然和法官行为无关,但其作为承认规则的效力取决于法官的态度,因此是偶然的和实践依赖的。

坚持承认规则是实践依赖的规则,就可以真正解释法效力观点的"起源"。哈特指出,引入承认规则才可能会出现法效力的观点。但哈特在效力来源上采取的是单一模式,也就是认为规则的效力来源或"起源"于实践或内在立场,只不过是在接受主体和内容上有所不同。如果我的分析是正确的,规则效力就存在两种"起源"。规则可以因内容而有效,也可以因态度构成而有效。这一区分对于解释法律与道德的区分和联系是重要的。道德规则的效力属于前一种。法律虽然经常复制道德规范的内容,但由于承认规则的效力有不同的"起源",其可以赋予同样内容的道德规范不同的效力,也就是法律效力。借用一个未必适当的类比,因内容重要性而有效的道德规范,其效力是"自然的",而法律的效力观点是"人为的"、通过态度或实践"创造"和"发明"的。道德规则的效力无论在何时何地都是一样的,是不可人为改变的,可以适用于所有的理性能动者。而法律的世界却取决于社群成员的态度,在原则上是可以改变的。我们采取什么内容的承认规则,决定了什么规则可以"构成"我们的法律。

哈特理论最让人感兴趣,同时也是最为困惑的地方,就在于接受是否可以解释承认规则的效力。我虽然无法在此做出详细的讨论,但根据上面的分析,我们可以确定几个要点。其一,哈特的接受理论没有区分回应性和构成性两种内在立场,但按照我的理解,接受的立场应该是构成性的内在立场,而非回应性的内在立场。其二,接受并不必然会施加义务。我接受你的建议,只是意味着我会将你建议的内容当作行动理由加以考虑,但如果我在慎思之后,有更强的理由不采取你建议的行动,就没有错待你的建议,更不会看作义务的违反。接受能够将行为要求"构成"一项义务或规则,就在于我们不只是把某个行为模式当作行动理由,同时还将其接受为排他性理由。其三,接受理论最大的问题是通过接受"构成"的规则是私人规则。我在一个不太严谨的意义上主张,如果一个规则只对接受者有效,就属于私人规则。私人规则不只是个人规则。社会中的某些群体也可以共同接受一个规则,但它们对群体之外的其他社会成员没有约束力。从其他社会成员的角度看,他们接受的仍然是私人规则。而社会规则是对所有成员都有约束力的。哈特将承认规则寄托在法官的接受上,就需要解释,由法官的接受构成的规则,如何能够对未接受的人具有义务性。

在此,我们就再次遭遇了法律与道德的关系问题。如果承认规则因法官的接受而存在,但要求不接受或未表示接受者也承担他们接受的后果,特别是其中包含与自己的意愿与利益相冲突的后果,就必须诉诸道德理由。而哈特却认为,法官或许会基于道德理由而接受,其接受的理由可以是“长期利益的计算、对他人无私的关怀、未经反省的习惯或者传统的态度,或者只是想要跟着别人走”等任意理由。我相信哈特对接受者理由的描述是正确的。但其没有注意到,接受者的理由是私人的,而接受的态度却是公共的。正如其反复指出的,接受一个规则是指接受者将自己当作社群的一员,将规则接受为公共的行动标准。其实际上是在向其他人承诺:我会用规则来指导我的行动。在我违反规则时,他们可以用规则来要求、批评乃至处罚我。假设我只是通过利益计算而接受规则,当遵守规则不符合我的利益时,利益考虑会支持我不遵守规则,但我可能会被要求遵守规则、遭遇批评甚至处罚。而他人采取这些敌对态度的理由就是我公开表达的态度,而不是我不为人知的接受理由。而我们需要考虑的道德理由,是可以证成我们可根据某人的态度而对其提出要求或主张的理由。当然,在社会规则问题上,一致接受是很难满足的,但我们也有道德理由,在大多数人接受某个规则时,将其确定为社会规则。承认这一点并不会消解法律实证主义的立场。因为法律实证主义不需要否定承认规则的存在与道德无关,而是要坚持下述观点:承认规则的内容在一个关键的意义上依赖于接受。①

五、哈特的启示

关于《法律的概念》一书,还有许多重要的内容值得一说。但我的目的只是从做哲学的角度,将该书的论证重新“做”了一遍,并在“重做”的过程中,力图阐明哈特“做”哲学时某些不够清楚、准确和深入的地方。我的“重做”在某种意义上是非常个人化的,难免有许多牵强附会之处。我不敢期待读者同意我的观点,但我诚挚地希望读者和我“共思”,体会到“重做式”阅读是愉悦而有益的。在本文的结语部分,我尝试回答一开始就提出的问题:哈特在何种意义上改变了法哲学?我不确定自己有资格回答这一问题,但我仍然努力给出一些粗略的思考。我相信伟大的著作不只是提出了后来已被人所熟知的重要主张,而是潜伏了许多尚未被充分领悟和呈现的可能性。而对待伟大作品的最佳方式,是要探索作者精妙绝伦的做法及其隐藏的、尚未被知晓的理论矿脉。

为了让我的观点更容易理解,我将引入“规范性现象之间不可相互还原命题”。这一命题不是说,规范性现象不能仅仅通过非规范性事实加以解释,而是主张人类社会存在不同类型的规范性现象,而对一类规范性现象的解释,不能还原为另一类规范性现象。

---

① 我在其他地方提出了一种方案,参见范立波:《概念分析、还原论与说明性法理学》,载舒国滢主编:《法理——法哲学、法学方法论与人工智能》2003 年第 2 期(总第 12 辑),商务印书馆 2003 年版,第 122～145 页。

《法律的概念》涉及的两个基本问题可以粗略地揭示这一命题。

(1)哈特坚持法律义务和道德义务是两个种类的义务,就是不可还原命题的例证之一。两者之间的区别之一,就是法律义务是“有目的地故意改变的”,而道德义务可“豁免于有目的地故意改变的”。这一特征决定了法律义务不能用自然、本质、理性、重要性或其他意义上的可证成理由来说明。因为可证成的理由是不可人为改变的。用不可改变的理由来解释可人为改变的理由,都犯了理由类型错误。用我在本文所做出的区分来说,对于独立于行动者意愿而存在的理由,我们只需采取回应性的内在立场,而不可能单凭自己的态度改变或取消外部理由。只有当理由是由态度或观点所构成的,才是在原则上可以通过改变态度和观点来取消的。将法律义务还原为道德义务或重要性考虑或其他可证成的理由,就无法解释法律义务的可人为改变性特征。

(2)该书重点讨论的规则是另一个例子。“规则要求做 X”不能简单地还原为“做 X 是好的”。一方面,规则要求做 X 未必等同于做 X 是好的;另一方面,如果做 X 是好的,这一事实就是做 X 的理由。但做 X 是好的,并不等于存在做 X 的规则。两者之间存在的另一个关键差异,在于“X 是好的”作为理由,需要与其他理由进行权衡。假设做 Y 是更好的,我在慎思两者的分量之后,就应该做 Y。但这不是规则指导行动的方式。如果规则要求做 X,那么,即使做 Y 是更好的,我也应该做 X。因此,相对于 X 是好的而言,规则要求做 X 就具有某种断然性特征。至少,在规则要求我做 X 时,我不能再根据自己的意愿和目标去慎思我应如何行动。将规则的规范性还原为理由内容的规范性,就无法解释规则的断然性特征。

在这类规范性现象中,我们可以发现两类理由及其与态度的两种联系。一类就是哈特所说的内容依赖的、慎思性的理由,其作为理由的效力和其内容有关。如果存在一个做 X 的内容依赖的和慎思性的理由,那么这一理由的效力来自行动 X 的价值或后果等支持和反对 X 的相关考量,并通过对理由分量来影响实践慎思。与之关联的态度就是我所说的回应性的内在立场。另一类是内容独立的、断然性的理由。这意味着理由的效力和其内容无关,而是由特定的意愿、态度或立场所构成的,与之相关的是构成性的内在立场。而断然性理由是可以对抗个人的意愿或目标的。态度不能创设、改变或取消内容依赖的理由,但可以创设或改变、取消由其创设的理由。我相信这是两个独立种类的理由,且彼此之间是不可相互还原的。类似的情形也广泛存在于权威、承诺、权利、同意或誓言等规范性现象之中。例如,权威指令你做 X,你就有一个做 X 的理由,而这一理由并非来自做 X 是好的,而是权威表达了要求你做 X 的意愿。

我认为哈特对法哲学做出的最重要的改变,就是其抓住了“规范性现象的不可相互还原性”,并试图在内容的重要性之外,借助立场、观点或态度,解释法律、惯例或社会规则的实践基础。不少法哲学家仍然相信理由是指导意愿的教条,坚持在规范性问题上清除态度因素是明智的，试图以各种更为曲折、精微的方式，通过各种可证成的理由来解释法律的规范性。① 但哈特让我相信，可人为地改变的规范性不可能通过不可改变的理由加以说明。哈特的解释虽然还存在不少争议，但正是通过其努力，权威、惯例、规则和承诺等与态度有关的规范性现象重新得到关注和思考，并产生了许多重大的成果。② 更重要的是，哈特让我确信，作为理性能动者，我们在理由世界所能持有的态度，不只是被动地回应本来已经存在的理由，最终被外在理由所塑造，同时，我们还可以是"有态度的"能动者，能够用自己的态度来"构成"本不存在的理由，成为理由的创造者，创造"我"的或"我们的"理由，并由此拥有个性，与他人构建特殊的关系，成为自我创造、自我管理意义上更好的能动者。因此，我最终乐意给读者提交的是一种路线之争。至于哪一种理论路线更好，就需要你回到经典著作中，开启你的探索性阅读之旅。

Looking for the Practical Basis of Law

—Based on Hart's The *Concept of Law*

Fan Libo

Abstract: One of the best ways to read classic works is through "redoing" reading, which starts from the author's problems, follows the author's exploration process, identifies potential issues that the author may have, and makes appropriate revisions or developments. Hart's main problem is how to interpret the obligation of law and ultimately explain it through the rule of recognition which is a social rule. Therefore, Hart needs to explain the mandatory meaning of obligation and distinguish between legal obligation and moral obligation. This article interprets the mandatory nature of obligation as the mandatory nature of reason, clearing Hart's entanglement with social pressure factors when interpreting obligation. But when Hart explained the existence of social rules from an internal stance, he did not distinguish between constitutive and responsive internal stances. The so-called social rules only refer to rules that are socially practiced, and he cannot distinguish between rules that rely on content and rules that rely on practice. And this confusion also makes the claim that law is a social fact supported by external statements ambiguous. But Hart's theoretical shortcomings can be corrected in its context. Hart insisted on the distinction between legal obligation and moral obligation, highlighting the incommensurability of normative phenomena. Beyond the

① 德沃金是其中的卓越代表。See Ronald Dworkin, *Law's Empire*, Harvard University Press, 1986.

② 可参考拉兹和张美露等人的著述。

importance of content, he pioneered a theoretical approach to resolving normative issues through attitude.

Keywords: Hart; Constitutive internal stance; Practice-dependent rules; Incommensurability of normative phenomena; Mandatory nature of reason

(责任编辑:白琳谛)

专题一　智慧法学

个人金融信息保护中的个人控制模式之检视
——基于司法大数据的个人金融信息保护研究

李　昂*

摘　要　个人金融信息保护是保障信用经济健康发展的内在要求,也是建立完善的个人信息保护体系的重要一环。本文在总结理论研究成果的基础上,基于司法大数据,对全国范围内 2010 年至 2023 年涉个人金融信息案件进行分析和研判,检视现有规范确立的金融信息个人控制模式——不符合实际状况的"理性人"假设和告知义务的虚化导致信息过载问题;互联网交互行为的膨胀以及尚未统一的部门法规范又导致信息不对称和归责不明、举证责任模糊。两者共同作用导致该模式下的规范在事前和事后阶段的失灵现象。本文尝试通过强化告知环节引导作用,建立额外信息披露制度、事后持续性反馈机制,以及统一个人金融信息领域举证责任规则的方式,从事前和事后两个阶段调适个人控制模式下的个人金融信息保护规范,使其更好地与其他部门法和司法实践相衔接。

关键词　个人控制模式　个人金融信息保护　信息披露

一、问题缘起

对于经济发展而言,信息的开放共享不可或缺,大数据时代更是如此。① 现代经济就是信用经济。信用经济的基础,除了明晰的私有制、稳定的产权制度,还包括现代经济活动中产生的海量数据和信息,这些数据和信息构成了经济活动中可供认知、决策的信用

---

* 李昂,中央财经大学法学院金融服务法学专业 2023 级硕士研究生。本文为"中央财经大学科教融汇研究生学术新星孵化计划"(2024212)的阶段性研究成果。

① 参见王利明:《数据共享与个人信息保护》,载《现代法学》2019 年第 1 期。

形式。所以数据信息对于经济发展而言至关重要,尤其是在金融领域。金融领域作为信用与货币相互结合形成的新范畴,其数据信息的重要性得到各方主体的广泛认同,与数据信息有关的行为也逐渐引起大家的重视。其中,对于个人金融信息保护的讨论非常广泛,甚至常见于治国方针战略中,如党的二十大报告提出要“加强个人信息保护”①;2023 年《政府工作报告》进一步提出“深入推进国家安全体系和能力建设,加强网络、数据安全和个人信息保护”②,从而维护社会稳定、促进经济社会健康发展。在立法层面,国家也积极回应了加强个人金融信息保护的客观需求,不仅制定了《数据安全法》、《个人信息保护法》(以下简称《个保法》)等效力层级较高的法律文件,更是接连出台了《中国人民银行金融消费者权益保护实施办法》《个人金融信息保护技术规范》等行业性金融规范,对金融信息保护与共享问题进行了较为明确且具有针对性的回应。《个保法》的出台标志着我国以该法为核心的个人金融信息保护法律体系已经初见规模。但在司法实践中,业已建立的个人金融信息保护法律体系的实践效果与立法所欲达到的“保护”目的之间尚存在一定的偏离之处。司法裁判者在实际审理个人金融信息疑似受到侵害而产生的金融纠纷案件时,习惯于在传统民事法律规范领域中寻求定分止争的依据;与此相对应的是,个人金融信息所有者在提出信息保护诉求时,也较少向现有的个人金融信息保护法律体系寻求帮助。由此可见,即使在形式上具有针对性的创新立法,在实质内容上仍然具有问题。

基于此,本文欲借助现有司法大数据平台建设,通过检索和分析涉“个人金融信息”案件的情况和特征,勾勒个人金融信息保护的现实困境,结合现有的理论研究成果,在反思现有个人控制模式的基础上,提出当前规制路径的优化建议,以期推动个人金融信息保护制度进一步完善。

二、司法大数据检索与分析框架

(一)数据来源

本文选择通过司法大数据服务网内置的“法研灯塔”法律实证研究平台进行数据收集及分析,一方面,司法大数据服务网的数据来源于裁判文书网,真实性、权威性能够得到保证;另一方面,其实证分析功能提供多种分析工具,为开展进一步研究提供条件。

---

① 习近平:《高举中国特色社会主义伟大旗帜 为全面建设社会主义现代化国家而团结奋斗——在中国共产党第二十次全国代表大会上的报告》,载新华网,http://www.news.cn/politics/2022-10/25/c_1129079429.htm。

② 李克强:《政府工作报告——2023 年 3 月 5 日在第十四届全国人民代表大会第一次会议上》,载新华网,http://www.news.cn/politics/2023-03/14/c_1129432017.htm。

(二)数据检索逻辑与分析

1. 数据检索逻辑

数据检索呈现的结果完全依赖于数据检索策略,因此在设计具体的检索条件时,应当根据研究重点进行合理调整。① 本文的研究主题是“个人金融信息保护”,研究重点为探寻现有个人金融信息保护规范确立的“个人控制模式”,在实际司法审判中是否能够良好运行、是否存在适用障碍的问题。基于此,对检索条件做如下设计:

首先,在案件类别方面,考虑到本文重点研究的对象为现行的个人金融信息保护模式,其具体表现为民事领域之特殊规范,故将案件类别限缩为“民事案件”。其次,在时间方面,考虑到案例的时效性,本文检索将案件时间限定为2010—2023年。再次,在自定义检索方面,本文先将自定义检索范围设定为“全文”,然后以“个人金融信息”为关键词进行第一次检索,得到一个较为模糊的结果,用于从宏观视野分析总体涉“个人金融信息”案件数量随时间变化的趋势。最后,在全文检索的基础上进行二次检索,将自定义检索范围限缩为“裁判理由”部分,并将“个人金融信息”“金融消费者信息”“消费者金融信息”三个关键词以“或者”的逻辑关系并列起来进行检索,尽可能扩大检索范围和结果。

2. 数据分析

依据上述检索逻辑,本文分别提取了2010年至2023年的17,869件涉“个人金融信息”案件,以“全文检索”标明。经过限定自定义检索部分为“裁判理由”进行二次检索,得到26件有效案件,以“裁判理由检索”标明。

(1)案件数量

由图1可知,在2020年之前,全国涉“个人金融信息”案件发生数量整体呈增加态势,其中2019年至2020年的案件数量陡升,推测可能是受金融线上平台交易活跃的影响。彼时新冠疫情限制金融机构线下开展业务,刺激金融消费者线上需求,导致线上、线下渠道业务办理量呈“一增一降”态势。② 同时,新冠疫情暴发及疫情防控常态化的影响也在金融案件中逐步显现,如金融机构利用疫情实施不当金融营销行为,受疫情影响,正常还款程序受阻,进而出现金融征信问题等。③ 总之,可以推断这一时期的案件数量激增应当属于非典型上升现象。而2020年至2022年,案件数量呈逐年下降趋势,可以看出:一方面,中央对于个人金融信息保护制度建设的不断强调和引导,在一定程度上缓解了个人金融信息保护问题;另一方面,实际案件数量虽然呈现下降趋势,但与2019年及以

① 参见李蓉、孙秋雨:《基于司法大数据的辩护有效性实证研究》,载《湘潭大学学报(哲学社会科学版)》2023年第5期。

② 参见邵天春:《新冠肺炎疫情对金融需求的影响及挑战——以安顺市为例》,载《金融经济》2020年第6期。

③ 参见白廷俊:《上海高院发布涉疫情金融纠纷案件法律适用的相关问答》,载光明网,https://legal.gmw.cn/2022-04/19/content_35670189.htm。

前年度相比,仍增加了近 3 倍,表明个人金融信息问题已成为司法实践中不可忽视的重要问题。

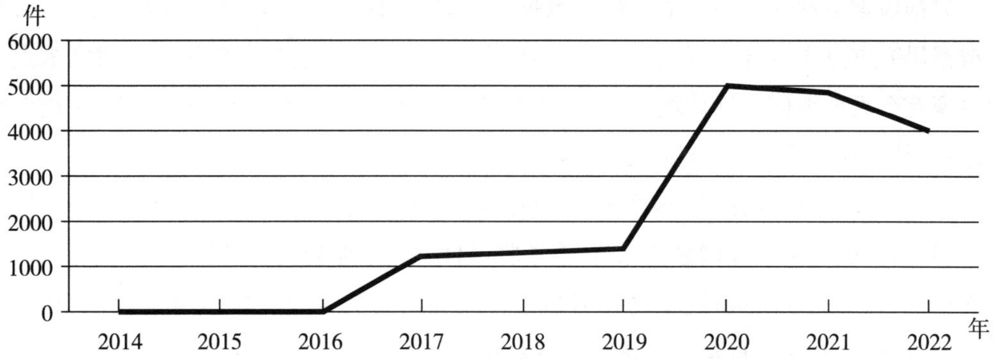

图 1 全国涉“个人金融信息”案件数量(全文检索)

(2)案件案由

由图 2 可知,当前的个人金融信息纠纷最常见于金融借款合同纠纷中,占比约 27%;其次分别是名誉权纠纷、信用卡纠纷和财产损害赔偿纠纷;而在性质上最贴合“个人金融信息保护”的个人信息保护纠纷案件,反而占比最小,仅占约 4%。由案由分布数据可见,个人金融信息保护相关案件具有明显区别于一般个人信息保护纠纷的特征,在司法实践中,法院更倾向于结合行业特征和案件情况,重点解决金融领域个人信息保护的特殊问题,而不是以民法领域的个人信息保护传统思路进行规制。传统的个人信息保护规则也无法完全满足司法实践中对于个人金融信息保护的需要,促使法院从不同的规范路径寻求纠纷化解方案。

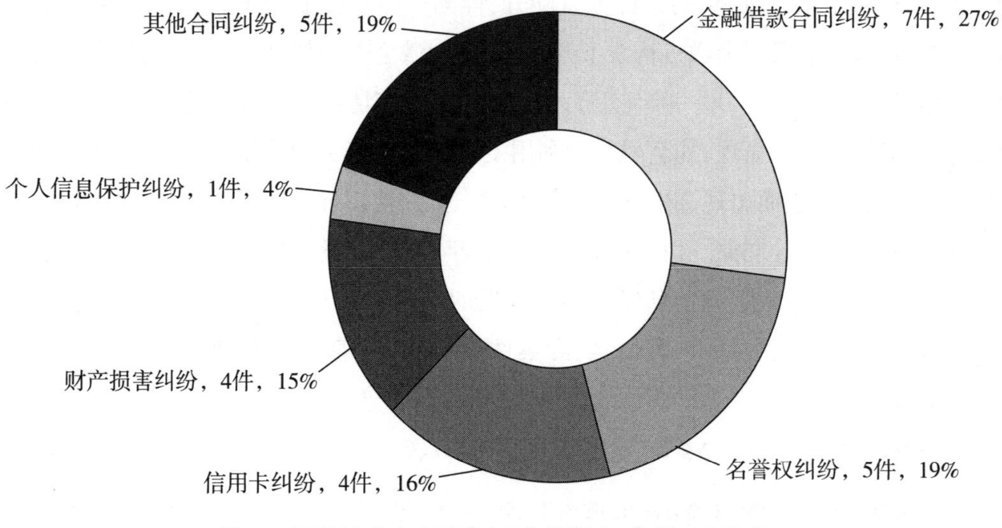

图 2 全国涉“个人金融信息”案件案由(裁判理由检索)

(3)结案方式

由图3可知,原告的诉讼请求得到支持的情况占半数,全部和部分支持诉讼请求的比例分别占35%和15%。通过人工阅览案件具体情况可知,所涉案例中大多数都是金融消费者作为原告一方,由此观之,法院在司法实践中对于涉个人金融信息保护案件的裁判态度在宏观上偏向于保护个人一方的合法利益。但同时也要注意诉讼请求全部或部分被驳回的情形占近四成,其中原告方被全部或部分驳回的诉讼请求,以金钱损害赔偿请求为主,而法院驳回的理由通常集中于“无法提供充分证据证明”这一方面。这说明在排除缠诉、烂诉等情况下,原告方可能存在诉讼请求难以证明、证据无能力收集、举证成本过大等不利于其诉讼请求的情况。

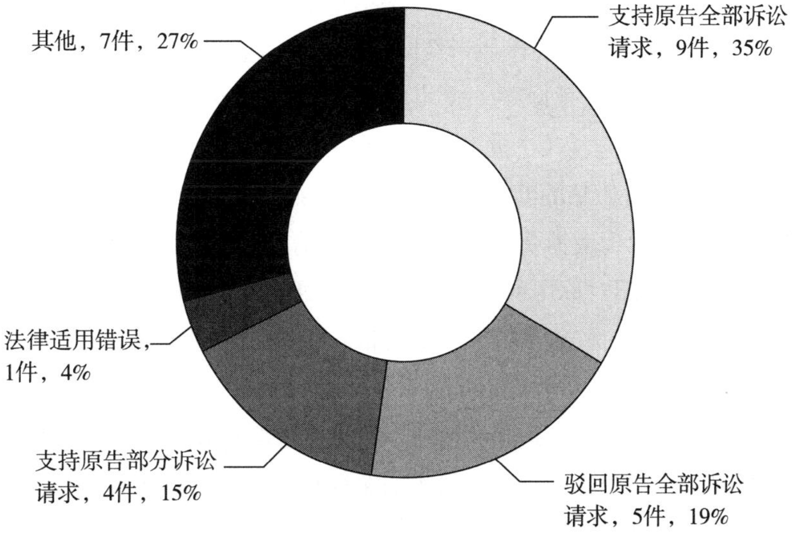

图3 全国涉“个人金融信息”案件结案方式(裁判理由检索)

(4)裁判要点

通过人工阅览、筛选二次检索之结果,将案情有效但类型重复、同一案件但不同阶段的判决等进行聚合处理,本文筛选“有效案情”的具体标准如下:第一,案件当事人明确提出“个人金融信息保护”的诉讼请求。第二,案件双方就“侵害个人金融信息”争议提供实质证据。第三,法院在裁判理由部分就“个人金融信息纠纷”表达了具体观点。通过以裁判理由的核心内容为类型化线索,可以将“涉个人金融信息”案件抽象化为两大类型:事前义务违反类案件和事后滥用信息类案件。

对于事前义务违反类案件,人工筛选出的15例典型案例中有8例涉及金融机构对于“解释说明义务”“适当性风险揭示义务”“风险告知义务”等事前义务没有合理、全面地履行。而这些案件中,被告即金融机构一方基本都会以自身已在格式条款上加粗标注、当事人已签知情同意书等理由提出抗辩,而自然人一方往往声称自己没有同意过、不知道有相关规定,进而产生分歧,成为法庭调查的重点内容。而法院对此的态度也并不一致,大多数法院对于金融机构出示的知情同意书等官方文件的证明力高度认可。例如,在“许某诉广发银行股份有限公司个人信息保护纠纷一案”中,法院认为,“……故在无其他相反证据的前提下,本院对被告保全数据的真实性予以确认,该证据能够达到盖然性的证明标准”①。但也有部分法院对金融机构方承担的举证证明责任持更加严格的态度。又如,在“顾某某诉中国人民财产保险股份有限公司常州市分公司等机动车交通事故责任纠纷案”中,法院认为,虽然保险公司举证证明其已经尽到对免责条款的提示义务,但是举证程度并未消除原告对保险公司的否认,且“即便投保时弹出免责条款,人保常州公司也仅是尽到提示义务”②。

对于事后滥用信息类案件,其争议焦点基本集中于金融机构在事后阶段的滥用个人金融信息、失职渎职行为,典型代表如未经同意利用个人金融信息进行征信评估,造成当事人名誉权益的不利益等。例如,在“成某某诉中国农业银行股份有限公司芜湖县支行财产损害赔偿纠纷案”中,法官以“提升金融消费者的信心,维护国家的金融安全和稳定”为由,认定由县农行对成某某的实际损失承担全部赔偿责任。③ 由此可见,在司法实践中,部分法院已经意识到金融消费者或者个人金融信息持有者“理解能力有限”的问题,以及该群体在金融信息不对称中的劣势地位,想要通过在裁判中进行倾斜性保护,从而实现实质公平。但遗憾的是,更多的时候法院依然恪守“谁主张,谁举证”的基本原则,此时大多数自然人一方因举证不能而承担败诉的不利后果。

综上所述,现阶段涉个人金融信息保护案件中,法院在处理个人金融信息保护的争议焦点时主要面临两大困境:一是交易发生前金融机构方是否尽到金融信息解释说明义务、事前的个人金融信息权益是否得到保障的问题;二是交易发生后金融机构是否违规、错误利用个人金融信息,以及事后当事人是否可以及时知晓侵权和维权的问题。

三、困境探讨:个人金融信息保护的个人控制模式失灵

当前我国的个人金融信息保护规范采取的个人控制模式是以“知情—同意”规则作为基础的个人信息保护框架,④而我国现有的个人金融信息保护规范之实践困境也缘起于此。在个人控制模式下,信息处理流程中的上游信息个体被视为自身信息的最高权利人和最高责任人,法律对个人信息主体予以赋权,赋予个人知晓、管理、选择个人信息内

① 北京市西城区人民法院民事判决书,(2021)京 0102 民初 27583 号。
② 江苏省常州市钟楼区人民法院民事判决书,(2020)苏 0404 民初 159 号。
③ 参见安徽省芜湖县人民法院民事判决书,(2019)皖 0221 民初 2524 号。
④ 参见张新宝:《个人信息收集:告知同意原则适用的限制》,载《比较法研究》2019 年第 6 期。

容及流向的能力。[①] 从制度表面上看,现有的立法坚持“保护与利用兼顾”的立法初衷,各项法律原则和制度设计也符合各方利益诉求。但就金融交易领域而言,作为信息处理者和利用者的各金融机构,在信息收集能力、专业知识储备、先进技术支持方面具有显著的优势。加上国内金融市场发展尚未充分,金融机构强势而金融消费者弱势,甚至出现消费者为了获得金融服务而“违心”地许可金融机构使用其个人信息的极端情况。金融交易市场普遍存在的信息过载和信息不对称两大问题,导致一般消费者无法在实质理解的基础上做出理性决策。

(一)信息过载导致模式的事前失灵

信息过载通常导致事前的规则失灵。现有信息保护立法基础是“知情—同意”原则。从信息个体一方的权利层面看,信息个体有权充分了解信息处理的过程,并基于自我判断决定是否给予其充分肯认。这样的立法设计迫使金融机构出于合规要求,一次性、详尽地披露全部法律所要求的内容,具体表现为当前手机软件少则数千、多则上万字数的隐私政策。这种“强信息披露”的模式实际是建立在传统经济学“理性人”假设之下的。传统法经济学研究范式认为,给予理性人充分且自由的选择环境,有助于自觉形成信息保护和利用格局,形成“帕累托最优”。[②] 与首次签订隐私政策时因文本阅览而花费的时间成本相比,因同意隐私政策而产生的未来信息被滥用的风险往往更大,按照预期收益理论,在预期收益与预期成本不匹配时,理性人应当做出否定性评价,[③]即理性人为了避免信息风险而认真阅览隐私政策。但是事实却与理论大相径庭,很多用户对协议的具体内容漠不关心,不假思索即勾选相关隐私协议,这体现出传统“理性人”假设与现实之间的裂隙。[④] 这种裂隙根源于“理性人”假设忽视了个人信息处理和接收能力的有限性——面对海量、冗长的决策信息,即使是具备一定专业能力的人也会因较短的决策时间而忽略部分内容,遑论不具有相关专业能力的一般用户。[⑤] 信息接收能力的欠缺直接影响用户面对信息保护决策时的态度,进而直接造成“知情—同意”规则的架空。“在缺乏经验和信息的领域,或在选项过于复杂多样的情况下,人们更容易受到选择架构的影响。”[⑥]

与此同时,金融机构一方所承担的告知义务也逐渐被“架空”。虽然机构一方在名义上具有告知义务,但是受成本负担和逐利的市场规律影响,机构一方缺乏真正的告知释

① 参见李芊:《从个人控制与产品规制到合作治理——论个人信息保护的模式转变》,载《华东政法大学学报》2022年第2期。

② 参见熊春泉、聂佳龙:《法律经济学》,中国政法大学出版社2017年版,第91页。

③ 参见黄锫:《法律经济学:方法论、理论脉络及应用》,浙江大学出版社2008年版,第7页。

④ 参见汪全胜、王新鹏:《数据治理的行为法经济学转向:助推理论实现个人信息保护》,载《哈尔滨工业大学学报(社会科学版)》2022年第4期。

⑤ 参见丁晓强:《个人数据保护中同意规则的“扬”与“抑”——卡-梅框架视域下的规则配置研究》,载《法学评论》2020年第4期。

⑥ 句华:《助推理论与政府购买公共服务政策创新》,载《西南大学学报(社会科学版)》2017年第2期。

明动力,甚至出现刻意制造冗长条款来隐藏重要信息的畸形现象。这具体体现在两个方面:一是告知内容的模糊化倾向,即金融机构为刻板地满足规范要求的"全面披露"而不加筛选地将信息处理全过程的全部信息都告知个人,此实质上压缩了个人"同意"的自由空间;二是告知方式的强硬化倾向,具体表现为隐私政策和获取金融机构实质服务之间相互绑定。[①] 在互联网时代,用户对于金融机构提供在线服务的依赖度较高,故这种绑定关系将个人用户置于"别无选择"之境地,此时个人"同意"难言是出于其真实之意思。

(二)信息不对称、归责原则不清导致模式的事后失灵

与事前的规则失灵相对应,信息不对称和归责原则不清通常会导致事后的规则失灵。一般消费者或客户不实际参与信息处理过程,难以识别个人金融信息受损,即使察觉其信息受损也难以举证证明损害事实和金融机构之间的联系,进而无法形成对个人金融信息的有效保护。

一方面,滥觞于传统资本市场的信息不对称问题,在大数据时代得到前所未有之强化。互联网交互行为的爆炸式增长大大加剧了碎片信息的聚合效应,使信息主体无法有效判断信息处理的后续效果,同时信息流动也难以受个人控制,个人流出的信息被二次利用的概率提高、程度加深,甚至都难以知晓是否存在个人信息被二次利用的情况。具体到金融交易场景中,当前的立法规定明显缺少金融机构在首次获得授权同意之后的持续披露要求,这样的制度设计人为地放大了机构在取得授权后私自违规的风险,也进一步加剧了金融机构与一般消费者或客户之间的信息不对称。

另一方面,当前个人金融信息案件存在归责原则模糊、举证责任失衡的问题。归责原则问题是侵权法领域中因信息不对称普遍存在衍生的问题。一般认为,归责原则是确立责任成立和归属的核心问题,是合理分配举证责任的前提。[②] 当前个别部门法虽然以"法律特别规定"的形式对个人金融信息侵权归责原则和举证责任作出了特别安排,但新的问题随之出现——由于涉金融行业相关规范各成体系,特殊规定反而成为分歧根源。例如,虽然《证券法》规定了普通投资者与金融机构发生纠纷时,由金融机构提供资料证明其已经履行了义务,行为合法合规,不存在误导、欺诈等情形,但是《保险法》《商业银行法》对金融纠纷案件的举证责任却没有明确规定。这种"分业监管"中的规范不统一导致了实践的分歧,也导致频繁发生的商业银行纠纷、保险公司纠纷"无法可用",迫使大部分法官在裁决时将该等案件视为一般违约或一般侵权情形,采用一般过错责任的归责原则,在举责任分配上遵循"谁主张,谁举证"的基本逻辑,使自然人一方陷入举证困难的

① 参见马新彦、张传才:《知情同意规则的现实困境与对策检视》,载《上海政法学院学报(法治论丛)》2021 年第 5 期。

② 参见杨立新:《侵权责任法(第 3 版)》,法律出版社 2018 年版,第 37 页。

境地。

四、困境纾解:个人金融信息保护的个人控制模式之路径调适

面对单独个体在知情能力上的先天局限,晚近以来的域内外理论界逐渐出现弥合“知情—同意”规则不足的设想和讨论,有学者提出从规则背后的“信息自决”之转变入手,用“限制信息他决”替代之,将信息主体的“同意”地位降格为发言权,而不再是最终决定权。更有甚者直接提出放弃“知情—同意”规则在信息处理过程中的绝对正当性地位,转而将默示同意作为信息处理的常规做法,①辅之以更加严格的事后保护。② 就我国国情而言,“一刀切”地否定知情同意规则的正当性不免“矫枉过正”,容易陷入为了降低成本、强化效率而牺牲信息主体合法利益的误区。从制度体系上看,我国信息保护法律体系业已成形,其中“知情—同意”规则作为制度基石具有不可替代性,如果大幅度突破原有的规则框架,则难以兼顾法律体系内部的逻辑自洽。诚然,在大数据时代下的金融领域中,完全固守个人控制模式的信息保护规范面临诸多困境,但是轻易放弃“知情—同意”机制的价值操守亦不足取。③ 所以相比于对原有制度进行根本性改变的“重构”,小修小补但一针见血的“调适”才是更为合适的进路。

(一)事前阶段:强调“告知”环节引导性、优化信息披露有效性

事前的规则失灵源于信息过载问题,可理解为“理性人”假设的理论缺陷在法学领域的外在表现。对此,可引入“社会人”假设予以矫正,形成新的个人金融信息规制的逻辑起点。④ 因为“社会人”假设提出的有限理性理论可以很好地解释为何“人们经常做出那些他们明知将与其长远利益相冲突的事情”⑤,这与“知情—同意”规则的失效困境契合,从而为规制路径提供了新思路。因此,对于事前阶段的规则失灵可以从两个方面入手加以调适。

一是充分地重视告知环节的引导作用。晚近时期行为经济学领域提出的“社会人”假设是弥合“理性人”缺陷的良策,但是制度优化不能仅停留于理论或理念转变的层面,若无法在实践层面落实便只是空中楼阁,故需要思考该以何种方式在制度规范层面体现“社会人”角色。值得注意的是,当制度设计的逻辑起点从“理性人”向“社会人”转变时,制度预设的选择框架也将随之改变。因为此时个人决策不再被简单地默认为遵从价值

---

① 参见梅夏英、朱开鑫:《论网络行为数据的法律属性与利用规则》,载《北方法学》2019 年第 2 期。

② 参见任龙龙:《论同意不是个人信息处理的正当性基础》,载《政治与法律》2016 年第 1 期。

③ 参见高志宏:《大数据时代“知情—同意”机制的实践困境与制度优化》,载《法学评论》2023 年第 2 期。

④ 参见汪全胜、王新鹏:《数据治理的行为法经济学转向:助推理论实现个人信息保护》,载《哈尔滨工业大学学报(社会科学版)》2022 年第 4 期。

⑤ 胡长兵、陈培秀:《行为法律经济学:新知还是旧论——波斯纳与桑斯坦等的论战及其意义》,载《财贸研究》2009 年第 2 期。

最大化理论,“任意两个选择间的相对排序不会因为其他选择的增加或者减少而发生改变”①;相反,折中效应的存在往往会使“社会人”在选择集合中选择居中的选项,而不是位于两端的选项。② 通过现有的行为法经济学的理论,将这种选择框架转变带来的决策变化,逆向运用于“知情—同意”规则中,能够得到与传统的以信息披露为核心的规范方案截然不同的优化进路。

二是信息披露兼顾“精简”和“全面”要求。单纯强调信息披露“精简”虽然能在一定程度上缓和信息过载的问题,但也可能造成重要信息披露的被迫放弃,损害信息披露的“全面”要求。制度设计理应保证两者同等重要、不可偏废。若要兼顾“精简”和“全面”,首要解决的问题是如何处理这两种相互对立、矛盾的价值取向。需要强调的是,这里的“兼顾”应当是统筹、协调的意思,而非杂糅合并,盖因“精简”和“全面”实为对同一事物不同层次、不同阶段的要求。这一点与经济法学领域普遍运用的社会系统研究方法强调的多阶段、多层次研究格局存在内在的一致性,③具有方法论支撑。

具体而言,隐私政策等知情同意许可文件在首次签署阶段,形式上要求的全面披露无法实现保护目的,此时应当更加关注个人理解能力的有限边界,尽可能精简决策信息;而在首次签订后的持续运营或使用阶段,因为缺乏形式上的强制要求而更应强化“全面”要求。欲达此目标,实行“常规性披露 + 额外性披露”的分阶段、差异化披露制度具有现实性和可行性。该制度原则上按照当前法律的要求向客户实施全面、必要的披露,但是在信息处理目的、对象、种类、联系方式等常规披露内容之外,额外披露由信息处理者自行评估生成的自我信息管理水平和处理行为可能导致的后果,即提供常规披露报告和额外披露报告两种内容存在差异的信息披露报告。其中,额外披露的报告内容能直截了当地告诉客户该次信息处理对其权益的影响。在额外披露报告的具体形式上,可以借鉴美国保险公司向投保人提供的“保险摘要”制度,④要求金融机构在额外披露报告中自觉提取关键信息形成“个人金融信息摘要”,从而确保信息披露的质量和有效性。

(二)事后阶段:延长信息披露的持续性、明确归责原则及举证责任

事后的规则失灵问题源于信息不对称和归责原则不清问题,与之对应的困境纾解路径为“延长信息披露的持续性”以及“明确归责原则及举证责任”。

一方面,就事后的信息披露而言,单纯的“延长”固然简单,仅需施加强制规定即可,但是这种做法无法发挥应有的作用。因为简单的持续信息披露对于大部分金融消费者

① [美]凯斯·R.桑斯坦:《行为法律经济学》,涂永前等译,北京大学出版社 2006 年版,第 71 ~ 104 页。

② 参见李婧:《行为法经济学在金融消费者权益保护规则制定中的应用》,中国政法大学出版社 2017 年版,第 94 页。

③ 参见张守文:《经济法原理(第 2 版)》,北京大学出版社 2020 年版,第 64 ~ 65 页。

④ 参见郭锋主编,李东方、邢会强执行主编:《证券法律评论——新〈证券法〉:开创中国资本市场新时代》(2020 年卷),中国法制出版社 2020 年版。

来说形同虚设,如果披露频率过高甚至会引起金融消费者的反感,诱使其主动放弃对个人金融信息的保护。所以,为了规避上述情况,持续性披露应当做到以下两点:第一,建立"一站式"信息披露系统,避免碎片化披露。依托当前各大金融机构线上平台普遍建立的有利局面,由信息处理者提供类似"信息处理反馈中心"的线上 App 板块,自动收集反馈信息,并按照处理流程梳理成线性关系图,方便客户"一眼识别"个人信息处理进度。另外,值得注意的是,在开放银行盛行的大趋势下,大型商业银行线上服务基本都是依托 API 端口①联通第三方服务机构,通过数据的多平台流通实现信息处理的。所以在"一站式"信息披露系统的建设过程中,金融机构方还应特别注意对第三方机构的信息保护义务的监督管理,并将对第三方机构的监管信息向相关的信息主体进行披露。② 第二,持续性反馈必须遵守精简化道路,关注金融消费者的信息理解和接受能力。具体而言,可以在常规披露信息之外添加处理总结,简明告知其某具体阶段的相应处理行为及后果。借助互联网金融平台,金融机构可以利用大数据分析,快速形成图表,相比单纯的文字提示,图表更加直观、清晰。此外,还应当强调"个性化定制"的特征,给予个人决定信息披露界面以什么样的顺序呈现、呈现哪些类型的披露信息的权利,并提供标注、筛选等功能,使客户能够基于其偏好来接收信息,这是使持续性披露能够适应不同信息主体差异化理解能力的关键。

另一方面,应当统一《证券法》《商业银行法》《保险法》等金融法领域关于归责原则及举证责任之规定。③ 就归责原则及举证责任而言,虽然部分学者对于举证责任持更加激进的观点,如将金融机构的适当性义务等直接视为法定义务,违背义务的行为本身即被视为具有过错而无须举证,④但是总体上对于涉"个人金融信息"案件的举证责任模式,目前在实务界主要分为两种:"谁主张,谁举证"的过错责任基本模式和"责任倒置"的过错推定特殊模式。考虑到金融产品的复杂性,以及个人相对于金融机构的弱势地位,采"责任倒置"的特殊模式更加合理。以特别规定形式规定"举证责任倒置"规则优势有二:一是避免了一般侵权损害请求情形面临的"主观过错"举证难题。金融消费者若选择以侵权责任请求金融机构承担责任,则存在较大的举证负担,金融消费者或用户对于金融机构是否尽到相应的信息披露、解释说明、适当性义务从机构外部难以窥见,加之自然

---

① 在开放银行盛行的大趋势下,大型商业银行线上服务基本都是依托 API 端口联通第三方服务机构,通过数据的多平台流通实现信息处理的。API 端口,即应用程序编程接口(Application Programming Interface),其本质是一组定义、程序及协议的集合,通过接口可以在不访问源代码的情况下实现不同软件的通信。金融机构借助 API 与第三方平台共享数据,可以形成资源共享、场景融合、优势互补和相互赋能的开放生态。

② 参见赵吟:《论开放银行数据共享中的信息披露义务》,载《政治与法律》2021 年第 2 期。

③ 《证券法》第 89 条规定,在普通投资者与金融机构发生纠纷时,由金融机构提供资料证明其已经履行了义务,行为合法合规,不存在误导、欺诈等情形。但《商业银行法》《保险法》对金融纠纷发生时,金融机构是否履行义务的举证责任并没有明确规定。

④ 参见钱玉文、吴炯:《论商业银行适当性义务的性质及适用》,载《湖南社会科学》2019 年第 4 期。

人本身的理解能力差异,难以判断金融机构的主观过错。故通过倒置的举证责任可以有效规避此困境。二是避免了一般违约损害请求情形面临的"因果关系"举证难题。金融消费者若选择以违约责任请求金融机构承担责任,若无特殊规定,通常不可避免地需要证明金融机构存在违约行为,以及违约行为和损害结果之间的因果关系。然而事实上,大多数金融交易通过格式合同的方式进行,金融消费者一方并没有实际参与合同条款的商讨,只能被动选择接受或不接受,外加金融合同的专业性、复杂性,要求金融消费者承担证明金融机构虚假宣传、隐瞒重要信息后向其销售不符合约定的金融产品的行为与损害事实之间的因果关系的责任不切实际,也不符合实质公平的追求。此时,举证责任倒置的制度设计能够避免对金融消费者苛以强人所难的责任。同时考虑到金融机构在格式合同签订过程中的主导地位和组织实力,从权利义务对等角度出发,这样的制度安排也是实现公平的应为之举。

五、余论

本文通过数据分析和类型化分析,发现现行个人金融信息保护模式的实践困境——传统"理性人"框架的缺陷和金融机构告知义务的虚化加剧了信息过载问题,而数据交互膨胀和立法冲突又加剧了信息不对称和归责原则模糊问题,两方面叠加导致规范在实践中的事前和事后失灵。虽然本文尝试引入"社会人"假设、推动信息披露精简化持续化、明确归责原则及举证责任等举措对前述不足一一予以回应,但终归难以摆脱琐碎、零散之缺陷。个人金融信息保护规范在我国个人信息保护规范中,乃至于在我国法律体系中究竟处于何种地位?其效力层级和适用规范究竟应当遵循何种规律?更进一步,该如何通过法律制度设计实现金融信息保护与金融信息共享之间的利益平衡,使金融发展更好地惠泽金融消费者?这些未竟之课题,实须仰赖学界、实务界的后续研究。

A Review of Individual Control Mode in Personal Financial Information Protection

—A Study of Personal Financial Information Protection Based on Judicial Big Data

Li Ang

Abstract: Personal financial information protection is an inherent requirement to ensure the healthy development of credit economy, and it is also an important part of establishing a sound personal information protection system. In order to prevent the practical evolution of system design, based on the summary of theoretical research results and judicial big data, the cases involving personal financial information across the country from 2010 to 2023 were analyzed and judged. Examine the individual control mode of financial information established by the existing norms—the assumption of "rational person" which is not in line with the actual situation and the emptiness of the obligation to inform lead to the problem of information overload. The expansion of Internet interaction behavior and the ununified department law norms lead to the information asymmetry, unclear responsibility and fuzzy burden of proof. The combination of the two causes the failure of the pre- and post-normative stage in this model. By strengthening the guiding role of the notification link, establishing an additional information disclosure system, a continuous feedback mechanism after the event, and unifying the burden of proof rules in the field of personal financial information, the author tries to adjust the personal financial information protection norms under the individual control mode in the two stages before and after the event, so that it can better connect with other departmental laws and judicial practices.

Keywords: Individual control mode; Personal financial information protection; Information disclosure

（责任编辑：陈辰　助理编辑：马杰）

从专利前景理论出发重塑人工智能作品的著作权分析框架

任泽禾*

摘　要　随着人工智能技术的发展,能够独立创作的人工智能日益进入实际的生产生活,其作品质量已经达到甚至超过了许多人类作品。这对著作权法提出了新的挑战:人工智能生成的作品能否享有著作权的保护?对此,现有的讨论往往只关注产生作品所需要的激励,而忽略了对作品前景加以开发的激励。将专利前景理论迁移至著作权领域,可以更清晰地展示著作权保护对于作品前景价值的影响和对人工智能开发的激励,并将其与限制公众接触的代价进行权衡,说明对人工智能作品进行产权保护的合理性。参考市场实践的规律,应该默认由终端用户享有人工智能生成作品的著作权中的经济权利,但可以通过合同约定加以转移。

关键词　人工智能　著作权　专利前景理论

一、引言

受益于深度学习领域的蓬勃发展,人工智能的创作过程对人类指令的依赖日益减少,甚至具备了独立创作和表达的能力。广泛流行的 Midjourney 为超过 270 万用户提供 AI 图片生成服务,每天生成超过 200 万张图片。① 在游戏市场等需要快速运作的领域,人工制作背景音乐往往耗时过长,人工智能作曲家"AIVA"则为此类客户提供了高效的作曲途径。② 人工智能独立创作的可能对著作权法提出了新的挑战:人工智能自主创作

---

* 任泽禾,清华大学法学院法律专业 2023 级硕士研究生。本文获中国政法大学"继来法视界杯"征文比赛二等奖。

① See Rachel Metz, *Anyone Can Now Use Powerful AI Tools to Make Images. What could Possibly Go Wrong?*, CNN (Oct. 1, 2022), https://edition.cnn.com/2022/09/30/tech/image-generating-ai-publicly-available/index.html.

② See European Commission, *AI Composers Create Music for Video Games*, Official Web of European Commission (Jan. 31, 2020), https://cordis.europa.eu/article/id/421438-ai-composers-create-music-for-video-games.

的作品能否受到著作权的保护？

既有的著作权法为人类创作者提供的激励机制是否同样适用于人工智能创作者？能够独立进行创作与表达的人工智能无疑与伯罗·贾尔斯平版印刷公司诉萨罗尼(Burrow-Giles Lithographic Co. v. Sarony)案中"人类作者用于创作原创艺术作品的辅助工具"相去甚远，过去指导摄影作品著作权归属的依据已经无法再适用于人工智能自主生成的作品，现有的著作权立法亦未对此作出清晰的规定。在我国过去的司法判决中，对于人工智能生成作品是否受著作权保护的问题也产生了一定的混乱。① 权利的不确定性会增加交易各方达成合意的成本，并且提高社会整体的风险。人工智能生成作品的潜在客户将必须考虑所购买作品无法受到著作权保护，以及可能侵害相关著作权的风险，这些风险很可能将许多潜在的买家拒之门外，造成社会整体的福利损失；对于人工智能的所有者而言，著作权保护的不确定性也会降低其研发激励，还可能迫使其通过限制用户接触等方式弥补著作权保护的缺陷，提高整个社会的"筑墙"成本。因此，有必要为人工智能生成作品的著作权设置清晰的法律规范，为相关行业的市场运作提供足够的确定性。然而，即使从法教义学的角度出发对人工智能生成作品作出既有著作权法意义上的定性，也不必然意味着著作权法提供的适合于人类的激励模式同样适用于边际成本更低的人工智能创作。只有从产业政策的角度考察著作权保护的合理性，才能真正回答人工智能作品能否受到著作权保护的问题。为此，本文将从经济效益分析的角度出发，讨论是否对人工智能作品提供著作权保护及合适的权属规则。

二、著作权保护的前景价值

(一)专利前景理论概述

专利法与著作权法作为知识产权制度的两个重要组成部分，其具体规则与立法原理存在高度的相似性，因而也存在许多可以相互借鉴的空间。就专利法的立法目的而言，传统的激励理论(reward theory)关注发明人从专利保护中为其投资获取的回报，以激励潜在的发明人投入，但也认为排他性的专利保护不可避免地减少了专利技术的实际产出，专利制度必须在激励与限制接触之间做出取舍。学者爱德蒙·基奇(Edmund W. Kitch)则提出了专利前景理论(prospect theory)，与激励理论不同，前景理论关注每一个专利发明所包含的"前景"(prospect)——从属的专利发明，或者这一发明的商业化应用等。这一理论指出，尽管信息作为知识产权的客体不同于有体物，并不存在稀缺性的限

① 参见北京菲林律师事务所诉北京百度网讯科技有限公司侵害署名权、保护作品完整权、信息网络传播权纠纷案，北京互联网法院(2018)京0491民初239号民事判决书；深圳市腾讯计算机系统有限公司诉上海盈讯科技有限公司侵害著作权及不正当竞争纠纷案，广东省深圳市南山区人民法院(2019)粤0305民初14010号民事判决书。

制,然而可以用于使用这些信息、开发对应的"前景"的资源是稀缺的,专利制度在其中发挥的正是促进资源在专利"前景"中高效分配的作用。[①] 具体而言,本文将专利前景理论中的部分关键内容概括为以下三点。

首先,专利制度保护了专利持有者开发专利"前景"的动机。激励理论旨在保护发明专利的投入,但开发专利前景的投入同样值得关注,尤其是对于初期专利发明成本较低,但后续开发成本较高且其成果很可能被竞争对手占用的情形而言,如果缺乏排他性的专利保护,出于被竞争对手"搭便车"的恐惧,专利权人将很难有动机投入大量成本来开发这一专利的前景,正如没有独家所有权的矿产开发几乎无法吸引投资一样。[②] 其次,专利制度能够降低信息成本,避免无效率的投资。在商业秘密保护中,信息交易对于信息披露的要求和信息披露对于商业秘密价值的破坏始终是矛盾的。而专利制度鼓励技术方案的公开,这消除了上述矛盾,极大地降低了有关各方交流信息、签订协议的成本。交易成本的降低允许希望对专利前景做出重大投入的投资者与专利权人协商,这促进了信息的交流,从而使专利权人有能力协调资源的分配,避免对于专利前景的重复投资。最后,专利制度减少了"筑墙"成本,通过侵权救济取代了商业秘密持有人必须自己采取的保密措施,增加了其投资于专利前景的积极性。[③]

专利前景理论对许多激励理论下理所应当的结论提出了挑战。例如,低成本的发明或者由公共财政投资所产出的发明,在激励理论中很可能并不需要专利保护来激励其投资,然而前景理论则倾向于为其提供专利保护。[④] 核心的区别在于,激励理论更关注专利完成前的激励与完成后的公众接触的权衡,但忽略了在开发专利前景时排他权的必要性,前景理论则恰恰相反。本文拟将这一思路应用于作品领域,讨论对人工智能生成作品进行产权保护的合理性。

(二)作品的前景属性

反对给予人工智能作品著作权保护的核心论点是,人工智能的开发者或者所有者已经能够通过对于计算机程序的著作权和专利保护获得激励。而人工智能在完成开发之后,生成新作品的边际成本趋近于零,对近乎无限的作品都提供著作权保护实际上为著作权人提供了过度的激励。因此,应该使此类作品直接进入公共领域。[⑤] 这一观点的核心问题在于过度地简化了一个作品的生命周期,只关注在作品创作过程中的投入需要著

① See Kitch E. W., *The Nature and Function of the Patent System*, 20 the Journal of Law and Economics 265(1977).
② See Kitch E. W., *The Nature and Function of the Patent System*, 20 the Journal of Law and Economics 265(1977).
③ See Kitch E. W., *The Nature and Function of the Patent System*, 20 the Journal of Law and Economics 265(1977).
④ See Kitch E. W., *The Nature and Function of the Patent System*, 20 the Journal of Law and Economics 265(1977).
⑤ See Palace V. M., *What if Artificial Intelligence Wrote This: Artificial Intelligence and Copyright Law*, 71 Florida Law Review 217(2019).

作权的激励,却忽视了作品创作完成之后的投入也同样需要产权的激励。实际上,作品和专利发明类似,创作的完成并不意味着投入的终止:后续的推广和传播、建立在作品基础上的新的创作、作品的商业性使用都需要大量后续的资本投入,如果这些后续投入的成果——推广所得的流量、建立在游戏素材基础上的游戏玩法、对作品进行商业化利用时所获得的市场利益等——本身不能作为著作权的客体,那么这些投入就只能以建立在作品之上的产权"保护伞"作为前提。下文将简要分析作品的几种典型的前景,然后分析产权保护对于后续投资的必要性。

1. 作品的网络效应

在传播成本逐渐下降、受众群体不断扩大的互联网时代,通过推广宣发获取的流量可能是作品最重要也是最普遍的前景。举例而言,一部电影从创作完成到发挥其商业价值需要大量的后期投入,包括多渠道宣发、院线排片等,许多商业电影的宣发和制作投入在同一个数量级。类似的情形还发生在其他各种各样的艺术创作领域。可以说,如果没有后续的宣发投入,再优秀的作品也难以打开市场,就不可能在社会中发挥其潜在的市场价值。

究其原因,互联网时代各项传播成本的降低造就了极强的网络效应,放大了作品经过宣发所能获得的前景。随着用户挑选优质内容的信息成本不断降低,不同作品的竞争日趋激烈,而互联网的强社交属性使不同作品在争抢消费者时呈现出极强的网络效应:越多人了解的作品越容易带来共同话题,其社交价值也就越高,这进一步驱使用户的偏好逐渐趋同。网络效应影响下的作品竞争格局呈现出极强的超级明星效应:总量超 2000 万首的中文曲库中能够入选核心曲库的仅有 3 万—5 万首,掌握核心曲库的平台即可产生垄断市场的效果。[①] 这不仅意味着强网络效应对于用户而言意味着更高的社交价值,还意味着在平台经济的时代用高流量作品的知识产权换取市场势力的功能越发凸显,作品流量对于平台方的价值也日益攀升。此外,IP 改编模式由于能够吸引原 IP 的受众,在重视网络效应的互联网时代变得越来越普遍。在这一模式下,原作品的流量多少直接决定了对它进行再创作的收益高低。综上所述,当下赢家通吃、IP 改编的市场模式使作品流量的开发越发成为作品前景中至关重要的一个部分。

尽管这一前景的开发十分有利可图:对于作品而言发挥了其潜在价值,用户体验到了更强的社交属性、降低了接触优质作品的搜寻成本,著作权人与平台方获得了更高的市场利益,然而流量本身却并非著作权法保护的客体。这在当下的市场运作中或许不成问题,因为著作权人对于作品的专有权利限制了其他人从作品的流量中获利,通过对作品的产权保护实现了对于流量的投资的保护,从而限制了"搭便车"的行为,保护了对作品流量加以投资的积极性。然而,一旦取消对作品的产权保护,宣发的投资就失去了其

① 参见熊文聪:《在线音乐独家版权的困局与出路》,载《竞争政策研究》2018 年第 5 期。

“保护伞”,任何人都可以轻易通过对作品的挪用来享受附着在该作品上的流量利益,而不必从投资者处获得许可,投资者也因此不能再为作品设定更高的价格以获取对于流量的投资回报。“搭便车”的威胁将会损害投资者投资于作品流量的积极性,从而破坏作品前景利益的开发。

对于人工智能创作行业来说,失去版权保护意味着其生成作品将几乎得不到宣传,从而不能在任何对作品流量存在一定需求的商业领域(包括短视频、音乐等几乎所有互联网中的商业领域)中得以应用。没有一个经纪公司会乐于推广人工智能生成的音乐,如果它并不能享受这些音乐的传播带来的利益;没有任何一个平台会将自己的流量交付人工智能生成的作品,除非出于公益的目的或者仅仅出于噱头。对于人工智能开发者而言,没有著作权保护的人工智能生成作品的潜在利用空间与价值将遭到严重的损害;对于社会而言,任何对流量存在需求的创作行业都只能被迫放弃对于人工智能作品的使用,从而抹杀人工智能时代本可以为这些行业创造的经济福利。

2. 作品的复合利用

通常来说,如果对现有的作品进行改编,则改编后的作品常常可以作为演绎作品受到著作权的保护;如果将作品与其他内容组合进行创作,则创作后的作品有可能构成视听作品等复合作品受到保护。这一点相较于专利制度可能更为明显:创造性的高要求使许多专利前景的开发不能被授予新的专利权,但独创性的要求却十分有限,因此对于现有作品的再创作通常很容易得到著作权法的保护。然而,并非所有向作品中添加的内容都可以成为著作权法的客体,其可能会因为思想表达二分或者干脆不是智力成果等被排除出著作权法的保护范围,对于这些创作的投资将只能在对原作品的产权保护下进行。

一个典型的例子是游戏产业。通常来讲,游戏的代码部分可以作为计算机程序受到保护,音乐、画面等游戏素材也可以构成音乐作品、美术作品、视听作品,游戏中对这些内容的编排方式本身则有可能作为汇编作品受到保护。① 然而,作为许多游戏核心竞争力的玩法,却属于一种思想而非表达,因而不受著作权法的保护。尽管这一规则在防止部分市场主体垄断公共领域的利弊权衡上是正确的,但不可否认的代价是确实缺失了对于玩法创新的保护,造成了当前游戏市场存在大量“换皮游戏”的困境:只要在复刻游戏核心玩法和内容的同时,更换游戏当中的版权素材,就可以极大程度上避免侵权的风险。这种“搭便车”的“换皮模式”破坏了小型独立游戏开发商进行玩法创新的回报,造成了国内游戏核心玩法创新的整体乏力。② 当然,这并不意味着对于玩法创新的投资就不存

---

① 参见《著作权法》第 3 条;上海市第一中级人民法院民事判决书,(2014)沪一中民五(知)初字第 23 号。

② 参见诸未静:《换皮游戏为何屡禁不止?》,载新浪财经网,https://finance.sina.com.cn/chanjing/cyxw/2021-10-15/doc-iktzscyx9869089.shtml。

在任何的保护，通过游戏素材的版权保护来打击盗版是游戏开发者退而求其次的维权模式。尽管这不能直接为游戏玩法提供产权保护，但考虑到游戏市场的先发优势，以及用户可能建立的对于背景音乐、图片等游戏内版权内容的黏性，至少使著作权人能够享受到更多的市场领先利益，从而间接地保护了开放商对于游戏玩法的投资。从“换皮游戏”横行的市场现状来看，这一保护模式无疑存在缺陷，但也已经是著作权人最后的防线。

在创新成本高昂、“搭便车”成本却很低的困局中，独立创作的人工智能为游戏行业提供了新的变数：“引言”提及的为游戏开发商制作背景音乐的人工智能作曲家“AIVA”，①以及为游戏开发者提供美术素材制作服务的图片生成工具“Midjourney”②等人工智能创作工具逐渐进入游戏行业的视野，甚至游戏开发者“Nao_U”使用人工智能制作了它所开发的游戏内所有飞行器和怪物的美术素材。③ 人工智能的创作具备极低的边际成本与极高的生产速度，大大降低了游戏开发者的制作成本与创作周期。一方面，由于独立游戏开发者往往只有更有限的预算和抗风险能力，因此制作成本、创作周期的降低有助于降低其进行游戏开发的风险，从而鼓励更多的创新；另一方面，人工智能创作工具的普及会降低不同游戏开发商在音乐、画面等版权内容上的水平差异，变相削弱了“换皮游戏”所能取得的竞争优势，从而迫使市场更多地通过核心玩法加以竞争。

然而，正如前文所述，在游戏玩法的著作权保护存在极大困难的当下，游戏开发者往往只能依赖对于游戏素材的版权保护来打击盗版。倘若人工智能生成的作品不能得到著作权的保护，就相当于拆去了游戏开发者的最后一座“护城河”。仅仅不保护玩法就已经导致了“换皮游戏”横行的现状，倘若连版权素材也拒绝保护，游戏作品中的侵权问题将会更加严重。此时，游戏开发者要么因为经济上的困难只能被迫利用不受著作权保护的人工智能作品，但对种种侵权的挪用行为无计可施；要么出于版权保护的考虑放弃人工智能生成的作品，转而采用人类创作的游戏素材，支付更高昂的创作成本并承受更长的制作周期，使整个游戏行业错失自主创作型人工智能为整个游戏开发模式带来的变革。无论哪一种选择都意味着社会福利的极大损失。

不仅限于游戏领域，许多其他领域中对于原作的著作权保护也或多或少对后续的复

① See European Commission, *AI Composers Create Music for Video Games*, Official Web of European Commission (Jan. 31, 2020), https://cordis. europa. eu/article/id/421438-ai-composers-create-music-for-video-games.

② See Rachel Metz, *Anyone Can Now Use Powerful AI Tools to Make Images. What could Possibly Go Wrong?*, CNN (Oct. 1, 2022), https://edition. cnn. com/2022/09/30/tech/image-generating-ai-publicly-available/index. html.

③ 参见东西游戏：《AI 作画潜力初显：概念原画、低成本素材……渗透更多领域已是必然 | AIGC 系列》，载微信公众号“东西文娱”2022 年 10 月 6 日，https://mp. weixin. qq. com/s? __biz = MzAwNDk2NDc5OQ = = &mid = 2247559566&idx = 1&sn = eb023678c25846bc495224dfbcf17a93&chksm = 9b20415eac57c848fe7369abceca1f44409b5accf41e049bf47583c7d02e38fbe1b909cc2fdf&scene = 27#wechat_redirect。

合利用产生不一定的影响。例如,人工智能"Amper"①致力于为广告商设计背景音乐,考虑到消费者通常很容易将广告音乐作为一个识别特征与商品或服务相关联,②广告商有十足的需求保护此类识别特征免受他人的挪用。由于背景音乐无法作为商标受到保护,此时著作权保护无疑是最为有效的工具。倘若人工智能生成的作品不能获得著作权保护,也就失去了其承载商誉的前景,广告商将很可能拒绝使用人工智能创作的音乐,从而导致无谓损失。涉及大众传播的领域常常存在这种问题:喜马拉雅开发了许多独具特色的 AI 语音,③考虑到这类音频平台中音色是辨识度的一个重要组成部分,AI 生成的配音片段不仅承载了审美价值,还承载了用户对于主播的黏性。对于部分电影作品来说,整部电影的投资放大了其中某些特效画面的价值,而这些特效画面又增加了整部电影的吸引力,整部作品的利益呈现高度的复合结构。如果 AI 生成的特效画面无法获得保护,那么就意味着对于其他非 AI 生成的电影画面的投资也因此遭受了损失,这样一来,对 AI 的使用就变得无利可图。在作品的复合结构之中,或者在著作权法、商标法乃至于外观设计的种种边缘地带,我们常常不得不借助任何一个组成部分的著作权保护这些领域的投资。这些情形中,著作权发挥的并非激励初始作品创作的功能,而是对初始作品加以演绎、开发的"保护伞"。

综上所述,在现代社会中,不同领域的相互交融使作品之上附着了流量、玩法、商誉、黏性等越来越多不受著作权法保护但又必须经由后续的投资才得以产生的客体,而对作品的种种前景利益的投资又必须仰赖对作品的产权保护才能得以进行。倘若仅仅因为创作者身份的差异,而人为地对质量相同的作品划分出不同的前景利益,就会使社会资源刻意地向其中一者产生倾斜,使许多本来值得开发的作品前景得不到相应的投资。当创作者或者投资人意识到他们可能无法获得对作品的种种前景利益的控制时,其更经济的选择是如同前景理论预言的那样,放弃进行后续的投资,或者干脆放弃使用人工智能生成的作品,转而采用效率很可能更低的人工创作。因此,在讨论人工智能作品是否应该获得著作权保护时,不仅要考虑到创作者所能获得的激励,还要考虑到对作品前景进一步开发所需要的激励。

3. 作品前景开发中的拥塞外部性

以上两个小节中仅仅描述了一种威胁作品前景开发的风险:其他主体很容易通过

---

① See Carol Niedringhaus, *Can Computers Be Creative? A Look at AI Use in Music Composition*, ArtManagement (Nov. 2, 2021), https://amt-lab.org/blog/2021/10/can-computers-be-creative-a-look-at-ai-use-in-music-composition.

② See Rogers Karanja, *Music Ads and Their Importance in Advertising*, BunnyStudio (Aug. 3, 2021), https://bunnystudio.com/blog/music-ads-and-their-importance-in-advertising/.

③ 参见《致敬单田芳,喜马拉雅用 AI 语音让已故大师声音重现》,载百家号"封面新闻"2021 年 9 月 13 日,https://baijiahao.baidu.com/s?id=1710757757857125555&wfr=spider&for=pc。

“搭便车”来分享投资的收益,很可能使投资方对于作品的投入血本无归。然而在对于作品的投资中还会面临另外一种重要的风险:其他主体对于作品的使用不仅是对投资收益的分享,还可能是对作品价值的破坏。

主流知识产权理论在解释知识产权与物权的核心差异时,通常会强调知识所具备的非竞争性:更多人对于知识的利用并不会减损知识本身的价值。然而,这一判断在如今的知识产权制度中可以找到诸多的例外,《知识产权法的经济结构》一书中对此做出了详细的说明:商标法中的混淆理论认为失去了产权保护的商标就不再具备识别其商品来源的功能,这实际上暗示更多人对于相同商标的使用反而会降低商标本身的价值;淡化理论则走得更远,认为其他主体对于商标的使用可能会损坏原商标与对应商品或服务之间的联系。对于著作权法所保护的作品来说同样存在这一问题。例如,对于米老鼠形象的过度使用很可能导致市场的过度饱和、造成公众的厌倦,因此迪士尼公司有意对其角色进行了多元化的管理和有限的使用;[①]其他人对于这一形象的改编有可能改变米老鼠在公众心目中的形象甚至造成污损,保护作品完整权、演绎权则使作品免受此类歪曲。通过以上的分析可见,公众对于作品的不合理利用很可能损耗作品所具有的价值,在没有产权保护时,作品的使用者不必因为这种价值的损耗而付出任何成本,这种外部性与“公地悲剧”中的拥塞外部性别无二致。[②]

上述的分析实际上预示着知识财产并不完全属于一种公共资源,在它的部分侧面中同样体现出过度使用导致的租值耗散,产权制度在其中则发挥了将拥塞外部性内部化的功能:著作权人可以控制作品的利用程度,使之不至于在公众面前过度曝光,就像前景理论中的专利权人协调各方的开发进度、避免对于专利开发的重复投资那样;[③]著作权人还可以通过著作权来防止对作品的歪曲和不受欢迎的、可能污损作品价值的演绎,通过侵权赔偿责任使不受欢迎的使用者内部化对作品的污损。对于人工智能生成作品来说也是如此,没有产权保护的作品将无力对抗拥塞外部性导致的作品前景价值的损失,这既损害了作品本身潜在的价值,也破坏了投资于作品前景的激励。

三、重塑激励理论中的福利权衡

激励理论之所以关心激励的限度,是因为著作权保护的代价是阻碍公众对于作品内容的利用。对前期的作品创作、后续前景开发的激励与限制公众接触之间的权衡共同构

---

① 参见[美]威廉·M.兰德斯、[美]理查德·A.波斯纳:《知识产权法的经济结构(第2版)》,金海军译,北京大学出版社2016年版,第273页。

② 参见[美]威廉·M.兰德斯、[美]理查德·A.波斯纳:《知识产权法的经济结构(第2版)》,金海军译,北京大学出版社2016年版,第271~277页。

③ See Kitch E. W., *The Nature and Function of the Patent System*, 20 the Journal of Law and Economics 265(1977).

成了判断一项作品是否应该获得著作权保护的核心问题。了解作品前景开发的意义,将有助于重新审视传统的激励理论在处理人工智能生成作品的著作权问题时的困境,澄清对于这一问题存在的诸多误读。

(一)著作权保护是“过度”的激励吗

许多学者相信,即使没有著作权保护,与人工智能开发相关的主体也已经获得了足够的激励:对程序员而言,优质人工智能工具的开发将提高其行业声誉;①对于人工智能所有者而言,其由于已经获得了对于程序的著作权和专利保护,可以从销售、许可使用和广告收入中获益。② 如果人工智能开发者可以获得充足的激励,那么再提供额外的著作权保护的收益将可能低于限制公众接触作品的成本。③ 这些观点似乎将著作权保护与在先的专利、计算机软件的保护视作割裂的两个部分,认为有了后者就不再需要前者,这实际上误解了两者之间密切的互动关系。

首先,拒绝为人工智能生成作品提供著作权保护将会消解作品的前景价值,从根源上破坏对人工智能进行许可使用、出售所能获得的激励,在长远意义上会减少公众对此类作品的利用。经济学领域的共识是,外部性是造成市场失灵的重要因素,产权制度则发挥了内部化外部性的功能。④ 因此,在探讨何种程度的激励是足够的激励时,重要的不是是否已经存在激励,而是这种激励是否合理地内部化了这一发明的外部性。如前文所述,互联网时代作品的前景属性非常强烈,作品直接进入公共领域会导致各行各业无法通过开发作品前景来获得更多商业利益,因此他们对于人工智能生成作品的支付意愿将会大幅降低:鲜有游戏开发商会愿意为不能用于打击盗版的游戏素材支付相应的费用,任何需要进行宣发投资的音视频行业都不会倾向于购买一份可以被轻易挪用的音频作为背景音乐。表面上看,人工智能的所有者仍然能通过人工智能系统本身享有计算机程序著作权、专利权的保护,但如果所有涉及高附加值的前景开发的作品创作都不会使用此类智能算法或者只愿意支付更低的对价,对人工智能系统的出售或许可使用的回报就会因为作品前景价值的降低而降低。可见,拒绝著作权保护并不是在既有的专利、程序保护之外取消“多余的”激励,而是会破坏作品价值,继而减少通过前端的专利、程序保护所能获得的回报。从产权制度的理论出发,潜在的作品前景作为人工智能创作者为社会提供的正外部性,如果因为产权保护的遗漏而没有被内部化,这部分遗失的对创作型人

---

① See Kalin Hristov, *Artificial Intelligence and the Copyright Dilemma*, 57 Idea 431(2016).

② See Samuelson P., *Allocating Ownership Rights in Computer-Generated Works*, 47 University of Pittsburgh Law Review 1185(1985).

③ See Palace V. M., *What if Artificial Intelligence Wrote This: Artificial Intelligence and Copyright Law*, 71 Florida Law Review 217(2019).

④ See Demsetz H., *Towards a Theory of Property Rights*, 57(2) The American Economic Review 347(1967).

工智能开发的激励,将会在更长远的意义上降低公众所能利用的人工智能生成作品的质和量。

其次,失去著作权保护的作品将只能发挥其对于个人的使用价值,而失去其在市场交易中所能展现的价值。考虑到一些商业模式中,人工智能的所有者与用户是相同的,因而无法通过向用户收费来获利。此时人工智能所有者的回报高度依赖作品的市场销售,著作权保护的缺位将会破坏对相应人工智能加以开发的激励。在完全竞争市场中,商品的价格应当等于生产该商品所需要的边际成本。这一推论对于作品的复制件同样成立:倘若没有著作权保护,并且忽略其他限制作品复制件生产的影响因素,单个复制件的市场价格应该与对作品进行一次复制的边际成本相一致。换言之,此时作者将不可能从作品复制件的销售中获得任何直接的经济利益。① 获得作品的人仅能通过使用作品获得审美、启发、装饰等使用价值,只有在著作权保护给予了作者一片垄断市场时,作品的商业化销售才能有利可图。之所以这一问题在关于创作型人工智能的研究中常常得不到关注,是因为人们似乎在潜意识中认为,创作型人工智能的所有者与用户是分离的,其商业定位都是诸如 Google 翻译、ChatGPT 等人手一个的通用创作工具,人工智能所有者只需让用户为工具付费,而不必自行探索作品的市场价值;用户即使将生成的作品在互联网上传播,也不至于过度地削弱其他人使用 ChatGPT 等创作工具的动力,也就不大会影响其商业利益。然而,并非所有的创作型人工智能都是如此,仍以喜马拉雅平台开发的人工智能配音为例,其精细地还原了评书大师单田芳先生的音色、情绪、腔调,并制作相应专辑。此时的人工智能所有者并不能通过向使用了人工智能的用户收费获利,因为其自身就是人工智能的使用者。这种客制化的人工智能想要获取回报,势必要通过销售来获取其生成作品的市场价值,那就离不开著作权法对于挪用的限制。否则只要任何一个消费者将自己从喜马拉雅平台下载的《乱世枭雄》等专辑在互联网上传播,就会直接破坏其他消费者向喜马拉雅付费的意愿。可见,对于那些并非人手一个的、客制化的创作型人工智能而言,仅仅依靠作品的使用价值并不能够提供足够的回报,必须通过产权保护获取作品的市场价值,才能够为此类人工智能的开发提供足够的激励。

通过以上两点分析可见,生成作品的著作权保护并不是独立于计算机程序的著作权、专利权保护的多余的激励;恰恰相反,著作权保护是为进一步完善对于人工智能技术的产权保护提供的激励。著作权给予作品的排他性保护了作品的前景价值与市场价值,并将这部分外部性通过产权制度内部化到人工智能开发者的创新激励之中,以促进相关行业的进一步发展。

---

① 参见[美]威廉・M. 兰德斯、[美]理查德・A. 波斯纳:《知识产权法的经济结构(第 2 版)》,金海军译,北京大学出版社 2016 年版,第 47 页。

(二)著作权保护全然是公众接触作品的障碍吗

对于人工智能著作权保护的第二个误读,是把著作权保护仅仅视作对于著作权人的“额外”保护,认为这是在作品与公众之间竖起的又一道“高墙”,似乎取消了著作权保护就等于直接促进这些作品在公共领域的自由流通。[①] 这一观点忽略了知识产权制度降低“筑墙成本”、鼓励传播的功能,这种功能从过往的知识产权实践中可见一斑:专利法严格的排他性垄断鼓励了更多的专利权人公开其发明;商业秘密法的保护避免了商业秘密持有人采取过度昂贵的保密措施,减少了过于严苛的雇员竞业禁止协议的签订;著作权法亦然,在缺乏法律保护的、盗版横行的情形中,小说作者常常极力限制初稿的流通范围,软件生产商则订立严格而冗余的合同条款,图片、视频上传者则添加大量的水印或者使用复杂的技术措施。[②] 知识产权制度通过社会的产权保护取代了私人建立的“围墙”,从而降低了其采取防御措施以对抗侵权的成本。[③] 值得注意的是,这种“筑墙成本”不仅是权利人所需要负担的防御成本,还是社会面对权利人的严格限制所需要负担的交易成本:失去了产权保护的权利人将会对产权客体的流通进行严格的限制,这反而会阻碍公众对于信息的接触。

人工智能生成作品的著作权保护中同样存在这一问题。拒绝提供著作权保护并不意味着作品会直接进入公共领域,这是因为人工智能的所有者仍然能够通过其对于人工智能本身的产权保护来限制公众的使用。没有著作权保护意味着作品一经提供,人工智能所有者就会失去对该作品之上利益的一切控制。因此,人工智能所有者将有动机更加严格地限制公众从其人工智能工具处获得作品[④],比如提高单次使用的价格等。换言之,人工智能的所有者将会通过更高的首次销售价格来弥补其失去的对于作品的后续控制。反之,如果存在著作权保护,人工智能所有者将可以更自由地提供作品,也就会选择更低的首次销售价格来换取更多后续的使用作品的利益。这一模式主要有两个优势:第一,允许人工智能所有者对支付意愿不同的用户进行价格歧视,而价格歧视通常可以消除或减少垄断的不效率:仅仅为了头脑风暴、资料查询等相对低价值用途的用户只需支付更低甚至免费的价格;希望用作进一步开发作品等相对高价值用途的用户则需要并且愿意支付更高的价格。与没有著作权保护时被迫统一收取一个介于以上两者之间的价格相比,这种模式将允许更多的用户对人工智能生成的作品加以利用,从而提高社会从人工

---

① See Palace V. M., *What if Artificial Intelligence Wrote This: Artificial Intelligence and Copyright Law*, 71 Florida Law Review 217 (2019).

② 参见[美]威廉·M. 兰德斯、[美]理查德·A. 波斯纳:《知识产权法的经济结构(第 2 版)》,金海军译,北京大学出版社 2016 年版,第 68 页。

③ 参见[美]威廉·M. 兰德斯、[美]理查德·A. 波斯纳:《知识产权法的经济结构(第 2 版)》,金海军译,北京大学出版社 2016 年版,第 68 页。

④ See Kalin Hristov, *Artificial Intelligence and the Copyright Dilemma*, 57 Idea 431 (2016).

智能的创作中获得的总福利。第二,如果用户能更轻易地接触到相关作品的内容再行决定是否购买,将会减少用户了解作品质量的信息成本,正如专利许可的交易成本远低于商业秘密那样。这两点结论与前景理论的预期相一致,即给予著作权保护将有利于各主体之间进行更为高效的交易。

(三)重塑“激励—接触”之间的权衡

著作权保护提高了首次交易的灵活性,允许更多的用户能够接触和使用人工智能来生成作品;但与之相应地,著作权保护也难免会限制公众对于作品的利用。因此,有必要在激励人工智能及其作品前景的开发、用户对于人工智能的接触与公众对于作品的利用之间做出权衡。

专利前景理论的批评者通常认为,过宽的专利保护消解了本来可能存在的市场竞争,从而延缓了专利的发明和后续的商业化。[①] 诚然,一项核心的专利技术很可能可以直接垄断某一个特定的领域,比如一种新的化合物的发现,或者一种通信方式的发明。但作品具有更高的可替代性:同一个题材之下可以有无数种不同的创作,仅仅垄断其中的一种表达不必然阻碍某一个特定行业的发展。因此,著作权形成的垄断的负面效果很可能远远低于专利权形成的垄断,适用于专利前景理论的批评很可能并不适于作品前景的开发。

更进一步地,对人工智能生成作品进行产权保护的代价要远低于过去认知中对人类作品进行的著作权保护。如前文所述,作品较高的可替代性决定了作品市场是一个垄断竞争型的市场。在过去作品数量十分有限、信息传递相对困难的时代,找到一个作品的替代品是相对困难的。因此,这个市场的垄断特征十分明显,排他权将会显著地降低消费者的福利。然而随着信息时代的发展,创作者的飞速增长和传播媒介的进一步升级彻底改变了作品市场的格局。我们所能接触的作品数量正在指数级地上升,相当数量作品的不可替代性也在高度下降。影视佳作数不胜数,优秀的文字作品更是取之不尽。换言之,这个市场的竞争属性越发凸显,排他权对消费者的福利损害也越来越小。而当人工智能自主生成的作品出现时,作品市场的竞争性将会远超过去:人工智能可以近乎零边际成本产出一个质量相差无几的作品,大公司竞争的格局也会提供各种各样能够独立创作的人工智能,寻找替代品的成本趋近于零,因此牺牲“接触”对消费者福利的损害将会非常有限。换言之,除非作品之上承载了表达本身之外的其他价值,比如上文提及的宣发投资、游戏玩法等内容,否则仅仅依靠作品内容本身几乎不可能提供任何的不可替代性。不可否认的是,对于此类承载了其他前景价值、具有一定的不可替代性的作品来说,限制公众的接触确实会导致福利损失。但需要考虑到,如果不存在产权保护,对于作品

---

① See Merges R. P. & Nelson R. R., *On the Complex Economics of Patent Scope*, 90 Columbia Law Review 839 (1990).

前景的投资几乎不可能产生,对于作品前景的公众接触根本就无从谈起。因此,这种对于公众的限制实属作品前景开发之必要的代价。

四、结论

人工智能自主创作作品的成本、回报结构与人类创作截然不同,过去适用于为人类创作提供激励的著作权法原理不必然适于为人工智能作品的产生提供激励。从前景理论出发的分析表明,缺乏著作权保护的作品将无法鼓励用于作品前景开发的投资。作品潜在前景价值的流失将会降低用户的支付意愿,进而破坏人工智能所有者通过许可使用所能获得的收益,还会迫使人工智能所有者进一步限制用户对于人工智能工具的接触。由于人工智能生成作品的低边际成本极大地提高了作品的可替代性,因而除非作品前景的开发赋予了作品表达以外的价值,否则著作权保护对公众接触的限制不可能成为实质性的社会成本。但如果考虑到开发作品前景的投资几乎必须仰赖著作权保护的激励,那么这种对于公众的限制就属于为了激励作品前景开发所必要的代价。

Reconstructing the Framework for Copyright Analysis of AI-generated Works Through the Patent Prospect Theory

Ren Zehe

Abstract: With the development of artificial intelligence technology, AI capable of independently creating works is increasingly entering actual production and daily life. The quality of these works has already reached or even surpassed that of many human works. This poses new challenges to copyright law: Can works generated by AI enjoy copyright protection? Current discussions on this issue often focus only on the incentives needed to produce works, while ignoring the incentives to develop the potential of these works. This paper attempts to applying the prospect theory of patents to the field of copyright, discussing the impact of copyright protection on the value of work's prospects and the incentives for AI development, and balancing these against the cost of limiting public access. It illustrates the rationale for granting property rights to AI-generated works. Finally, referencing market practice norms, it argues that the economic rights in the copyright of AI-generated works should by default be enjoyed by the end user, but can be transferred through contractual agreements.

Keywords: Artificial intelligence; Copyright; Patent prospect theory

(责任编辑:陈姜韬　助理编辑:高正)

知识产权惩罚性赔偿制度的正当性及其限度

——以经济分析为进路

林　恒*

摘　要　法律解释的内部进路尚难以解决知识产权惩罚性赔偿的实践问题，须引入外部的经济分析方法解释惩罚的作用机制。知识产权客体的无形性降低了侵权行为被诉概率，是导致惩罚性与补偿性赔偿制度之间交易成本结构差异的内因。通过超越填平原则，惩罚性赔偿遏制侵权行为，从而带来制度收益，此时判赔额相对于实际损害的倍数应为侵权行为被诉概率的倒数。由于诱导滥用诉权、抑制累积创新、司法定价低效的问题与知识产权惩罚性赔偿相伴随，这一制度也会带来不可避免的成本。司法指导规范与经济分析结论既有抱合，又有背离。一方面，经济分析中的若干实质变量已被纳入司法视野；另一方面，目前仍存在部分司法指导规范诉诸直觉的问题，而经济分析对现状可以起到纠偏作用，在制度完善进程中应获更多重视。

关键词　惩罚性赔偿　知识产权侵权　交易成本　填平原则　累积创新

一、引言

《民法典》侵权责任编第1185条增设了知识产权惩罚性赔偿的一般条款，为知识产权惩罚性赔偿的适用提供了基础性规范。实际上，知识产权各专门法自“前民法典时代”便已陆续引入惩罚性赔偿制度。《商标法》(2013修正)第63条即率先引入惩罚性赔偿制度，但据学者统计，在该修正案实施后的3年间，在商标侵权案件中适用惩罚性赔偿的判决极为罕见。①

---

* 林恒，中国政法大学法律学院法律(非法学)专业2022级硕士研究生。本文获中国政法大学第二十届“学术新人”论文大赛“优秀论文”奖。

① 参见徐聪颖：《知识产权惩罚性赔偿的功能认知与效用选择——从我国商标权领域的司法判赔实践说起》，载《湖北社会科学》2018年第7期。

如今,各专门法经过历次修订,已将惩罚性赔偿引入知识产权的各个领域,其适用要件被统一为主观的"故意"①与客观的"情节严重",惩罚性赔偿倍数的上限也都提高到 5 倍。同时,面对知识产权领域"赢了官司输了钱"的普遍现象,赔偿数额更高的惩罚性赔偿案件逐渐成为实务焦点;随着知识产权"严格保护""加大惩治力度"②调门的升高,对知识产权惩罚性赔偿适用范围过度扩张的警惕也越发加剧。③ 但至少在目前,在知识产权领域适用惩罚性赔偿的裁判数量依然很少。这是由于法官不能准确把握要件,还是由于依法应当适用惩罚性赔偿的知识产权案件本就寥寥无几?

法学界对知识产权惩罚性赔偿的关注一度集中于是否将其引入知识产权领域的法政策分析,④在立法陆续明确表态后,探讨兴趣则明显减弱。然而,在木已成舟的表象背后,依旧存在诸多理论张力。本文所希望做出的努力,是诉诸一条更接近实质理由的分析进路,在经济学的框架中探讨知识产权惩罚性赔偿制度的正当性及其限度,进而为当前的司法实践提供知识增量。

二、超越填平原则:交易成本视角下惩罚性赔偿的正当性

传统侵权责任法理论一般认为,损害赔偿责任只有补偿性而没有惩罚性,应当遵循"填平原则"或称"全面补偿原则",使权利人的利益恢复到侵权行为没有发生时的状态。然而,"惩罚性赔偿与填补性损害赔偿系两个请求权基础,前者附属于后者"⑤,从数额上看,惩罚性赔偿显然是一种加重的赔偿,超出了填平原则的限度。虽然赔偿倍数的范围是明确的(1 倍以上、5 倍以下),但波动幅度颇大,诸如最高人民法院《关于审理侵害知识产权民事案件适用惩罚性赔偿的解释》(以下简称《惩罚性赔偿解释》)第 6 条第 1 款中的"综合考虑被告主观过错程度、侵权行为的情节严重程度"等概括性规定又过于模糊。在条文难以给出具体指引,又缺乏有解释力的实质标准时,当事人对法官的自由裁量总会有"图个说法"的强烈诉求。对此,有学者主张建立权重系数指标体系和赔偿数额分档计算规则,⑥这一主张固然正确,但真正的痛点在于,"体系"与"规则"背后的支撑何在?

(一)知识产权客体的无形性提高维权费用

科斯所提出的交易成本概念是一个有效的理论抓手。假定交易成本为零,无论初始

---

① 《惩罚性赔偿解释》第 1 条第 2 款已明确将"恶意"纳入"故意"的范畴。本文后续亦不再作专门区分。

② 最高人民法院《关于依法加大知识产权侵权行为惩治力度的意见》(法发〔2020〕33 号)。

③ 参见冯术杰、夏晔:《警惕知识产权惩罚性赔偿在知识产权法领域的泛用——以商标法及其实践为例》,载《知识产权》2018 年第 2 期。

④ 早期的相关研究先解决的是知识产权惩罚性赔偿的概念界定及要件设置问题,对制度合理性的论证主要诉诸外国法制的借鉴。参见温世扬、邱永清:《惩罚性赔偿与知识产权保护》,载《法律适用》2004 年第 12 期;曹新明:《知识产权侵权惩罚性赔偿责任探析——兼论我国知识产权领域三部法律的修订》,载《知识产权》2013 年第 4 期。

⑤ 王泽鉴:《损害赔偿》,北京大学出版社 2017 年版,第 359 页。

⑥ 参见吴汉东:《知识产权惩罚性赔偿的私法基础与司法适用》,载《法学评论》2021 年第 3 期。

权利如何界定、法律规则如何选择,都可通过市场交易达到资源的最佳配置。如果对“交易”作更一般化的理解,不将其限于市场上的契约,则侵权诉讼中权利人的维权费用亦属于交易成本。若维权费用为零,则所有的侵权责任都会得到完全的追究,权利人不需要付出任何代价就可以获得恰好填平的赔偿。

但交易成本不可能为零,权利人总要付出一定的成本,用于发现侵权行为、收集侵权证据、聘请诉讼律师;此外,法院准确认定权利人损失的能力有限,也会带来成本。根据最优威慑理论,当侵害行为与责任追究无法完全相等时,惩罚性赔偿可以缓解责任不足的问题,从而防范潜在的侵害行为。① 可是,难道在其他侵权案件中权利人不需要承担此类交易成本?为什么惩罚性赔偿不适用于人身侵权案件而适用于知识产权侵权案件?

知识产权交易成本的特殊性源于知识产权客体的特性。作品、商标等知识产权客体与其载体是相分离的事物,前者可以被很多人同时使用而不损耗,因而具有公共物品的经济属性。其生产者为尽量收回向外耗散的创新收益,将难以避免地支付更高的维权费用。作为一种有商业价值的无形财产,知识产权在占有与使用上的非排他性限制了传统经济学理论的适用,②当知识产权的客体被共享时,权利人与侵权人不需要物理上的时空接触,导致知识产权被侵害时权利人缺乏线索,很难识别出“去中心化”侵权行为的存在。相较而言,侵犯物权、人身权等权利造成的损害可感可触,且侵权行为往往发生在权利客体的物理周边,权利人即使不是当场发现(如毁坏财物、殴打身体),在事后也能够及时意识到(如盗窃财物)。同时,知识产权客体的无形性也导致侵权损害的范围难以被直接知晓,甚至被有意掩盖,权利人的举证难度相对更大。此外,数字时代匿名化的信息共享有时会增强侵权行为的隐蔽性,以至于权利人不得不承担开发技术措施的成本。

简言之,知识产权案件中权利人发现侵权行为、收集起诉证据等维权成本不仅为正,而且远超过其他类型的侵权案件,甚至由于成本过高,仅根据补偿性赔偿制度,一些知识产权案件的维权根本无从谈起。

(二)惩罚性赔偿的正当性在于降低交易成本

学界过去在构建知识产权惩罚性赔偿的正当性时,往往在抽象层面上论证其功能。不过,“公平”“正义”概念缺乏实质解释力,传统民事理论甚至与惩罚性赔偿制度相矛盾。对于惩罚性赔偿功能的认识,学者同样莫衷一是。③ 以抽象对抗抽象的概念争鸣无法相互说

---

① 参见谢晓尧:《惩罚性赔偿:一个激励的观点》,载《学术研究》2004 年第 6 期。

② 参见[美]罗伯特·P. 墨杰斯、[美]彼特·S. 迈乃尔等:《新技术时代的知识产权法》,齐筠、张清等译,中国政法大学出版社 2003 年版,第 2 页。

③ 赔偿、制裁、遏制三功能说,参见王利明:《惩罚性赔偿研究》,载《中国社会科学》2000 年第 4 期;惩罚、预防、激励三功能说,参见欧阳福生:《侵害知识产权惩罚性赔偿数额的确定——谈〈民法典〉第 1185 条适用的困境》,载《电子知识产权》2020 年第 10 期;损害填补、吓阻、报复惩罚、私人执行四功能说,参见陈聪富:《侵权归责原则与损害赔偿》,北京大学出版社 2005 年版,第 203 ~ 218 页。

服,亦缺乏作为惩罚性赔偿额计算标准的实际作用。而在引入前述交易成本概念,并结合知识产权客体的无形性把握维权费用高低之后,惩罚性赔偿的正当性从效率层面得到阐释。

在零交易成本的理想情况下,法院判决被告承担的赔偿额应等于个案中被告造成的实际损害。但侵权者个体实际承担相应责任的概率有时远低于 1,这样一来,侵权者群体平均赔偿的损害金额会低于他们造成的全部损害。此时,避免侵权的诱因就低得不合经济效率。[①] 知识产权侵权,就属于“远低于 1”的情形。当侵权行为的被诉概率过低时,总损害与总赔偿之间的差额便会加大。这意味着,即使在每件个案中坚持填平原则,精准计算出每个权利人的损失并予以等额救济,就社会整体的侵权总量来看,侵权人依然有利(甚至是暴利)可图;既然有利可图,在侵权人的经济理性支配下,侵权行为量就将继续维持在高水平。

导致制度选择差异的决定性因素是交易成本:交易成本为正时(现实世界总是如此),不同的权利界定会带来不同效率的资源配置。在此情形下,更好的法律规则是更能降低交易成本的规则。据此,可以在补偿性赔偿与惩罚性赔偿之间作出制度选择。

在知识产权侵权案件中,过高的交易成本导致了补偿性赔偿制度的无效率,遵循填平原则不足以填补社会中权利人整体所受损害。相对地,惩罚性赔偿制度的优势就在于提供正向的激励,将侵权人的总收益压至低于侵权人的总成本,迫使理性的侵权人将权利人的损失纳入成本考量,也就是“内化侵权的外部性成本”[②],从而减少侵权行为量。法律经济学者已经指出,在法律无法完全救济受害人的现实情况下,“执行差错”[③]问题将导致效率损失,因此惩罚性赔偿的倍数应与执行差错此消彼长,从而弥补效率损失,向社会提供预防侵权的激励。[④] 以上原理可以通过模型表达。在没有施加惩罚性赔偿时,行为人所应当承担的责任(以 L 表示)是行为人造成的实际损害(以 A 表示)与侵权行为被判决承担责任的概率(以 p 表示)的乘积,$L = Ap$。由于现实世界中存在执行差错,p 介于 0 至 1 之间,因此 $L < A$。为了抵消执行差错的影响,尽可能在全社会范围内使 $L = A$,就需要为 L 追加一个倍数(以 m 表示),此时模型就转为 $L = Apm$。由于在最优效率下 $L = A$,易得 $p \times m = 1$,即判赔倍数 m 与侵权行为被判决承担责任的概率 p 成反比,二者互为倒数。举例来说,如果全社会只有 50% 的侵权行为被诉诸法庭并被判决赔偿损害,那么个案中的最优赔偿额就应提高至实际损害的 200%。在知识产权惩罚性赔偿的构造中,对执行差错的抵消就通过提高惩罚性赔偿倍数来体现。

---

① 参见[美]大卫·D. 弗里德曼:《经济学与法律的对话》,徐源丰译,广西师范大学出版社 2019 年版,第 255 页。

② 徐聪颖:《知识产权惩罚性赔偿的功能认知与效用选择——从我国商标权领域的司法判赔实践说起》,载《湖北社会科学》2018 年第 7 期。

③ “执行差错”(enforcement error),是指可以通过得到赔偿的损害与社会受到的总损害之比例衡量。

④ See Robert Cooter & Thomas Ulen, *Law and Economics*, Pearson Education, 2011, p. 260 – 261.

传统民法的补偿性赔偿对“填平原则”的追求,实质目的是保障由市场来配置资源的秩序——通过损失多少就赔偿多少的司法定价模拟市场交易——从而提高社会中的资源配置效率。如果对“填平原则”作这种实质性理解,就会意识到在知识产权侵权案件中,能够在社会层面平衡损害额与赔偿额的惩罚性赔偿制度,才是对“填平原则”的贯彻。在此,法律经济分析的价值也得以彰显:从经济学的角度分析惩罚性赔偿制度,不仅能够解释制度设计的原理,还能够为判赔额的计算找到主要变量,即侵权行为的被诉概率,从而提高司法裁量效率。

三、“蟑螂”与“寒蝉”:审慎适用惩罚性赔偿的经济原理

在不断强调严格保护知识产权的今天,遏制效应更强的惩罚性赔偿恐有滥用之虞。无成本的制度是不存在的,惩罚性赔偿亦然。过松的认定标准与过高的赔偿金额,都会提高惩罚性赔偿制度的成本,抵消遏制侵权行为所带来的收益。细究惩罚性赔偿制度的成本,主要来自以下三个方面。

(一)诱导权利人滥用诉权

惩罚性赔偿会扩大权利人的“寻租”空间:越广的适用范围、越高的损害赔偿金额,越可能导致权利人滥用诉权,使大量非正常的诉讼涌入司法系统,除了诉讼费用的无效率配置,还会挤占有限的司法资源。在专利权领域,惩罚性赔偿是美国专利侵权诉讼爆炸的一个诱因①,催生出“专利蟑螂”等特殊维权主体②,以及相应的反侵权经营、批量维权诉讼现象③。在著作权领域也是如此,视觉中国等著作权人一度采取“碰瓷式维权”的经营模式,将诉讼作为获取超额利润的手段④,而高额的惩罚性赔偿又可能吸引更多的著作权人进入“寻租”的“灰色地带”。

过多的诉讼,尤其是涉及惩罚性赔偿的诉请,对于司法系统而言是一种负担。有法官通过数据分析指出,在全国2014—2020年的商标侵权案件中,法院强烈倾向于对原告的惩罚性赔偿诉请不作回应。⑤ 告诉却不理的选择性忽视意味着,法官对惩罚性赔偿的说理与计算感到较大压力。可以想象,如果盲目扩张适用惩罚性赔偿,随之而来的是司法成本的激增。

---

① 参见陈颖洲、高仁宝:《惩罚性赔偿制度初探》,载《法律适用(国家法官学院学报)》2001年第5期。

② 参见易继明:《遏制专利蟑螂——评美国专利新政及其对中国的启示》,载《法律科学(西北政法大学学报)》2014年第2期。

③ 参见谢光旗:《遏制专利蟑螂:美国专利诉讼费用移转规则的新发展》,载《法律科学(西北政法大学学报)》2017年第1期。

④ 参见韩丹东、姜珊:《滥用版权碰瓷式维权涉嫌违法》,载《法制日报》2019年4月16日,第8版。

⑤ 参见曹柯、段胜宝:《〈民法典〉背景下知识产权惩罚性赔偿制度的路径选择——从国家治理现代化的视角切入》,载《电子知识产权》2021年第3期。

可见,制度诱发的诉讼数量对赔偿额的弹性,是影响惩罚性赔偿制度成本的一个重要变量。“专利蟑螂”等以诉讼为业的维权主体,能够以低成本提起批量诉讼,惩罚性赔偿的适用范围与判赔数额会显著影响此类主体的诉讼需求;不合理地拒绝许可谈判,在侵权人投入相当的沉没成本后又提出惩罚性赔偿诉请的权利人,则可能引发“敲竹杠”,迫使竞争者退出市场,有损社会福利。① 因此,法官在考虑上述主体的惩罚性赔偿诉请时,应当提高证明标准,降低赔偿数额,明确当事人可预期的利益,从而减小对滥诉的刺激。

(二)抑制边际合法行为

惩罚性赔偿还可能提高社会的侵权预防成本,造成“寒蝉效应”。根据现实世界中的“损害相互性”原理,任何侵权损害结果实际上都是由权利人与侵权人共同导致的,②侵权损害赔偿制度正是通过合理分配侵权人与权利人之间的侵权预防成本,来实现优化资源配置的目的:谁能够以更低的成本避免侵权损害的发生,谁就负有更高的侵权预防义务,避免一方为防止侵权损害而投入过度的社会资源。在社会范围内,导致损害的行为既不应也不能被完全消除。原因在于,全面避免各种侵权行为需要投入大量预防成本,反而可能导致社会福利的下降。

知识产权的侵权责任分配也遵循以上规律。知识产权的界权成本天然很高,因而带来权利范围的模糊性。例如,专利的新颖性、创造性难以事前实质审查,加之我国授权的专利数量屡创新高、专利密集度与日俱增,专利边界的模糊反而是衡量经济效率后的理性制度选择,包括专利权在内的知识产权因此也被称为“诉讼中的权利”。③

边际合法行为是一种累积创新手段。④ 由于现代科技日益精细、复杂,基于在先知识产权的累积创新成为常见的创新形式,对包括中国在内的后发国家而言,累积创新在现阶段占更高比重。过度扩张惩罚性赔偿可能提高侵权预防的社会注意水平,导致行为人普遍慑于支付高额赔偿金的风险,进而对边际合法行为产生过度威慑。这不仅会削弱知识创造的“溢出效应”,也可能减少互利的自愿许可交易。⑤ 在累积创新等产权边际增值较低、权利边界相对模糊的情形下,预防侵权的成本相较于创新带来的利润可能过高。此时,理性的行为人将选择不实施累积创新。正如劳伦斯·莱斯格(Lawrence Lessig)所言,在知识产权领域,行为性质界定在法律上的不确定性,加之数目畸高的罚金,将导致

---

① 参见寇宗来:《专利保护宽度和累积创新竞赛中的信息披露》,载《经济学(季刊)》2004 年第 2 期。

② 参见[美]罗纳德·哈里·科斯:《企业、市场与法律》,盛洪、陈郁译校,格致出版社、上海三联书店、上海人民出版社 2009 年版,第 98 ~ 104 页。

③ 参见邓雨亭、李黎明:《专利侵权惩罚性赔偿之威慑机理与规则适用研究:以法经济学为视角》,载《知识产权》2020 年第 8 期。

④ 参见李晶、林秀芹:《专利侵权惩罚性赔偿的法经济学分析》,载《国家行政学院学报》2016 年第 3 期。

⑤ See Mark Lemley & Ragesh Tangri, *Ending Patent Law's Willfulness Game*, 18 Berkeley Technology Law Journal 1085 (2003).

"只有那些付得起账的人"才能进行知识创造,结果是相当多的创新要么被扼杀,要么与社会的一般公众无缘。①

(三)降低待决案件的资源配置效率

对于超出损害赔偿计算基数的部分,惩罚性赔偿强制产出的资源配置效率本身低于市场交易。就这一部分惩罚性赔偿金而言,惩罚性赔偿是将个案中的侵权人原本通过正常交易获得的、已经排除了"搭便车"收益②后的资源,由法院配置给权利人。通过司法强制由侵权人向权利人的资源流动,本身正负相抵,从双方整体来看没有净损失。但进一步观之,资源的流动将会使侵权人的生产受到负面影响,同时权利人的生产会得到正向激励;二者一高一低抑或刚好相抵,个案中并不一定。在市场机制中,双方在决定是否交易时,会自发地将后续影响考虑进来,市场机制因此具备筛选功能,效率低下的资源配置会被排除。而法院不基于需求偏好信息的裁判无法保障这一点。

知识产权侵权行为的法律责任并不能无限扩大,而应以实现知识产权法促进社会与经济福利增长的基本目标为限。③ 可以推论,根据侵权行为的被诉概率,在惩罚性赔偿额的倍数已经被上调到 $m=1/p$ 的水平后,惩罚性赔偿对理性侵权人已经能够发挥充分的遏制效应,此时再提高惩罚性赔偿额所造成的边际成本,就高于遏制潜在侵权行为所带来的边际收益。这意味着,法院不得任意追求对权利的严格保护以及对侵权的威慑效果,毕竟,违背市场逻辑的资源配置,本身就容易带来效率低下的代价。

鉴于此,一度困扰学界的两个法律适用问题也可迎刃而解。其一,当知识产权惩罚性赔偿发生跨部门的法律责任重合时,无论是在私法还是在公法上,如果已经施加了相当于 $m=1/p$ 的财产性责任,那么被告理论上已受充分威慑,不宜再重复惩罚。其二,不宜将法定赔偿额作为惩罚性赔偿的计算基数,因为法定赔偿的裁量因素与惩罚性赔偿的构成要件存在部分重合,在无法通过三种数量计算标准得出赔偿基数的案件中,适用法定赔偿可能已实现 $m=1/p$ 的效果。

四、重新认识司法指导规范中的惩罚性赔偿适用要件

《民法典》第 1185 条及知识产权各专门法仅概括地规定了惩罚性赔偿的构成要件,即主观要件"故意"与客观要件"情节严重"。在此背景下,最高人民法院发布的《惩罚性赔偿解释》及各地法院的裁判指引、审理指南等规范(以下统称司法指导规范)发挥了类型化的功能,指导法官作出相对准确、大致相当的判断。对于未被具体列举或者规定不

① 参见[美]劳伦斯·莱斯格:《免费文化》,王师译,中信出版社 2009 年版,第 153 页。

② 知识产权侵权人"搭权利人便车"的收益,逻辑上已经被涵盖在计算基数中,被补偿性地赔偿给权利人。

③ 参见刘银良:《知识产权惩罚性赔偿的类型化适用与风险避免——基于国际知识产权规则的视角》,载《法学研究》2022 年第 1 期。

当的情形,经济分析方法能够提供规范涵摄之外的补充视角,动态判断是否应当适用惩罚性赔偿,进而提高惩罚性赔偿制度的运作效率。

(一)司法指导规范中主观要件的再认识

从经济分析的角度来看,侵权行为的被诉概率以及侵权行为对赔偿责任的供给弹性①对故意的认定有关键影响。对于前者,若侵权人主观上系故意,则可以预期其将采取更隐蔽的行为达到侵权目的,因而权利人发现侵权、收集证据及起诉的难度更大,侵权行为的被诉概率也就更低;对于后者,由于明知自身侵权事实的侵权人能更轻易地避免侵权,所以故意侵权行为对惩罚性赔偿的供给弹性更高,这意味着惩罚性赔偿制度此时更为有效,即以更小的成本充分激励行为人预防侵权。② 侵权行为的被诉概率越低、对惩罚性赔偿责任的供给弹性越高,也就越有理由认定行为人具有故意。据此,法官在司法实践中对故意的认定,可以转化为识别前述两种经济变量的工作。

《惩罚性赔偿解释》第 3 条第 1 款概括了认定故意要件时需要综合考虑的各种因素。其中,"权利状态"因素突出体现了经济考量。知识产权存续的不稳定以及边界的不清晰,导致惩罚性赔偿制度难以全面适用。③ 在涉案权利稳定性较弱的情形下,对被诉行为的判断往往在"边际合法行为"与侵权行为之间摇摆,行为人难以预先确定自身是否构成侵权,因而此类侵权行为对惩罚性赔偿责任的供给弹性相对较低。此时,法官就应当审慎适用惩罚性赔偿。地方法院在司法指导规范中体现的逻辑也与《惩罚性赔偿解释》第 3 条第 1 款相统一。例如《山东省高级人民法院关于审理侵害知识产权民事案件适用惩罚性赔偿的裁判指引》(以下简称《山东高院裁判指引》)第 6 条就明确指出,在认定故意时应当考虑"权利状态稳定性""是否存在阻碍创新"等因素,并明确列举出两种不宜适用惩罚性赔偿的情形(涉案权利处于审查程序中、技术方案的技术特征构成等同)。这说明,司法机关已关注到知识产权边界的不稳定与模糊性,主动将经济效率纳入制度设计,有意降低预防侵权的整体成本,避免阻碍创新。

《惩罚性赔偿解释》第 3 条第 2 款则列举了可以初步认定侵权故意的五种具体情形,它们在经济分析框架中能够得到充分解释。首先,经通知或警告后继续侵权的行为人能够更轻易地避免侵权,也有能力及时停止侵权,此时侵权行为对惩罚性赔偿的供给弹性很高,适宜认定为故意。其次,盗版、假冒注册商标之所以被列举为具备故意的情形,是

① 供给弹性是衡量一种物品供给量对其价格变动反应程度的指标。参见[美]曼昆:《经济学原理:微观经济学分册(第 7 版)》,梁小民、梁砾译,北京大学出版社 2015 年版,第 106 页。

② 具体到惩罚性赔偿制度中,可将侵权行为视作一种物品供给,而科以惩罚性赔偿责任则可被认定为一种经济学上的价格。See Richard A. Posner, *Economic Analysis of Law*, Wolters Kluwer Law & Business, 2014, p. 4 – 5; Robert Cooter & Thomas Ulen, *Law and Economics*, Pearson Education, 2011, p. 3.

③ 参见刘银良:《知识产权惩罚性赔偿的类型化适用与风险避免——基于国际知识产权规则的视角》,载《法学研究》2022 年第 1 期。

因为案涉客体界权明确、状态稳定，裁量差异的空间极小，不易造成“寒蝉效应”。最后，双方当事人之间若存在该条款列举的几类特殊关系，则足以推断侵权人对于侵权行为事先知情，因此法律有必要对其科以惩罚性赔偿，针对性地发挥遏制效应。

（二）司法指导规范中客观要件的再认识

虽然司法指导规范中主观要件的认定与经济分析互为印证，但在客观要件的认定方面，由于对情节严重的判断更难诉诸日常共识，且容易受到语词联想惯性与唯损害论思维的影响，因此司法指导规范的逻辑在此呈现出与经济分析既有抱合又有背离的形态。

从抱合的一面来看，与故意的认定相似，侵权行为的被诉概率及其对赔偿责任的供给弹性，依然实质影响着情节严重的认定。例如，在《惩罚性赔偿解释》第 4 条第 2 款第 3 项（妨碍举证）与第 4 项（拒不履行保全裁定）规定的情形中，侵权人试图掩盖侵权行为、增加诉讼障碍，有意降低侵权被诉概率，因此更有理由适用惩罚性赔偿。又如，《惩罚性赔偿解释》第 4 条第 2 款第 2 项（以侵权为业）显然有更高的供给弹性，也应当认定为情节严重。类似地，《山东高院裁判指引》第 8 条第 3 项、第 4 项与《惩罚性赔偿解释》第 4 条第 2 款第 3 项、第 4 项相通，只是在此基础上细化了侵权证据与保全裁定的类型。

从背离的一面来看，司法指导规范还受到许多因素干扰。对重复侵权的惯性认知即为典例。《惩罚性赔偿解释》第 4 条第 2 款第 1 项所举被处罚后重复侵权的情形有较高的供给弹性，对惩罚性赔偿责任较为敏感，将其认定为情节严重本属合理。但“重复侵权”的字面含义容易使司法机关联想起多次伤人、多次盗窃等恶劣行径，部分地方法院在“启发式”思维[①]的影响下，将“处罚后重复侵权”偏狭地等同于“重复侵权”，认为达到一定侵权次数便可认定为情节严重。例如，《天津市高级人民法院关于知识产权侵权案件惩罚性赔偿适用问题的审判委员会纪要》第 3 条第 1 项就将多次实施侵权行为直接认定为情节严重。然而，不应将侵权次数与其他需要综合考虑的因素并列，不能将重复侵权单独列举为情节严重的具体情形。原因在于，行为人对其行为性质的认识可能与裁判结果存在偏差，侵权次数多并不意味着涉案行为更具有藐视法律的恶劣性。而这一偏差则根源于前文述及的权利状态不稳定。知识产权领域的立法原本都预留了待纠纷实际发生后再确定权利边界的“理性无知”空间，[②]即便行为人多次实施了侵权行为，在尚未经过法院判决时，也仍可能处于合理的试错与博弈范围内，对知识产权客体的重复侵害与对有体物的重复侵害在性质上有根本差异。

唯损害论思维同样影响着司法实务的判断。《北京市高级人民法院关于侵害知识产

① 参见戴昕：《“教义学启发式”思维的偏误与纠正——以法学中的“自杀研究”为例》，载《法商研究》2018 年第 5 期。

② 参见蒋舸：《著作权法与专利法中“惩罚性赔偿”之非惩罚性》，载《法学研究》2015 年第 6 期。

权及不正当竞争案件确定损害赔偿的指导意见及法定赔偿的裁判标准》第 1.13 条将“情节严重”理解为“一般是指被诉行为造成了严重损害后果”。固然,如果凭直觉思考,侵权造成的损害后果越严重,违法性质便越恶劣,自然越该“惩罚”。但上述朴素观点至少未能回应三个方面的问题:第一,在经济分析的轨道之外,若仅为“惩罚”而加重赔偿责任,则规范自身尚无法建立起一套正当的价值标准;第二,损害越重越该罚,其实是由公法语词引发的联想,但惩罚性赔偿与公法上常见的行政罚款、刑事罚金毕竟基于不同规范,责任范围的考量或有不同;第三,上述观点难以解释为何不对损害较小的行为也适用惩罚性赔偿。因此,仍需从经济分析的进路切入,更广泛地理解惩罚性赔偿的实质变量。

在侵权被诉概率或供给弹性之外,影响情节严重认定的一个实质变量是精细计算的成本。由《惩罚性赔偿解释》第 5 条第 1 款、第 2 款可知,惩罚性赔偿的计算基数不可通过裁量得出,在难以计算时只能参照权利许可使用费的倍数合理确定。若要适用惩罚性赔偿,各方必须先计算出赔偿基准。但“难以计算”才是常态,[①]权利许可使用费往往也无从获知。在侵权损害较小的情形下,精细计算所带来的高昂成本,很可能高于遏制侵权所带来的收益,这正是“杀鸡焉用宰牛刀”的道理。

另一个实质变量则是不同获利情况下差异化的侵权预防成本。《惩罚性赔偿解释》第 4 条第 2 款第 5 项将“侵权获利或者权利人受损巨大”列为情节严重的具体表现,在经济学上有据可依。虽然惩罚性赔偿会迫使行为人事前预防侵权,但该项成本并不随着案涉知识产权价值的提高而线性递增:一方面,知识产权客体的数量与权利稳定性才是影响侵权预防成本的决定因素;另一方面,侵权损害越大,侵权获利一般越多,案涉知识产权的价值一般也越高。综合来看,由于侵权预防成本相对稳定,在损害轻微的情形下,侵权预防成本相对于侵权获利的比例过高,惩罚性赔偿更可能造成“寒蝉效应”,因而不宜适用;相反,在损害严重的情形下,法院更有经济动力适用惩罚性赔偿,从而在较少妨碍累积创新的条件下有效激励行为人预防侵权。但《惩罚性赔偿解释》第 4 条第 2 款第 6 项将“侵权行为可能危害国家安全、公共利益或者人身健康”的情形直接认定为情节严重,而不对危害后果作任何程度的限定,则不尽合理。实施上述危害行为,既不必然意味着侵权被诉概率低或供给弹性高,也无法推导出承担精细计算或侵权预防成本会有较高性价比。因此,需要将此种危害行为明确限制在可能造成严重后果或者触犯本身以情节严重为要件的法律范围内,据此认定客观要件,方可避开惯性思维的误导。

五、结论

将惩罚性赔偿引入知识产权领域的选择,本身体现了实践需求对传统理论的突破。

---

① 参见吴汉东:《知识产权损害赔偿的市场价值分析:理论、规则与方法》,载《法学评论》2018 年第 1 期。

面对“补偿为主、惩罚为辅”与“严格保护知识产权”两种官方话语之间的张力,能否降低交易成本进而促进资源的优化配置,应当成为制度分析时的基本问题意识。

知识产权客体的无形性降低了相应侵权行为的被诉概率,显著增加了交易成本,惩罚性赔偿在此语境中具备相对于补偿性赔偿的比较优势。惩罚性赔偿通过超越填平原则遏制知识产权侵权,从而取得制度收益。但惩罚性赔偿也带来诱导滥诉、抑制边际合法行为、降低个案资源配置效率等制度成本。在司法实务的模糊地带运用经济分析方法,可总结出侵权行为被诉概率、侵权行为供给弹性、精细计算成本、侵权预防成本等影响适用要件的实质变量,以此引导裁判实践说理、完善司法指导规范,有望进一步提高知识产权惩罚性赔偿制度的适用功效。

The Legitimacy and Limits of Punitive Damages for Intellectual Property Rights

—An Economic Analysis Approach

Lin Heng

Abstract: Internal legal interpretations struggle with practical issues in intellectual property punitive damages, necessitating the introduction of external economic analysis to explain the punitive mechanism. The intangible nature of intellectual property objects reduces the probability of infringement litigation, contributing to the internal differences in transaction cost structures between punitive and compensatory damages. By transcending the principle of full compensation, punitive damages deter infringement and generate institutional benefits. In this case, the multiplier for actual damages should be the inverse of the probability of litigation. However, issues such as inducing abusive litigation, inhibiting cumulative innovation, and inefficient judicial pricing accompany punitive damages, leading to unavoidable costs. Judicial guidelines and economic analysis both align and diverge: while some substantive variables from economic analysis have been integrated into judicial perspectives, there remain issues with judicial guidelines relying on intuition. Economic analysis can correct these issues and should receive greater emphasis in the process of institutional improvement.

Keywords: Punitive damages; Intellectual property rights infringement; Transaction cost; Principle of full compensation; Cumulative innovation

(责任编辑:陈姜韬)

专题二　行政程序法研究

行政协议诉讼举证责任分配规则的反思与重构

陈　钰*

摘　要　举证责任分配规则是法官处理案件事实真伪不明时的裁判工具，与诉讼模式有着密切联系。传统行政诉讼以行政行为合法性审查为中心，行政协议诉讼涉及合法性和合约性审查，审查对象更为复杂。《行政协议规定》第 10 条在区分行政协议争议行政性和协议性事项的基础上，规定了行政协议诉讼举证责任。但该规定存在行为主体与审查标准交错、诉讼类型与诉讼主体交错等问题，因而不能涵盖案件事实真伪不明的多种情况。解释论上可以通过适用民事诉讼和民事合同相关规范填补漏洞，但对于规范逻辑的调整和实体规则的制定则需要通过立法加以完善。

关键词　行政协议　举证责任分配　司法审查模式

一、问题的提出

因为人类认识能力的局限，诉讼中难免存在案件事实真伪不明的状态①，行政协议诉讼也不例外。举证责任分配规则是法律规定应当由哪一方当事人对诉讼中的相关事实提供证据加以证明，否则就应承担不利后果的问题。② 其对查明事实、解决争议具有重要意义，是“法官应付案件事实真伪不明时的裁判工具”③。

---

* 陈钰，中国政法大学中欧法学院宪法学与行政法学专业 2024 级博士研究生。本文获中国政法大学第二十届“学术新人”论文大赛“优秀论文”奖。

① 参见沈岿：《行政诉讼举证责任个性化研究之初步》，载《中外法学》2000 年第 4 期。

② 参见最高人民法院行政审判庭编著：《最高人民法院关于审理行政协议案件若干问题的规定理解与适用：条文主旨·起草背景·条文释义·实务指导》，人民法院出版社 2020 年版，第 149 页。

③ 朱新力：《行政诉讼客观证明责任的分配研究》，载《中国法学》2005 年第 2 期。

由于行政协议兼具行政性与协议性[①],其在举证责任分配等方面有区别于其他行政案件的特殊性。《最高人民法院关于审理行政协议案件若干问题的规定》(以下简称《行政协议规定》)第10条作出了有别于《行政诉讼法》第34条的规定:被告对于自己行为的合法性承担举证责任;原告对其主张撤销、解除行政协议的事由承担举证责任;对行政协议是否履行发生争议的,由负有履行义务的当事人承担举证责任。该条文试图通过列举举证事项的方式,为法官提供规则指引。遗憾的是,这并不足以应对司法实践中案件事实真伪不明的所有情况。比如行政协议的成立与生效、被告行使非基于行政优益权的解除权、被告缔约过失等诉讼过程中可能出现的"待证事实",既不完全属于高权性事项,又不在《行政协议规定》第10条第2款、第3款所列举的协议性事项范围内。

那么,如何解决现行法上行政协议诉讼举证责任分配规则供给不足的问题?举证责任受行政诉讼模式影响[②],故要回答上述问题,需先厘清《行政协议规定》所确立的诉讼模式,进而辨析行政协议行政性与协议性并存的特性如何影响传统行政诉讼和民事诉讼举证责任分配规则在行政协议纠纷解决上的适用,反思现行规范的症结。本文认为,《行政协议规定》第10条杂糅了行为主体、审查标准、诉讼类型及诉讼主体四重标准,解释论上可通过类推适用等方法来填补,立法论上有必要在完善行政协议实体法的基础上调整规范逻辑。

二、制度基础:行政协议案件的诉讼模式

诉讼目的决定诉讼模式,进而影响举证责任。诉讼模式是举证责任分配规则的制度基础。基于行政行为合法性审查原则和保护私益的诉讼目的,我国行政诉讼采职权探知主义与当事人主义混合诉讼模式。[③] 行政协议诉讼是否沿用传统行政诉讼模式及举证责任分配规则,取决于如何认识行政协议与单方行政行为的关系。

(一)举证责任、诉讼模式与审查对象的内在关联

举证责任即当事人请求依其主张裁判,对其主张待证之事实,有举证证明之负担。[④] 主流观点认为举证责任既包括主观举证责任,也包括客观举证责任。[⑤] 前者指当事人一方对于争执之事实提出证据声明的责任;后者指某一事实真伪不明时,其一方当事人须负担以该项事实为要件、对自己有利之法律效果不发生的危险。[⑥] 行政诉讼模式与举证

---

① 参见应松年主编:《行政法学新论》,中国方正出版社1998年版,第345页。

② 参见[德]汉斯·普维庭:《现代证明责任问题》,吴越译,法律出版社2000年版,第40页。

③ 参见章剑生:《论行政公益诉讼的证明责任及其分配》,载《浙江社会科学》2020年第1期。

④ 参见李学灯:《证据法比较研究》,台北,五南图书出版公司1992年版,第356页。

⑤ 参见罗智敏:《行政赔偿案件中原被告举证责任辨析》,载《中国法学》2019年第6期。

⑥ 参见陈清秀:《行政诉讼法(第11版)》,台北,元照出版有限公司2022年版,第538~539页。

责任分配规则存在密切关系:只有在当事人主义模式下才存在主观举证责任,职权探知主义模式下法院不受当事人事实主张及证据声请之拘束,不存在主观举证责任;而在职权探知主义模式下举证责任分配规则也只能在法院尽其调查义务而案件事实仍真伪不明的情况下适用,故举证责任分配规则适用的频率受到职权探知主义作用的限制。① 是故,行政协议诉讼举证责任分配规则须以明确行政协议诉讼模式为基础。

审查对象框定法官要审什么,即举证责任分配规则要处理的是哪些"待证事实",并且影响诉讼模式的价值取向。一般认为,民事诉讼模式偏向于当事人主义,强调当事人对自己权利的处分性;我国行政诉讼是以职权探知主义为基础、当事人主义为补充的混合诉讼模式。一方面,行政诉讼对行政行为的合法性进行全面审查,故法院的审查范围可以不限于原告的诉讼请求,其也可以不直面原告的诉讼请求作出裁判,对应职权探知主义模式,并且《行政诉讼法》第 40 条规定,法院调查的事实和证据只能用于证明行政行为违法,学者将此称为"单方的职权探知主义";另一方面,保护私益的行政诉讼的目的需由当事人主义模式来匹配,当事人的陈述主张在很大程度上决定了法院调查的强度和界限。② 混合诉讼模式下,《行政诉讼法》第 34 条包含"被告必须提供证据"的主观举证责任和"行政行为是否合法的事实真伪不明时,由行政机关承担败诉后果"的客观举证责任双重含义;行政赔偿案件则视不同情形采用不同的举证责任。③ 这样"一刀切"的规定受到"理论上过于粗糙,在实践中过于'死板'"④的批评,却蕴含着立法者的价值衡量。⑤ 行政诉讼的审查对象为行政行为合法性,行政机关处于优势管理者地位,具有更强的举证能力,且应遵守依法行政"先取证后裁决"的要求。由被告承担举证责任符合公平原则,有利于促使行政机关依法行政,防止滥用职权。⑥

(二)关于行政协议与单方行政行为关系的不同认识

我国《行政诉讼法》以单方行政行为为对象构建⑦,行政协议诉讼是否沿用《行政诉讼法》确立的诉讼模式及举证责任分配规则,包含两个层面的问题:一是诉讼目的及审查对象是否发生变化,二是分配规则的价值衡量是否需要调整。

---

① 参见吴东都:《行政诉讼举证责任理论与判决之研究》,台北,台湾地区司法主管机构 2002 年版,第 18 ~21 页。

② 参见章剑生:《论行政公益诉讼的证明责任及其分配》,载《浙江社会科学》2020 年第 1 期;李洪雷:《行政法释义学:行政法学理的更新》,中国人民大学出版社 2014 年版,第 395 ~398 页。

③ 参见罗智敏:《行政赔偿案件中原被告举证责任辨析》,载《中国法学》2019 年第 6 期。

④ 何海波:《举证责任分配:一个价值衡量的方法》,载《中外法学》2003 年第 2 期。

⑤ 参见成协中:《中国行政诉讼证明责任的分配模式与规则重构》,载《北大法律评论》2008 年第 1 期。

⑥ 参见最高人民法院行政审判庭编著:《最高人民法院关于审理行政协议案件若干问题的规定理解与适用:条文主旨·起草背景·条文释义·实务指导》,人民法院出版社 2020 年版,第 156 页;信春鹰主编:《中华人民共和国行政诉讼法释义》,法律出版社 2014 年版,第 90 ~91 页;童卫东主编:《〈中华人民共和国行政诉讼法〉释义与案例》,中国民主法制出版社 2014 年版,第 99 ~100 页。

⑦ 参见王万华:《新行政诉讼法中"行政行为"辨析——兼论我国应加快制定行政程序法》,载《国家检察官学院学报》2015 年第 4 期;余凌云:《论行政协议的司法审查》,载《中国法学》2020 年第 5 期。

如何认识行政协议与单方行政行为的关系,存在两种典型观点。一种观点认为,行政协议行为是由一系列行政行为共同组成的,应将行政协议分解为若干独立的行政行为,按照行政诉讼的规则去审理、判决。其理由在于,若采取民事的审判方式即背离了将行政协议行为纳入行政诉讼范围,实现行政管理目标、维护公共利益的立法初衷。① 另一种观点则认为,行政协议本质上是一种合同,有关争议应按照合同纠纷的模式来解决。将协议类纠纷案件拆解为单个的行政行为引发的传统行政诉讼案件,可能与当事人的诉求相去甚远。② 有学者将这两种立场分别概括为"拆分说"和"独立说",实质分歧在于如何看待行政协议的双方合意性。前者认为,双方行为可以分解为单方行为来处理,审查对象仍是单方行政行为合法性;后者认为,双方合意性与传统行政诉讼的单向审查无法兼容,应适用不同的诉讼模式。③

(三)关于行政协议案件举证责任分配的不同认识

行政协议具有协议性特征,反映到诉讼中便是行政协议诉讼"不仅涉及行政机关履行职务的行为,还涉及行政机关的履行协议行为以及行政相对人的行为"④,"真伪不明"的待证事实既可能是合法性事项也可能涉及合约性问题。从推进查明事实和价值衡量的角度看,不同的诉讼模式各具优势。

对于在行政协议案件中如何确定举证责任的问题,《行政协议规定》制定过程中出现过三种意见:第一种意见认为,应当实行"谁主张,谁举证",这能够沿用《行政诉讼法》的相关规定并符合比较法趋势;第二种意见认为,行政协议案件应当根据法律要件分配举证责任,在由被告承担关于行政机关权限事实的举证责任、由原告承担关于影响个人权利要件事实的举证责任的基础上,由提出对自己有利主张的当事人,对能产生法律效果的法律或者其他事实举证;第三种意见认为,应当根据《行政诉讼法》的规定,继续按照纠纷的类型来分配举证责任,其理由在于行政协议具有行政性和协议性,分别对应行政机关行使行政优益权而"作出的行政行为"由行政机关承担举证责任,及行政机关与行政相对人之间的"履约纠纷"原则上实行"谁主张,谁举证"。⑤ 学者多持第三种意见,区分合

---

① 参见郭修江:《行政协议案件审理规则——对〈行政诉讼法〉及其适用解释关于行政协议案件规定的理解》,载《法律适用》2016 年第 12 期;程琥:《行政协议案件判决方式研究》,载《行政法学研究》2018 年第 5 期;蔡小雪:《审理涉行政协议行为案件与审理民事合同纠纷案件的区别》,载《山东法官培训学院学报》2019 年第 4 期;梁凤云:《行政协议司法解释讲义》,人民法院出版社 2020 年版,第 58~63 页。

② 参见余凌云:《论行政协议的司法审查》,载《中国法学》2020 年第 5 期;于立深:《行政契约履行争议适用〈行政诉讼法〉第 97 条之探讨》,载《中国法学》2019 年第 4 期;陈天昊:《行政协议诉讼制度的构造与完善——从"行为说"和"关系说"的争论切入》,载《行政法学研究》2020 年第 5 期;耿宝建、殷勤:《行政协议的判定与协议类行政案件的审理理念》,载《法律适用》2018 年第 17 期。

③ 参见刘飞:《行政协议与单方行为的界分》,载《中国法学》2023 年第 2 期。

④ 刘飞:《行政协议诉讼的制度构建》,载《法学研究》2019 年第 3 期。

⑤ 参见梁凤云:《行政协议司法解释讲义》,人民法院出版社 2020 年版,第 130~131 页。

法性问题和合法性以外的其他问题,分别遵循行政诉讼和民事诉讼的举证原则。[①] 前两种意见本质上将行政协议视为一种合同,按照民事合同纠纷的审查模式来分配举证责任,“谁主张,谁举证”和根据法律要件的“规范说”可归入当事人主义诉讼模式内部的争论。第三种意见则采取“混合说”,区分行政性事项和协议性事项,分别对应职权探知主义模式下由被告对行政行为合法性举证和当事人主义模式下由主张权利者举证的规则,是前述“拆分说”在举证责任分配规则上的体现。

三、制度构造:行政协议诉讼举证责任分配规则的设置

理论上,举证责任分配规则的设置应与审查对象、诉讼模式相匹配。因此检验举证责任分配规则是否完备的标准便在于,是否契合行政协议诉讼的审查对象、能否覆盖诉讼中可能出现的“真伪不明”的案件事实。故应在厘清审查对象的基础上把握《行政协议规定》第 10 条,检视其规范逻辑。

(一)行政协议诉讼审查对象的突破

《行政协议规定》第 11 条规定了行政协议诉讼的审查对象:第 1 款的规定与《行政诉讼法》第 70 条法院适用撤销判决的情形一致,属于行政机关行使行政职权的内容,故承继《行政诉讼法》第 6 条规定的合法性审查原则;第 2 款则带有较浓厚的主观诉讼色彩,规定人民法院应当围绕原告提出的诉讼请求进行审查,其标准包括“依法”和“按照约定”履行行政协议。可见,对于行政协议与单方行政行为关系的定位,《行政协议规定》所设计的诉讼架构不再单纯围绕行政行为合法性。但这种“分立”又是不完全的,第 1 款规定从行政协议中拆分出“被告订立、履行、变更、解除行政协议的行为”,并基于其行政性而适用全面合法性审查原则。依法依约履行约定则属于协议性内容,由原告提出并采用合约性标准。

法律规则对证据的基本立场,与案件实际情况、参照原被告举证能力、证据可获得的难易等具体因素相关。[②] 随着审查对象的拓宽,《行政诉讼法》第 34 条“被告对作出的行政行为负有举证责任”的原则规定难以涵盖行政协议案件。[③] 就规则的正当性而言,行政协议经行政机关与行政相对人平等协商订立,而非依“先取证后裁决”程序作出,故没有由被告单方承担举证责任的理论基础。[④] 从保留、提出证据的能力来看,在主张撤销、解

① 参见黄学贤:《行政协议司法审查的理论研究与实践发展》,载《上海政法学院学报(法治论丛)》2018 年第 5 期;张向东:《论行政协议司法审查的标准与方式》,载《政治与法律》2021 年第 7 期。

② 参见李大勇:《行政诉讼证明责任分配:从被告举证到多元主体分担》,载《证据科学》2018 年第 3 期。

③ 参见章志远:《新〈行政诉讼法〉实施对行政行为理论的发展》,载《政治与法律》2016 年第 1 期。

④ 参见邓刚宏:《行政诉讼举证责任分配的逻辑及其制度构建》,载《政治与法律》2017 年第 3 期。

除行政协议的事由以及相对人自己履行协议的情况等方面，行政相对人的举证能力不弱于行政机关。举证责任的分配除了关涉案件审理结果，还是案件审理的“助推器”，尤其是客观证明责任具有规范各方当事人有序进行事实证明活动、促进发现案件事实的制度功能。[①] 由行政相对人承担与其能力相匹配、与诉讼推进相适应的举证责任，并没有打破行政诉讼保障公民权益、监督行政机关依法行政的基本定位。

(二)《行政协议规定》的举证责任分配规则

二元审查对象意味着需要在《行政诉讼法》之外发展符合行政协议诉讼司法审查规律的举证责任分配规则。但《行政协议规定》是最高人民法院出台的司法解释，对其理解不能脱离《行政诉讼法》，尤其是何谓举证不能的“不利后果”。《行政协议规定》第10条按照负举证责任的主体分列三款。

第1款规定由被告承担的举证责任，审查对象方面对应《行政协议规定》第11条第1款，不利后果方面对应《行政诉讼法》第70条、第72条规定的撤销判决和履行判决适用情形，结合《行政协议规定》第15条可以同时判决责令被告采取补救措施及予以赔偿。值得注意的是，司法解释的表述是“订立、履行、变更、解除行政协议等行为的合法性”，而非“行政行为的合法性”。显然，在规则制定者看来，行政机关订立、履行、变更、解除行政协议的行为未必都是严格意义上的行政行为。故而，如果被告不能举证证明上述行为的合法性，相应行为则被推定为违法，但是整个行政协议的效力还需考虑其他因素，尚不能直接适用《行政诉讼法》第70条或第72条。第2款要求由主张存在撤销、解除行政协议事由的原告承担举证责任，与《行政协议规定》第14条、第17条关于原告协议撤销权、解除权的规定相呼应，遵循的是“谁主张，谁举证”原则。该条款可能沿袭自原《最高人民法院关于民事诉讼证据的若干规定》(以下简称《民事诉讼证据规定》)第5条第1款后半句。由于行政诉讼只能由行政相对人提起，《行政协议规定》只规定了由原告主张的情形。第3款将举证责任“一视同仁”地分配给负有履行义务的当事人。尽管《行政协议规定》第11条第2款设定的审查对象限于“被告是否具有相应义务或者履行相应义务等”，但是第10条第3款采取了与《民事诉讼证据规定》第5条第2款一致的表述。该司法解释第5条第1款、第2款现均为《最高人民法院关于适用〈中华人民共和国民事诉讼法〉的解释》第91条所吸收。《行政协议规定》第10条的规范逻辑如表1所示。

① 参见江必新、徐庭祥:《行政诉讼客观证明责任分配的基本规则》，载《中外法学》2019年第4期。

表 1　《行政协议规定》第 10 条的规范逻辑

条款	举证事项	可能的立法渊源	承担举证责任的主体
《行政协议规定》第 10 条第 1 款	被告具有法定职权、履行法定程序	《行政诉讼法》第 70 条规定“超越职权”“滥用职权”“法定程序”	由被告承担举证责任
	被告履行相应法定职责	《行政诉讼法》第 72 条规定“不履行法定职责”	
	订立、履行、变更、解除行政协议等行为的合法性		
《行政协议规定》第 10 条第 2 款	撤销、解除行政协议的事由	《民事诉讼证据规定》第 5 条第 1 款规定,“主张合同关系变更、解除、终止、撤销的一方当事人对引起合同关系变动的事实承担举证责任”	由原告承担举证责任
《行政协议规定》第 10 条第 3 款	行政协议是否履行	《民事诉讼证据规定》第 5 条第 2 款规定,“对合同是否履行发生争议的,由负有履行义务的当事人承担举证责任”	由负有履行义务的当事人承担举证责任

在梳理抽象法规范之后不难发现,《行政协议规定》第 10 条对于行政协议合法性事项举证责任的分配基本遵循《行政诉讼法》所确立的“由被告承担行政行为合法性举证责任”的规则,此外,其还适用于行政行为之外的其他“行为”合法性的举证责任分配规则;对于行政协议合约性的审查则基本遵循“谁主张,谁举证”的举证责任分配规则,视同民事合同的诉讼模式。

四、制度困境:不同规范思路的交错

现行法对行政协议规定的是一套区分行政性要素与协议性要素、合法性标准与合约性标准并行的司法审查模式,应采当事人主义和职权探知主义结合的混合诉讼模式。但对于何时采当事人主义模式、何时采职权探知主义模式,《行政协议规定》第 10 条杂糅了不兼容的分类标准,自然难免挂一漏万。

(一)行为主体与审查标准交错

《行政协议规定》第 10 条第 3 款分别规定了“被告行为的合法性”、“原告撤销或解除行政协议的事由”以及“行政协议是否履行”事项的举证责任,分别由被告、原告和负有履行义务的当事人承担。事实上,行政机关和协议相对人作为行政协议订立、履行的主体,都应按照法律和约定订立、履行协议,应同时符合合法性和合约性审查标准。因此,理论上存在四组行为主体与审查标准的对应关系,即行政机关行为合法、行政机关合约、协议相对人合法、协议相对人合约,如图 1 所示。

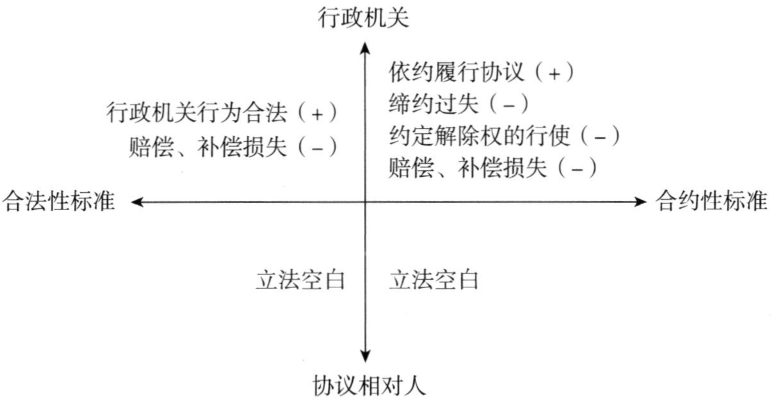

图1　行为主体与审查标准交错

《行政协议规定》第10条第1款针对行政机关的行为叠加合法性标准，但对于该规定第16条第3款、第21条被告行为违法引发的行政赔偿、补偿案件，是否应适用《行政诉讼法》第38条由原告对行政行为造成的损害提供证据，司法解释并未明确规定。

对于行政机关合约，《行政协议规定》只规定了原告撤销、解除的事由以及被告已履行其义务。被告行使非基于行政优益权的解除权、被告缔约过失等典型属于当事人主义诉讼的情形，难以被解释进现有的第10条第2款、第3款中，①这与越来越多司法实践承认行政机关合同权利的趋势相悖。② 第10条第3款“是否履行协议”文义上无法涵盖应否履行、按照什么标准履行等影响双方权利义务动态变化的问题。《行政协议规定》第19条规定的违约赔偿责任同样面临举证责任分配规则空白的困境。

至于对协议相对人的行为要求，或受“民告官”单向诉讼结构的影响，《行政协议规定》只列举了“负有履行义务时对协议的履行承担举证责任”，易让人误会对协议相对人没有其他合约性要求。这显然与行政协议实现行政管理和公共服务目标的制度定位相悖，也与《行政协议规定》第18条规定的抗辩权制度相矛盾。传统行政诉讼中，相对人违法不能证明行政行为合法，但在行政协议订立、履行过程中相对人是否合法合约，直接影响对行政机关合法性和合约性的评价。

概言之，《行政协议规定》第10条通过叠加行为主体和审查标准来锚定证明对象的做法，既存在漏洞又难免规则竞合。具体而言，行政协议订立、履行、变更、终止过程中，被告的行为不全是行使行政职权，因此对其要求不能只限于行为合法，且原告同样受法

① 参见章程：《行政协议诉讼类型的区分、融合与转换》，载《行政法学研究》2021年第3期。

② 参见深圳华腾生物医疗电子科技有限公司诉江西进贤经济开发区（产业园）管理委员会不履行行政协议法定职责案，南昌铁路运输法院（2018）赣7101行初686号行政判决书。

律和协议的约束;与此同时,原告举证撤销、解除协议事由中的胁迫、欺诈、显失公平等,可能构成被告行为违法,即与该条第 1 款被告行为合法性的举证内容重叠、规则竞合。

(二)诉讼类型与诉讼主体交错

除了框定证明对象,举证责任分配规则的另一重要内容在于将特定证明对象配置给一方诉讼主体。行政协议诉讼传统上分为行为之诉和关系之诉,前者更多关注行政一方行为的合法性,后者解决的是合同当事人之间的权利义务关系问题。① 行为之诉是一种违法性审查的范式,与《行政诉讼法》的规则匹配,而关系之诉需要适用当事人主义诉讼模式。《行政协议规定》第 10 条整体上根据证明对象确定诉讼类型,再按照诉讼类型分配举证责任,第 1 款和后两款分别采用行为之诉和关系之诉的举证责任分配规则;但属于关系之诉的第 2 款却将举证责任绑定于原告,限制了原被告双方交互举证推进查明事实的可能,杂糅了诉讼类型和诉讼主体双重标准。

诚如前文的分析,《行政协议规定》第 11 条规定了行政协议诉讼二元审查对象,包括被告行为合法和被告依法依约履行义务。第 10 条第 1 款与“被告行为合法”对应,采行为之诉模式,由被告承担举证责任,符合职权探知主义模式监督行政机关行为合法性的制度目的。但“被告是否依法依约履行义务”则是更为复杂的判断,因为不同于单方行政行为由行政机关单方作出行政决定就能确定权利义务,协议双方的权利义务关系可能因法律行为或事实的发生而发展变化,法官对事实的查明需要将目光流转于原被告之间权利义务产生、变更和消灭的动态变化。《行政协议规定》第 10 条第 2 款的规定却将证明对象与诉讼主体绑定,以事先立法的方式将特定事项分配给原告由其进行举证,预设特定主张只可能由原告一方提出。这虽然看似清晰明了,却落后于行政协议实体规则的发展,亦不符合诉讼规律。比如行政协议的成立并生效是履行协议的前提,但被告行为合法并不足以证成行政协议的成立生效。② 而行政机关是否依约履行以及能否不依约履行,涉及法律关系是否存在、变更、消灭以及权利是否受到妨害等协议性事项,属于关系之诉的内容,应采当事人主义诉讼模式。诉讼类型与诉讼主体之间的交错关系以及由此造成的规则漏洞,如图 2 所示。

① 参见张莉:《谈法国行政协议纠纷解决》,载《人民司法·应用》2017 年第 31 期。

② 参见北碚区蔡家岗镇小屋基皮鞋厂诉重庆市北碚区规划和自然资源局行政协议案,重庆市第一中级人民法院(2019)渝 01 行终 27 号行政判决书。

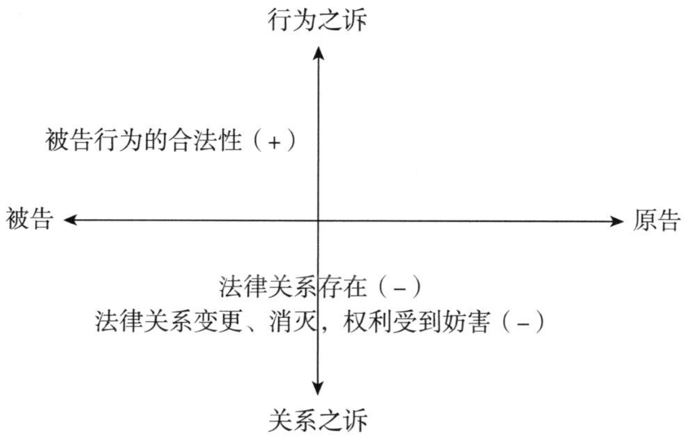

图2　诉讼类型与诉讼主体交错

概言之，《行政协议规定》第10条是通过行为主体与审查标准交错构造证明对象，按照诉讼类型将证明对象分配至特定诉讼主体。这些不同规范思路的交错，导致规则自身逻辑不畅，适用起来更是漏洞百出。

五、制度重构：行政协议举证责任分配规则的完善

对于行政协议举证责任分配规则存在的上述问题，在法律和司法解释没有作出调整之前，应当先从解释论的角度尽可能填补司法实践中举证责任分配规则的立法空白。进一步，有必要在立法层面调整规范逻辑。

（一）举证责任分配规则在解释论上的补充

《行政协议规定》自身给规则的补充解释留下了空间并指有方向。具体而言，根据《行政协议规定》第27条的规定，诉讼规则和实体规则两个层面都可参照民事合同的审理规则，其中第2款的"参照适用"规定"显然具有法律漏洞填补功能"①。由于举证内容与实体法密切相关，举证责任在相当程度上属于实体法的内容，②因此行政协议举证责任分配规则漏洞的填补不仅需准用民事诉讼法规范，还可能涉及民事合同实体规则。

值得关注的是，《行政协议规定》规定的是"参照适用民事诉讼法的规定"，而《行政诉讼法》第101条的表述则经历了"适用—参照—适用"的立法史变迁过程，③对《行政协议规定》第27条中"参照适用民事诉讼法的规定"的理解应尽可能避免构成对《行政诉讼

① 王春蕾：《行政协议准用民法的逻辑证成》，载《行政法学研究》2021年第4期。

② 参见全国人大常委会法制工作委员会民法室编：《民事诉讼法立法背景与观点全集》，法律出版社2012年版，第63页；翁岳生主编：《行政诉讼法逐条释义》，台北，五南图书出版股份有限公司2021年版，第479页；吴庚、张文郁：《行政争讼法论（第8版）》，台北，元照出版有限公司2016年版，第397～398页。

③ 参见章剑生：《行政诉讼中民事诉讼规范之"适用"——基于〈行政诉讼法〉第101条展开的分析》，载《行政法学研究》2021年第1期。

法》第 101 条的抵触。“参照”的表述为法院在审理行政案件时是否适用《民事诉讼法》相关法条保留了裁量空间。笔者认为,这可能是司法解释制定者考虑到行政协议不仅有别于单方行政行为还不同于民事合同,行政性与协议性要素可能无法完全分开。如果行政诉讼法没有规定就直接转介适用民事诉讼法的规定,可能造成审查障碍,因此赋予法官较大的自由裁量权。这是在《行政诉讼法》第 101 条所规定的行政诉讼与民事诉讼规范关系框架下,对行政协议诉讼规则适用的试验,举证责任分配规则也不例外。

对于因行为主体与审查标准交错而形成的证明对象的立法空白,大多属于合约性事项,可准用《民法典》的相关规范确定协议双方的权利义务,进而按当事人主义模式配置举证责任。对于诉讼类型与诉讼主体交错造成的举证责任分配规则适用不畅,需要先识别出属于行为之诉还是关系之诉,前者直接适用《行政诉讼法》的规定,而关系之诉下举证责任并非固定地归属于原告或者被告,应参照适用民事合同相应规范及民事诉讼规则。比如协议双方合意达成的认定往往需要参照民事合同规范;①行政协议是否应按照实际情况履行协议以及实际情况的事实如何,属关系之诉,适用当事人主义诉讼模式由主张者举证;②行政协议是否应当履行发生争议的,同理应由主张者举证。③ 至于规则竞合,相同事项可能既由原告举证又由被告举证的情形,就行政诉讼保障私益的制度价值而言,应解释为由被告负举证责任。

综上所述,现行法规则的不足反映在司法实践中主要表现为法律漏洞,应先辨析争议事实之性质,进而按照《行政协议规定》的指引类推适用民事合同规范和民事诉讼规则。

(二)举证责任分配规则在立法论上的完善

如果说在《行政协议规定》第 10 条不能涵盖行政协议诉讼中待证事实的情况下,尚可以通过参照适用民事合同规范以及民事诉讼法的规定填补漏洞,那么对于规范制定标准混乱、举证责任分配规则不适用关系之诉等问题,则只能通过调整立法来完善。

就现行规则角度的改造而言,应当确立诉讼类型作为分配举证责任的唯一标准。《行政诉讼法》之所以能够建构由被告对行政行为合法性承担举证责任的配置规则,是因为传统行政诉讼审查对象单一,司法审查仅围绕行政行为合法性展开。《行政协议规定》第 10 条通过行为类型化来界定举证责任,本质上是举证责任分配规则没有完成行政协

① 参见北碚区蔡家岗镇小屋基皮鞋厂诉重庆市北碚区规划和自然资源局行政协议案,重庆市第一中级人民法院(2019)渝 01 行终 27 号行政判决书。

② 参见张某某诉重庆市綦江区新盛镇人民政府不履行土地复垦行政协议案,重庆市大渡口区人民法院(2017)渝 0104 行初 135 号行政判决书。

③ 参见赵某某诉山东省济南市历城区人民政府不履行拆迁安置补偿协议案,山东省高级人民法院(2018)鲁行终 1145 号行政判决书。

议诉讼“关系化”[1]改造。行政协议经双方意思表示一致而形成,且其缔结、履行、变更、解除是一个彼此关联的完整过程,非但无法将所有行政协议纠纷都拆解成单方行为,[2]单方行为与行政协议法律关系也难以真正切割分离,[3]这也是“拆分说”的弊病所在。行政协议争议的审查涉及法律关系成立、生效、变更、终止等全过程,挑战了传统对行政活动“瞬间抓拍”式的观察方式,需要转向更加强调行政动态性和程序性的行政法律关系审查模式。[4] 是故,与其在诉讼法上事无巨细地以“行为”罗列证明对象,不如遵循行政协议诉讼规律,基于行政协议法律关系分配举证责任。而权力规范和权利规范的类型化,或可成为日后行政协议实体法的制定方向,毕竟举证责任本质上是由实体法要件决定,行政协议行政性和协议性要素的甄别也“要从实体法角度区分”[5]。同时,行政机关行使职权的合法性要求可转化为行政机关的义务,使之纳入行政协议法律关系,从而达到兼顾监督行政、避免权力“寻租”的目的。

理想的举证责任分配规则离不开完备的实体法规则与合理的行政协议诉讼架构。正视行政协议与单方行政行为的差异,构造以协议双方权利义务关系为中心的“关系审”,从法律关系存在、变更、消灭以及权利状态的角度分配举证责任,更符合行政协议审理的逻辑,能够为法官提供更为明晰的指引。

六、结论

行政协议作为重要的新型行政活动方式,其生命力与合法性需要有完善的救济渠道提供制度支持。应然上,举证责任分配规则应与诉讼模式相匹配。行政协议兼具行政性与协议性,在诉讼上表现为审查对象的复杂化。《行政协议规定》区分行政性要素和协议性要素,分别沿用传统行政诉讼的混合诉讼模式和当事人主义模式,第 10 条同理。但该条文在证明对象上行为主体与审查标准交织,在对证明对象的配置上杂糅了诉讼类型与诉讼主体,未能覆盖案件事实真伪不明的情形。对此,解释论上可以通过《行政协议规定》第 27 条参照适用民事合同规范以及民事诉讼法的规定填补漏洞;但是对于举证责任配置标准的统一、行政协议诉讼结构的改造等超越于现行司法解释的内容,则需要通过立法进行完善。

---

① 陈天昊:《行政协议诉讼制度的构造与完善——从“行为说”和“关系说”的争论切入》,载《行政法学研究》2020 年第 5 期。

② 参见余凌云:《论行政协议的司法审查》,载《中国法学》2020 年第 5 期。

③ 参见刘飞:《行政协议与单方行为的界分》,载《中国法学》2023 年第 2 期。

④ 参见赵宏:《法律关系取代行政行为的可能与困局》,载《法学家》2015 年第 3 期。

⑤ 章程:《行政协议诉讼类型的区分、融合与转换》,载《行政法学研究》2021 年第 3 期。

Reflection and Restructure of Allocation Rules of Burden of Proof in Administrative Agreement Litigation

Chen Yu

Abstract: Allocation rules of burden of proof are judgment tools when case facts are unclear, which is closely related to the litigation mode. The traditional administrative litigation focuses on the legality of administrative actions, while administrative agreement litigation involves the review of both legality and compliance with agreement, which makes the object of review more complicated. Article 10 of Provisions of the Supreme People's Court on Several Issues Concerning the Trial of Administrative Agreement Cases sets the burden of proof on the basis of distinguishing the administrative and contractual content. However, it confronts issues, such as the overlapping of behavior subject and review criteria, the confusion between litigation mode and litigant, and so on, so that it couldn't cover all kinds of situations where facts of cases are unclear. In terms of interpretation, the loopholes can be filled by applying the relevant norms of civil action and civil contract, while the adjustment of the logic of rule-making and the formulation of substantive rules could be perfected only through legislation.

Keywords: Administrative agreement; Allocation of burden of proof; Judicial review mode

(责任编辑:石佳乐　助理编辑:赵欣悦)

行政许可撤销制度实施存在的问题及完善

田雨婕*

摘　要　对违法行为予以撤销是依法行政原则的题中之义，但在行政许可领域，撤销违法授益行为同样受制于信赖保护原则。就此，行政法治与信赖利益保护产生张力关系，引发诸多争议。实践反映出，特定情形下行政机关怠于履行撤销职责，不遵守信赖保护原则、正当程序原则撤销许可的问题十分突出。究其原因，在于缺少被许可人申请撤销许可的宣示规定、撤销许可的法定情形设定不准确、许可撤销程序存在立法缺漏。对此，应当从示明行政机关负有撤销虚假许可的法定职责、明确撤销行政许可的必要条件、重构行政许可撤销审查标准、完善行政许可撤销程序等方面突破。

关键词　行政许可　撤销制度　撤销情形　撤销程序　审查标准

一、引言

《法治政府建设实施纲要(2021—2025年)》提出，修改《行政许可法》，完善行政程序法律制度。自《行政许可法》2004年正式实施以来，其中第69条作出行政许可决定的行政机关或者其上级行政机关依申请或依职权撤销许可的规定，发挥着确保许可授予行为合法、行为人具备相应资质而不致损害社会公共财产的法律监督作用。但实践反映出，现有规范无法适应行政执法理念和具体场景变迁，难以满足公众对诚信政府建设的合理期待，不能有效限制行政机关的自由裁量权，在实体和程序性规定上均有缺漏，以致行政主体恣意行权、随意撤销等问题十分突出。

行政许可撤销制度是行政许可制度的重要组成部分，同时也是立法的重点关注对象。基于此，本文拟将视野移至行政实务领域，以司法判决为材料，去发现实践中骈兴错

---

* 田雨婕，四川大学法学院2022级宪法学与行政法学硕士研究生。

出的问题,检视行政机关作出撤销行为的合法性与合理性,寻求解决现存问题之道,以期对行政许可撤销制度的完善有所助益。

二、《行政许可法》规定的行政许可撤销制度

区别于作为行政处罚种类之一的吊销和作为程序性行为之一的注销,针对在实施过程中存在违法要素的瑕疵许可,《行政许可法》第 69 条确立了撤销制度,包括二元撤销主体、二维撤销方式和多样化撤销情形。具体而言:

首先,二元撤销主体。根据《行政许可法》第 69 条的规定,撤销行政许可的主体包括作出许可决定的行政机关或者其上级行政机关。一方面,许可的实施包括申请人申请,行政机关受理并进行审查、作出决定,还可能涉及许可的变更、延续、撤回、撤销等一系列事项。作出许可决定并非行政机关法定职责的终止,其应当对许可进行事后监管并及时调整。基于此,授予相对人许可的行政机关同样可以取消该许可。另一方面,对于上级行政机关,在我国双重领导体制下,上级主管部门应当对下级部门的执法活动进行指导、协调和监督。聚焦行政许可领域,上级行政机关享有对下级行政机关实施许可是否合法的监督管理职权,其可以撤销符合法定撤销情形的许可。

其次,二维撤销方式。撤销可以通过两种方式实现,其一,利害关系人申请启动审查程序。统观《行政许可法》规定,利害关系人是与申请人、被许可人并行的主体概念,其通常与特定许可存在事实上的利害关系或法律上的权利义务关系,往往会主动监督许可的授予和实施是否合法。因此,赋予利害关系人启动审查程序的请求权能充分发挥社会监督的效能。其二,行政机关依职权撤销。由于行政机关负有监督被许可人是否按照许可范围和要求从事相应活动的法定职责,在此过程中,一旦发现特定违法情形,相关部门就应当依职权审查决定是否撤销许可。

最后,多样化撤销情形。《行政许可法》第 69 条规定了"可以"、"应当"和"不予"撤销的三种情形。其一,"可以撤销"情形。包括行政机关滥用职权、玩忽职守,超越法定职权,违反法定程序,对不具备申请资格或不符合法定条件的申请人准予行政许可,以及第 5 项兜底条款。从权限、程序、内容等方面对行政机关违法情形进行归类概括。其二,"应当撤销"情形。在被许可人采用欺骗、贿赂等不正当手段取得许可的情况下,推定其申请时不符合法定条件,且不存在合法信赖利益,故应当撤销许可。其三,"不予撤销"情形。当许可涉及重大事项如国家安全、公共安全时,即使存在法定撤销情形,为防止公共利益遭受重大损害,也应当保留许可效力,允许相对人继续从事许可活动。

三、行政许可撤销实践中存在的问题

以生效裁判文书为分析样本,以"《行政许可法》第 69 条"为法律依据在"中国裁判

文书网”平台作定向检索，排除无关样本①后得到131份合格样本。从撤销主体、情形、程序等角度作多维分析，发现存在行政机关怠于履行撤销职责，未遵守信赖保护原则、正当程序原则撤销许可等问题。

(一)行政机关怠于履行撤销职责

有效预防公民活动损害公共利益和他人利益是行政许可的基本功能，该功能的实现离不开行政机关对被许可人活动的事后监督和管理。② 鉴于此，《行政许可法》第六章在制度上明确行政机关负有法定监管职责。在此过程中，如果存在法定撤销情形，行政机关应当立即采取措施。但从“争讼撤销”类案件的数量来看③，131份样本中有69份属于通过司法审查程序由人民法院作出撤销许可判决的，占比达到52.7%。对这些样本进行深入分析，梳理出未在行政程序中撤销许可的事由和原因，具体有以下几种(见表1)。

表1 “争讼撤销”类案件的案情梳理与统计

组别	未在行政程序中撤销许可的事由和原因	案件	占比/%
1	申请人对材料真实性负责、尽到合理审查义务、在法定职权范围内、程序合法	(2020)川01行再3号等共27个案件	39.13
2	当事人未申请行政机关自我纠错，而是直接起诉到法院要求行政机关履行撤销义务	(2018)川0703行初41号等共26个案件	37.68
3	无法撤销行政许可，建议通过诉讼程序解决	(2019)桂0203行初49号等共7个案件	10.14
4	当事人未提供能够证明其主张的证据材料，无撤销许可的事实和依据	(2019)桂1322行初7号等共4个案件	5.80
5	许可处于吊销状态而无法撤销	(2018)川0121行初53号；(2017)川0504行初46号	2.90
6	撤销可能对公共利益造成重大损害	(2018)闽0304行初111号；(2014)栗行初字第4号	2.90
7	《行政许可法》和相关法律、法规未规定撤销程序	(2015)二中行初字第786号	1.45

从案件事实分析，由于原告被冒名而申请撤销行政许可的有56份，在“争讼撤销”类案件中占比达到81.2%。对于此类案件，行政机关本可以自行审查并纠正，在行政监督程序中撤销存在重大、明显违法情形的许可，但因其怠于履行监管职责，被冒名人不得不通过诉讼方式救济个人权利。行政机关的不履职不仅极大耗费司法资源，也严重侵害公

① 如在(2015)什邡行初字第47号行政判决书中，提及依照《行政许可法》第69条第2款的规定，判决撤销结婚登记。但婚姻登记并不属于行政许可，因此予以排除。另参见广西壮族自治区大化瑶族自治县人民法院行政判决书，(2014)大行初字第2号；广西壮族自治区大化瑶族自治县人民法院行政判决书，(2013)大行初字第13号等。

② 参见应松年、杨解君主编：《行政许可法的理论与制度解读》，北京大学出版社2004年版，第275页。

③ 争讼撤销，是指根据行政相对人对行政行为不服的申请，法院经过审查撤销该行政行为而使其失去效力。与争讼撤销相对应的是职权撤销，即行政主体依据职权，以授益行政行为成立之初存在瑕疵为由，使其失去效力。参见陈思融：《论行政诉讼补救判决的请求权基础》，载《中外法学》2016年第1期。

民的合法权益。

(二)行政机关未遵守信赖保护原则

随着对国家权力和公民基本权利关系的态度转变,行政机关负有确保公民能够根据既定规范体系进行社会活动而不致对其行为的稳定性、可预测性产生怀疑的义务。如是,为维护个体对行政机关的信任,信赖保护原则作为一项行政法基本原则逐渐凸显,并集中体现在授益行政行为的撤销上。① 但从司法实践反窥行政实务,对于《行政许可法》规定的"可以撤销"情形,行政机关在行使自由裁量权时,往往选择撤销,不顾及相对人对行政机关的信赖以及基于该信赖取得的正当利益(见表 2)。

表 2 行政机关未遵守信赖保护原则的典型案例

案件	行政机关撤销许可的理由	违反信赖保护原则的说理
(2017)甘行终 447 号	许可证颁发过程中,未依法公告公示	被许可人获得许可后已进行相关投入,行政机关以纠错之名撤销许可,未考虑相对人的信赖利益
(2018)新 4221 行初 2 号	建设规划许可证颁发后,业主多次上访要求行政机关撤销	被许可人获得许可后已投入大量建设成本,行政机关的撤销决定造成相对人的巨大经济损失。根据信赖保护原则,行政许可决定一经作出,不得随意撤销
(2016)鄂 1003 行初 16 号	行政机关未及时收到上级人民政府会议纪要,导致错发许可	相对人依法取得行政许可,其信赖利益应受法律保护。行政机关没有收到会议纪要及内容相抵触均不可归责于被许可人,不应让其承担不利后果
(2018)湘 0623 行初 17 号	行政审批办违规,未按环评批复要求进行验收	被许可人基于对行政机关的信赖,在获得许可后投入大量成本,因不能生产而损失巨大。行政审批办违规作出环评验收合格的决定不可归责于被许可人

从上述案件来看,行政机关在发现违法情节时多径直撤销,即使违法要素是行政机关过错所致,仍不顾及撤销行为的适当性、必要性以及对被许可人权益造成的损害。笔者认为,这种做法严重违背信赖保护原则。应当认识到,行政机关过错所致的不利后果不应由相对人承担。即便涉及公益,依旧应对被许可人的信赖利益和撤销行为所欲维护的公共利益进行权衡。若因公益大于信赖利益而必须撤销许可,行政机关应当给予被许可人赔偿。

有学者指出,违法状态下授益行为信赖利益的存续保护是信赖保护原则的实义之所在,而非仅仅是其保护方式之一。② 如是,信赖保护与依法行政的拉锯关系不可避免。而随着法治政府建设的不断深入,依法行政原则被行政机关奉为圭臬,撤销具有合法性瑕疵的许可被视为应有之举措。这时,被行政机关忽略的是,《行政许可法》第 69 条实际上是行政法学上信赖保护原则的具体化。尤其是当行政机关存在过错导致授益决定违法

① 参见黄学贤:《行政法中的信赖保护原则》,载《法学》2002 年第 5 期。

② 参见蒋成旭:《存续力理论视野下的信赖利益保护原则》,载《东方法学》2016 年第 4 期。

时,不应再坚守形式面向的依法行政,而应回归保护权利人正当权益的价值基点,更加审慎地选择处理方式。

(三)行政机关未遵守正当程序原则

正当程序原则是行政法的程序性基本原则,要求行政机关在作出影响相对人权益的行为时,必须履行事先告知、说理,事中听取陈述、申辩,事后提供法律救济途径等义务,尤其是在负担性行政行为中,客观公正的程序有助于消解相对人的不满,使其接纳最终的决定。但实践反映出,由于《行政许可法》中没有具体的撤销程序规范,行政机关在基于依法行政原则剥夺相对人许可权益时,可能违背正当程序原则。

在最高人民法院公报案例——中国石化销售有限公司江苏盐城石油分公司与射阳县国土资源局行政撤销案中,射阳县住房和城乡建设局在接到举报后立即调查核实,认为原告隐瞒真实情况申请罩棚维修改建,违反了《行政许可法》的相关规定。于是在向原告颁发临时规划许可证7日后即予撤销,其间未听取原告的陈述和申辩。法院认为被告在作出撤销决定前,未保障相对人的知情权、参与权和救济权,违背了公开、公平、公正的正当程序原则,其撤销行为不具有合法性。① 此案中,法院并未在判决部分过多阐述其中涉及的实体性问题,而是集中审查行政机关的撤销程序是否合法。其将正当程序原则视为程序合法的底线,认为行政机关应当保障相对人最基本的陈述、申辩权。否则,即使法律没有明文规定,秉持谨慎而克制态度的法院仍然可能在司法审查程序中否定行政权行使的正当合法性。通过梳理发现,在其他案件中也存在行政机关侵害被许可人程序权利的行为(见表3)。

表3 行政机关未遵守正当程序原则撤销许可的案件统计

组别	未遵守正当程序原则的情形	案件
1	在作出撤销决定前,未告知被许可人陈述和申辩权利,亦未听取其陈述、申辩意见	(2017)甘行终447号;(2019)陕71行初139号;(2019)陕71行初138号;(2016)鄂1003行初16号
2	在撤销行政许可前,未告知被许可人听证的权利	(2018)内0781行初5号;(2018)桂0323行初1号;(2016)冀0110行初字第2号
3	行政机关未告知被许可人作出决定的事实、理由和依据,也未给其陈述、申辩的权利	(2016)冀0591行初77号

从案件事实分析,行政机关对程序违法的辩驳理由之一是,撤销错误许可是行政机关的主动纠错行为,属行政处理而非行政许可范畴,因此无须告知相对人程序权利。应当指出,行政许可是许可证核发,监督管理以及决定中止、变更、撤销等一系列过程的总和。因此《行政许可法》中关于许可实施的程序性规定,如相对人享有陈述申辩权、举行听证等,同样应适用于撤销许可行为。而以上案件反映出,行政机关在撤销许可过程中可能有违正当程

① 参见江苏省建湖县人民法院行政判决书,(2017)苏0925行初235号。

序原则,导致相对人只能通过司法救济途径向行政机关表达诉求。

四、行政许可撤销制度实施存在问题的原因

对于上述问题,究竟是应当基于立法论的视角进行探讨,还是应当反思行政机关的执法立场?笔者在进一步考察后发现,二者共同导致行政许可撤销制度实施过程中出现的若干难题。其中,更为主要的是立法存在不科学、不明确和疏漏之处。

(一)缺少被许可人申请撤销许可的宣示规定

《行政许可法》从若干方面限制许可主体、权限、内容、程序,以确保行政机关有效实施行政管理。其规定不仅是行政机关的行权依据,更是其必须履行的职责,公众可据此进行监督,并适时寻求法律救济。具体到许可撤销,根据该法第 69 条的规定,作出许可决定的行政机关或者其上级行政机关,根据利害关系人的请求或依职权,可以撤销行政许可。在文义解释上,申请撤销许可的主体仅是利害关系人,而不包含被许可人。对于利害关系人的申请权保障,其原因显而易见。行政许可撤销程序涉及行政许可机关、行政许可权利人、利害关系人三方,其中利害关系人是有着自身独立利益和目标追求的一方。[①] 因此,依据公平原则,为平等保护各方利益,对利害关系人申请撤销许可的请求,行政机关应当启动审查程序。

问题在于,为何不规定被许可人请求权?笔者认为,行政许可是相对人进行某些特定活动的前置条件,其本身具有赋权、解禁之属性。按照惯常逻辑,鲜有被许可人会主动申请撤销许可。但应当指出,无论是赋权还是解禁,此类授益特征都是对行政许可制度进行宏观解读得出的结论。微观层面的具体许可事项却可能成为被许可人的负担。举例来说,实践中常出现第三人伪造签名,申请公司设立登记,并借此空壳公司进行违法活动,最终使被冒名人合法权益严重受损的情形。在这种情况下,申请人并不是最终的被许可人。欺骗行为的作出者是申请人,而被许可人往往在进行其他法律活动时才发现自己的身份信息被盗用。对此,名义上的被许可人难以通过申请启动许可撤销程序进行自我救济,归根结底是因为《行政许可法》第 69 条未考虑到行政实务中可能出现的此类问题,未通过立法确认被许可人享有申请撤销许可的权利。

(二)撤销许可的法定情形设定不准确

1."应当撤销"情形设定不当

对于被许可人在申请时提交虚假材料,是否撤销其许可的问题,行政机关的做法比较一致,即无论被许可人当下是否符合法定条件,一律撤销。原因在于,《行政许可法》明确规定行政机关应当撤销以不正当手段获得的许可。但深挖规范内涵,实际上其暗含了一个先决条件——申请人不具备法定资格。

---

① 参见徐晓明:《行政许可撤销制度研究》,载《行政法学研究》2008 年第 4 期。

根据《中华人民共和国行政许可法释义》中对《行政许可法》第 69 条第 2 款的说明,“欺骗”是指申请人明知不符合许可条件,但采取弄虚作假的方式骗得行政机关的准予许可决定。“贿赂”则指申请人的申请客观上不符合许可资格,但通过向行政机关或其工作人员行贿的方式取得许可。[①] 由此可见,“欺骗”和“贿赂”的认定有明确的前提,只有在申请人不符合法定资格或条件的基础上,才能适用第 2 款规定。若申请人已经符合要求,但因其自认不达标而伪造材料或有其他欺骗行为,则不属于应当撤销的范畴,因其谋取的是本应获得的许可利益而非不正当利益。

由以上分析可知,实践中行政机关“一刀切”地撤销因提交虚假材料而获得的行政许可,很大程度上是因为现有立法规定不够准确。集中体现在两个方面:第一,被许可人作出违法行为与不具备法定许可条件的混淆造成“应当撤销”情形设定的错位;第二,现行规则并未考虑到时间因素的影响,认为准予许可时的资质不符会自然延伸,忽略了可能存在的条件变化。上述原因使行政机关对《行政许可法》第 69 条第 2 款理解偏差、解读错误,在决定是否撤销许可时受制于惯性思维而背离立法原旨。

2. “可以撤销”情形设定泛化

《行政许可法》第 69 条第 1 款规定的是“可以撤销”的情形,“实际上是授予行政机关衡量信赖利益是否值得以维持行政许可效力而进行保护的自由裁量权”[②]。但需要明确,在授予其弹性权力时,还应当用明确的、毫不含糊的条文加以限制。基于此,再细读《行政许可法》条文,可以发现其中关于“可以撤销”情形的规定太过宽泛,易致行政机关滥用行政撤销权,罔顾被许可人信赖利益。

首先,关于“滥用职权、玩忽职守”。滥用职权是指行政主体违反法定权限、程序,非法行使职务范围内的权力并导致一定的危害后果。玩忽职守则是指行政主体不履行或不认真履行其法定职责并导致一定的危害后果。[③] 若以此解释为准,那么关于“可以撤销”情形中的第 1 项规定,其重点到底是行政机关违反法律规定,还是准予许可造成危害后果?若为前者,则意味着只要行政机关有违法活动,即使不存在危害后果,仍可撤销许可。若为后者,则损害结果为必要条件,且一般体现为侵害第三人权益或公共财产、国家利益。与此同时,还应当考虑到行政机关滥用职权、玩忽职守并不代表申请人不满足许可资质,该语境下的违法可能并不影响申请人最终获得许可的实质性结果。

其次,关于“违反法定程序”。程序合法是行政行为合法的要件之一,但程序违法并不一定导致行为违法以致许可被撤销或自始无效。换言之,并非只要违反法定程序,行政机关就可以撤销许可。而应当考虑相对人获得许可的条件以及撤销许可是否会对相

① 参见张春生、李飞主编:《中华人民共和国行政许可法释义》,法律出版社 2003 年版,第 234 页。

② 徐伟、蒋鹏:《我国行政许可撤销程序初探——兼论我国信赖保护制度之完善》,载《重庆邮电学院学报(社会科学版)》2005 年第 1 期。

③ 参见金波:《对违法行政行为法律监督问题的探讨》,载《西南政法大学学报》2007 年第 5 期。

关人和社会公众的合法权益造成实质影响,并以此限制行政机关的自由裁量权。

最后,关于“不具备申请资格或者不符合法定条件”。符合法定许可条件是准予许可的前提,也应当成为撤销许可的判定标准。但应否基于信赖保护原则给予被许可人事后补正的机会?笔者认为答案是肯定的,尤其是在准予许可时行政机关审查疏忽而被许可人不知情的情况下。虽然鲜有立法触及这个问题,但在此有必要对其进行探讨,具体内容于后文分析。

(三)许可撤销程序存在立法缺漏

《行政许可法》第 7 条规定,行政机关实施行政许可,相对人享有陈述权、申辩权;第 47 条规定,行政许可涉及重大利益关系的,应当告知申请人、利害关系人享有要求听证的权利。虽然有此类规定,但具体到许可撤销程序,尚存在明显的法律空白。

在学理层面,有学者主张,《行政许可法》总则的各条款内含丰富的解释空间。一方面,依据体系解释的方法,《行政许可法》第 7 条关于陈述、申辩权的规定可以适用于撤销许可程序,因其属于广义上的许可实施阶段;另一方面,从目的解释出发,根据《行政许可法》第 1 条的规定,该法的主要立法目的是保护公民、法人和其他组织的合法权益,监督行政机关行权等,显然,程序控权是该条款的应有之义。[①] 但现实却是,由于当前关于许可撤销程序的具体规定尚付阙如,实践中行政机关常以没有法律规定为由,在未调查了解、说明理由,且相对人没有参与的情况下径行作出撤销决定。对于此类程序严重违法的行政行为,法院通常作出撤销判决。

应当指出的是,行政诉讼等司法救济是一种事后控权方式,虽然大多数情况下能达到保障相对人合法权益的目的,但绝不是最优方案。行政机关忽视相对人合法正当的程序权利,作出近似武断的行为,根本原因是缺少独立程序规定。从为适应社会发展而收缩、扩张的行政权变革和行政法发展历程来看,在实体法赋予行政机关自由裁量权的同时,应当建立法律程序机制。以程序限制权力,才是有效防止行政权侵害公民权的最佳手段。

五、完善行政许可撤销制度的建议

基于前文所分析的原因,行政许可撤销制度的完善应当从科学的立法理念出发,回归行政许可撤销的功能定位,考虑行政机关、行政相对人和利害关系人三方可能形成的法律关系,并充分发挥程序控权的作用。

(一)示明行政机关负有撤销虚假许可的法定职责

随着商事制度深入改革,为提高市场准入的便利化程度、优化营商环境、降低交易成

① 参见张圆:《正当程序原则的司法逻辑——“于艳茹诉北京大学违法撤销学位案”判解》,载《时代法学》2018 年第 5 期。

本,行政管理模式从注重事前审批逐渐转变为加强事中、事后监管。对于有重大利益影响、确有必要保留的许可事项,行政机关也多是对提交材料进行形式审查。比如依据《市场主体登记管理条例》(国务院令第746号)第19条第1款的规定,只要申请材料齐全,符合法定形式,登记机关就应当受理申请并当场作出准予登记的决定。但正因如此,有一部分人违反诚信原则,借改革之机从事违法活动,如实践中普遍存在的冒用他人身份取得公司登记,即指“虚假许可”。对此,《行政许可法》作为监督许可设定和实施活动的基础性法律文件,应当从制度层面予以回应。

在基础行政法律关系中,相对人行使权利的对象是行政机关,权利表达的另一端是行政机关义务的制度性宣示。基于此,可以通过规定被许可人有权申请启动撤销审查程序,示明行政机关负有撤销虚假许可的监管职责,督促其依法积极履职。事实上,《国家铁路局行政许可实施程序规定》(国铁科法规〔2021〕5号)第16条明确,被许可人可依法书面要求撤销行政许可决定。① 该条款的宣示性价值为完善《行政许可法》的规定提供了有益借鉴。

以长远目光来看,在不断深化行政审批制度改革、推行告知承诺制的大背景下,行政机关对申请人的信任不断加深。但其中最大的不可控因素是申请人的诚信和法律自觉意识,这也成为检验改革成效的关键因素。诚信精神的维护不能仅靠道德约束,还需要制度保障。基于此,对于可能出现的申请人诚信缺失现象以及因此对他人造成的权益损害,从化解行政争议的角度出发,应当确保权益受损人能够快速高效地在行政系统内实现其权利救济。这也与强化监管、优化政务服务体系的要求相契合。

(二)明确撤销行政许可的必要条件

行政许可是当今各国普遍采行的一种行政规制手段。就本质而言,其归属于事前审查机制,行政机关仅需将申请人条件与事先制定标准比对,即可作出决定。体现在立法上,《行政许可法》第38条第1款规定,申请人的申请符合法定条件、标准的,行政机关应当依法作出准予许可的书面决定。这也就是说,对行政机关而言,对符合法定条件、标准的申请人授予许可是法定义务,其不享有裁量空间,属于羁束行政行为。

既然准予许可的标准是申请人符合法定条件,那么撤销许可的前提自然应当是被许可人不再符合法定条件。但事实上,现有规定未能突出此前提,使得行政机关将其违法准予许可的行为和被许可人采取不正当手段取得许可的行为均作为撤销许可的决定依据,即以违法行为作判,只要出现这些情形,行政机关一律撤销。这实际上是一种适法偏差。

① 《国家铁路局行政许可实施程序规定》(国铁科法规〔2021〕5号)第16条第2款规定:“被许可人或利害关系人依法书面要求撤销、注销行政许可决定的,应当提交申请书、营业执照或身份证复印件、申请事由说明及相关证明材料。”

笔者认为,《行政许可法》第 69 条规定的情形本质上是一种类型化展现,基于这些情形,撤销许可必须满足一个前提条件——被许可人不再具备法定资格。实践中,因立法不科学、不明确,行政机关误将撤销许可作为处罚违法行为的手段,这实际上是对撤销制度的功能误判。鉴于此,应当将暗含前提显形化,强调行政机关以相对人的当下条件作为审查对象,在决定是否撤销许可时重点审查其是否满足取得行政许可的法定条件、标准。换言之,回归撤销许可的本质——其并非针对违法行为,而是纠正向不具备法定条件的相对人发放许可的错误行为。

(三)重构行政许可撤销审查标准

本文提炼出行政许可撤销的三层次审查标准(见图 1),并据此对《行政许可法》第 69 条规定的撤销情形提出完善建议。

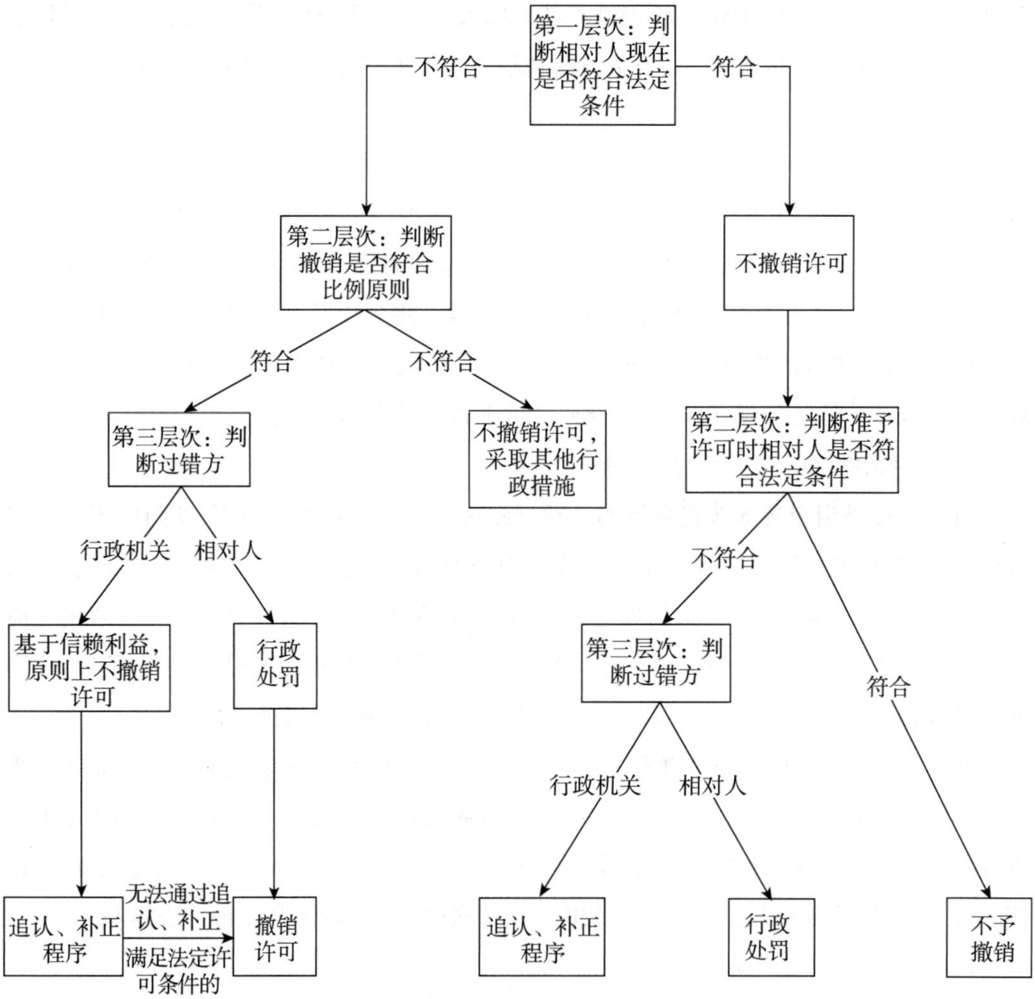

图 1 行政许可撤销的三层次审查标准

第一层次，判断相对人现在是否符合法定条件。若符合，则不予撤销；若不符合，则进行下一步判断。准予行政许可的标准是满足相应的资质条件，撤销许可的核心则是相对人不再具备法定资格，而非处罚违法。基于此，笔者认为《行政许可法》第 69 条第 2 款应属“可以撤销”而非“应当撤销”情形。即使相对人采取违法手段，但如果其满足许可要件，按照法律规定，在撤销后其仍有权利就同一事项向行政机关提出申请并获得许可。仅在许可直接关系公共安全、人身健康、生命财产安全事项时，才有 3 年内不得再次申请的期间限制。[①] 如是，基于提高行政效率的考量，不应在《行政许可法》中规定一律撤销相对人违法取得的许可，而应将其归入“可以撤销”情形。法律应当赋予行政机关自由裁量权，使之在执法过程中对个案进行审查，对分歧的利害关系进行协调并达成一致意见。

第二层次，分别以“准予许可时相对人是否符合法定条件”和“撤销是否符合比例原则”为审查标准。在第一层次的审查标准的基础上，需对相对人在符合法定条件不予撤销许可的基础上可能存在的违法性因素以及相对人现在不符合法定条件作进一步阐述。因此，第二步应对这两种情况分别采用不同标准。

首先，对于不撤销许可，但存在违法的情形，判断准予许可时相对人是否符合法定条件。探究《行政许可法》第 69 条规定的撤销情形，发现立法者采用的是类型化思维，提炼出特定的行为单元。这些单元以违法的表现形式为区隔标准，基本理念为违法性是撤销许可的必要条件。照此逻辑，其隐含内容是，违法并非撤销许可的充分条件，即存在违法不必然导致撤销的结果。详言之，在撤销许可的语境下，违法分为形式违法和实质违法。形式违法如“滥用职权、玩忽职守”或“违反法定程序”准予许可，但由于相对人符合法定条件，不论行政机关存在何种过错，都不影响最终结果；实质违法如“超越法定职权”或“对不具备申请资格或者不符合法定条件的申请人”准予许可，由于存在权限违法、内容违法，许可被授予本不应获得的相对人。对于形式违法，其本质上并未背离依法行政原则；而对于实质违法，则应当按照第三层次的审查标准深入分析。

其次，对于相对人现在不符合法定条件的情形，引入比例原则，明确撤销许可应当满足适当性、必要性和均衡性原则。具体而言，在特定情形下撤销许可，行政机关需要满足三个标准：其一，撤销符合适当性原则。撤销许可具有侵益属性，行政机关对此应当持审慎态度，即只有撤销有助于实现管理目标时，才可能适用。其二，撤销符合必要性原则。对于许可实施过程中面临的各类问题，行政机关享有在遵循依法行政原则的基础上选择措施工具的裁量权。比如对于行政机关违反法定程序的情形，如果程序瑕疵影响许可的

① 《行政许可法》第 79 条规定：“被许可人以欺骗、贿赂等不正当手段取得行政许可的，行政机关应当依法给予行政处罚；取得的行政许可属于直接关系公共安全、人身健康、生命财产安全事项的，申请人在三年内不得再次申请该行政许可……”

实质性条件但可以补正,而撤销将损害被许可人信赖利益和法的安定性,此时就不予撤销。其三,撤销符合均衡性原则。行政机关需在衡量撤销行为对被许可人信赖利益、第三人合法权益和公共利益影响的基础上,确认所获收益大于公民的人身和财产损失后,才能撤销。

第三层次,判断造成违法的过错方。《行政许可法》依据违法归责划分撤销情形,对于行政机关有违法因素导致撤销的,归入"可以撤销"情形;对于被许可人有违法因素导致撤销的,归入"应当撤销"情形。该分类标准实际上是信赖保护原则在行政许可撤销制度中的彰显。与此同时,立法者规定赔偿被许可人由于撤销许可而损失的合法权益。但其忽略的一点是,赔偿仅是一种事后弥补方式,且赔偿范围仅包括已经发生的、可计算的实际损害,而不包括可期待利益。因此多数情况下,被许可人希望获得的并非财物赔偿,而是许可资质的保留。鉴于此,应当通过区分违法过错方,决定是否采取追认、补正以消除违法性瑕疵的方式扩大信赖保护原则的适用范围。具体而言,当违法责任归于行政机关时,从保护相对人信赖利益的角度出发,原则上不撤销许可,只有在无法通过追认、补正程序使相对人满足法定条件的情形下,才予撤销;而当违法责任归于相对人时,被许可人不存在值得保护的信赖利益,原则上应当撤销许可。同时还应单独评价其违法行为,作出罚款、没收违法所得等处罚决定。

基于以上分析,在此将行政许可撤销的三层次审查标准作整体归纳:首先,明确行政许可撤销制度的基本功能是对错误的准予许可行为进行纠正,核心要素是对被许可人条件和资质的审查。据此,明确决定是否撤销许可的根本标准是判断相对人现在是否符合法定许可条件。其次,以信赖保护原则和比例原则限制行政机关的自由裁量权。其中,信赖利益保护主要表现为行政机关存在过错时严格的撤销条件。最后,体现依法行政原则。对于存在的违法性要素,行政机关不能视而不见,应当对其进行纠正。

(四)完善行政许可撤销程序

1. 规定正式听证程序

"行政听证制度是正当法律程序的核心,是正当法律程序法治理念的具体化、规范化。"①随着我国行政理念的转变,行政过程不再是政府向相对人施加义务或责任的单向行为,而是转变为在协商基础上承认政府治理具有一般合理性的双向行为。引入听证程序为行政机关和相对人进行理性交流搭建了一个制度平台。基于此,建议在《行政许可法》中规定,拟作出撤销决定的,当事人可以申请正式听证程序,行政机关应当在撤销许可涉及重大利益关系时举行听证会,并由被许可人、利害关系人、行政机关三方参与。需要明确,此处的"利益关系"包括公共利益和私人利益。

① 章剑生:《行政听证制度研究》,浙江大学出版社 2010 年版,第 11 页。

首先，对于公共利益。毋庸讳言，政府具有维护公共利益的法定职责，与此同时，现代民主政治关注公民权与行政权的良性互动，希望公民更多地参与到政府治理过程中。故在行政程序中，对于由行政机关释明的“公共利益”，也应当加入社会性元素。其次，对于私人利益，主要是重大经济利益，被许可人、利害关系人享有通过正规的听证程序来申明立场、表达诉求、要求行政机关给予合理解释并进行质疑、辩驳的请求权。

2. 引入追认和补正程序

除基于程序正当原理赋予相对人、利害关系人申请听证的权利，以更好地促进其与行政机关相关意见的不断磨合外，基于法的安定性原则，还可以考虑引入违法行为治愈理论。通过追认、补正等程序消除合法性瑕疵，维系许可行为的法律效力。

具体而言，违法行政行为的追认是指管辖权欠缺或法律依据本身违法导致行政行为违法时，由有权主体对该违法行为所作的事后认可。补正则指通过弥补违法行政行为所欠缺的合法要件，消除其违法性，并继续维持其效力的制度。[①] 结合《行政许可法》的规定，首先，在行政机关过错所致违法的情况下，如行政机关超越法定职权作出许可决定，可通过具有职权的相应机关对违法许可进行追认，恢复其合法性状态。若行政机关工作人员滥用职权、玩忽职守，或违反法定程序，抑或对不具备资格或不符合条件的申请人准予许可，则可通过行政机关主动要求相对人补正的方式消除行为瑕疵、延续许可效力。其次，在被许可人过错所致违法，即申请人以欺骗、贿赂等不正当手段取得行政许可的情况下，应当严格限定补正程序的适用范围——不能侵害公共利益或第三人权益，且通过补正达到许可的实质性要求。同时，还应对其之前的违法行为给予行政处罚等法律评价。

六、结语

本文关于行政许可撤销制度的探讨，仅是在实定法框架、实践与理论互动中展开的一点不成熟的思考。当下，行政机关不当撤销许可引发的纠纷逐渐增多，严重影响行政许可法治秩序。对此，我们不能止步于概括性的现象描述，对撤销许可适用空间如何定界的关键问题置之不理。应当明确，撤销许可的前置条件不是存在违法要素，而是被许可人不符合法定条件或不具备法定资格。从制度层面看，该标准的确立有赖于《行政许可法》等实体法规范的进一步完善。当然，行政许可撤销制度的实施能够在多大程度上与其功能定位相契合，还取决于行政机关的权力逻辑。

① 参见张峰振：《违法行政行为治愈论》，中国社会科学出版社 2015 年版，第 21～22 页。

Problems in the Implementation of the Administrative Licensing Revocation System and Suggestions for Improvement

Tian Yujie

Abstract: The revocation of illegal acts results from the principle of administration according to law, but in the field of administrative licensing, the revocation of illegal benefits is also subject to the principle of reliance protection. Therefore, the administrative rule of law and the protection of reliance interest have generated a tense relationship, which has led to many controversies. Practice reflects that in certain circumstances, administrative organs are negligent in performing the duty of revocation, and they don't comply with the principle of reliance protection and due process. The reasons for this lie in the lack of a declaration of the licensee's application for revocation, the inaccuracy of the legal circumstances for revocation, and the legislative omissions in the revocation procedure. In this regard, breakthroughs should be made in terms of clarifying that the administrative organ has the legal duty to revoke a false license, clarifying the necessary conditions for revocation of an administrative license, restructuring the review criteria, and improving the revocation procedure.

Keywords: Administrative license; Revocation system; Revocation circumstance; Revocation procedure; Review criteria

(责任编辑:余媛媛)

确认无效诉讼的特殊起诉期限

——从郭某新案*中的“适当期间”展开

王昱坤**

摘　要　最高人民法院在郭某新案中创造性地提出了确认无效诉讼应于“适当期间”内提起的观点,但说理不足导致其个案适用的僵化。为增强“适当期间”作为司法规则的灵活性和包容性,须厘清其概念内涵和价值基础。应从权利保护的特别需要和法律秩序安定性出发,阐释“适当期间”作为时限的超越性和有限性,通过法律解释明确其适法性,并围绕法律事实澄清的可能性、个案纠纷解决的净收益、权利保护的正当性以及救济途径的唯一性,塑造“适当期间”作为起诉期限审查规则的可操作性和可靠性。

关键词　适当期间　确认无效诉讼　起诉期限　成本收益分析

一、引言

自2000年《最高人民法院关于执行〈中华人民共和国行政诉讼法〉若干问题的解释》确立确认无效判决后,我国逐步明确了行政行为无效诉讼的地位及其配套机制,但起诉期限问题仍悬而未决。法律规范的不明朗与立法者的克制①,以及最高人民法院在这一

---

* 参见最高人民法院行政裁定书,(2016)最高法行申2233号,载北大法宝网,https://www.pkulaw.com/pfnl/a25051f3312b07f316f202248d5f9a5bc5a8c5295133c4c1bdfb.html。

** 王昱坤,清华大学法学院宪法学与行政法学专业2023级硕士研究生。本文获中国政法大学第二届“继来法视界杯”全国法学征文大赛一等奖。

① 确认无效诉讼理论上不受起诉期限限制,但立法未明文规定,鉴于此为新制度,需司法实践积累经验,可由司法解释规定。参见信春鹰主编:《中华人民共和国行政诉讼法释义》,法律出版社2014年版,第200页;童卫东:《进步与妥协:〈行政诉讼法〉修改回顾》,载《行政法学研究》2015年第4期。

问题上的反复[①],使司法实践呈现割裂的态势,并形成“确认无效诉讼应受法定起诉期限的限制”[②]与“确认无效诉讼不受起诉期限的限制”[③]这两种认知。在主流裁判进路外,最高人民法院在郭某新等人诉淄博市博山区人民政府解除聘任关系案(以下简称郭案)中创造性地提出了确认无效诉讼须于“适当期间”内提起的观点。[④]

从功能上看,无论是应受起诉期限限制的“法定期限”说,还是须于适当期间内起诉的“适当期间”说,抑或是不受起诉期限限制的“无起诉期限”说,均属确认无效诉讼起诉期限的审查规则。这些主张的区别反映了学者与法官在平衡权利保护与法律秩序安定上的不同价值侧重。例如,支持“无起诉期限”说的学者通常基于大陆法系的无效行政行为理论,强调确认无效诉讼的独立性,[⑤]并在此基础上,通过比较论证、规范解释申明“无起诉期限”在确认无效诉讼中制度化的必要性。[⑥] 而“法定期限”论者更看重实定法,关注法的安定性和社会秩序的稳定,反思确认无效判决在权利救济上的实效性。[⑦]

但总体而言,确认无效诉讼的起诉期限仍模糊不清,两种主流观点都难以实现“明媒正娶”的融通感,[⑧]其分歧与对立进一步加剧司法实践的割裂。在这一现状下,最高人民法院在郭案中引入“适当期间”概念,试图寻找权利保护和法律秩序安定的平衡点。不同于简单的折中,“适当期间”作为个案裁量规则,能够赋予法官灵活处理起诉期限问题的空间,相较于主流观点事前权衡的刚性,更能体现出对个案正义的深刻关注。

然而,由于最高人民法院对“适当期间”的阐释较为宽泛,也未给予具体的判断标准,其可操作性被削弱,多数法院直接照搬郭案的说理,[⑨]怠于行使裁量权。又因为郭案中关

---

① 最高人民法院在这一问题上的认识,可以归纳为确认无效诉讼不受起诉期限限制和应受起诉期限限制两种截然二分的态度。前一种观点参见最高人民法院行政审判庭编著:《最高人民法院行政诉讼法司法解释理解与适用》,人民法院出版社 2018 年版,第 438、776 页。最高人民法院于 2018 年 9 月 10 日作出的《最高人民法院对十三届全国人大一次会议第 2452 号建议的答复》也持此种观点。后一种观点参见最高人民法院第一巡回法庭于 2018 年 7 月 23 日作出的《关于行政审判法律适用若干问题的会议纪要》。

② 最高人民法院行政裁定书,(2017)最高法行申 8558 号;海南省高级人民法院行政裁定书,(2019)琼行终 482 号。

③ 最高人民法院行政裁定书,(2018)最高法行申 2496 号;四川省乐山市中级人民法院行政判决书,(2021)川 11 行终 58 号。

④ 参见最高人民法院行政裁定书,(2016)最高法行申 2233 号。更早的关于确认无效诉讼应于“适当期间”内提起,以维护法律秩序安定性的观点,参见林腾鹞:《行政诉讼法》,台北,三民书局股份有限公司 2008 年版,第 138 页。

⑤ 参见金伟峰:《建立我国行政诉讼中的确认无效诉讼制度》,载《政法论坛》2005 年第 3 期;张青波:《拒绝权视角下的无效行政行为》,载《环球法律评论》2019 年第 3 期。

⑥ 参见杨彬权、王周户:《域外行政诉讼起诉期限制度比较研究——兼论对我国行政诉讼起诉期限的修改与完善》,载《河北法学》2014 年第 4 期;梁君瑜:《论行政诉讼中的确认无效判决》,载《清华法学》2016 年第 4 期;王宏宇:《从起诉期限看确认无效判决功能定位的转化——以新〈行诉解释〉的观点转变为视角》,载《内蒙古社会科学》2020 年第 2 期。

⑦ 参见余凌云:《行政法讲义(第 3 版)》,清华大学出版社 2019 年版,第 267 ~ 268 页;张浪:《行政诉讼中确认无效之诉的问题探讨》,载《法学论坛》2017 年第 2 期。

⑧ 参见胡建淼:《“无效行政行为”制度的追溯与认定标准的完善》,载《中国法学》2022 年第 4 期。

⑨ 参见河南省高级人民法院行政裁定书,(2018)豫行申 1686 号;贵州省高级人民法院行政裁定书,(2017)黔行终 1449 号。

于"适当期间"的说理仅发挥了排除超期诉讼的功能,各地法院机械式的描摹使其只被用于驳回原告的起诉,[①]这导致"适当期间"在促进案件超期受理和保护权利方面的功能相当有限。

鉴于此,许多学者对"适当期间"的应用持谨慎态度,认为它是确认无效诉讼起诉期限的一种补充观点。[②] 也有学者结合权利保护必要性理论和法的安定性原则来丰富"适当期间"的内涵,以增强其可操作性。[③] 然而,现有讨论虽有助于澄清"适当期间"的含义,但并未充分论证其正当性,也未就如何完善"适当期间"这一审查规则提供明确的指引,使其难以在个案中指导法官开展具体裁量。

因此,为了充分发挥"适当期间"的包容性和灵活性,凸显其相较于"法定期限"和"无起诉期限"的优势,减少司法裁判的不确定性,本文将从"适当期间"的理论基础和规则构造入手展开研究。通过阐释"适当期间"作为时间限制的内涵与外延,明确其正当性基础,并将考虑因素有层次地嵌入审查流程中,据此完善"适当期间"的裁量路径,提高其可操作性、合理性与实效性,以期促进确认无效诉讼背景下权利保护的理性化和司法裁判的明确化。

二、作为时限的"适当期间"何以证成:规范解释与裁判说理

"根据一般诉讼原理,请求确认行政行为无效,仍须于适当期间内提起,如果时过境迁又重提旧事,则难以维持法律秩序的安定,亦可能导致滥用诉权的风险。"最高人民法院在郭案中阐释了"适当期间"作为公民行使行政诉权之"时间限制"[④]的本质。"一般诉讼原理""法律秩序的安定"等概念为进一步厘清"适当期间"的独立价值内涵提供参照,揭示其作为时限的超越性、有限性和合法性。

(一)超越性:个案中权利保护的特别需要作为充分理由

同样作为提起行政诉讼的时间限制,"适当期间"给予原告的时限利益应不低于"法定期限"。这意味着在期间呈现上,"适当期间"作为可变期间,起点与法定起诉期限一致,终点依个案而确定,且不应早于个案中法定起诉期限届满的时间节点。[⑤] 不过,这种

---

① 相对人起诉时超出法定起诉期限的长则20年,短则1年,参见青海省西宁市中级人民法院行政裁定书,(2020)青01行终97号;黑龙江省林区中级人民法院行政裁定书,(2017)黑75行终7号。

② 参见李政洋:《我国确认无效诉讼没有起诉期限之考辨——兼评行政诉讼法司法解释第162条的合法性》,载《行政法学研究》2021年第5期;梁君瑜:《实然与应然:确认无效诉讼的起诉期限辨析》,载《行政法学研究》2021年第1期。

③ 参见刘春:《确认无效诉讼起诉期限的司法填补》,载《行政法学研究》2019年第3期。

④ 林俊盛:《行政诉讼起诉期限制度研究》,法律出版社2014年版,第22页;王万华:《新中国行政诉讼早期立法与制度——对104部法律、行政法规的分析》,载《行政法学研究》2017年第4期。

⑤ 法院无须在个案中描述"适当期间"的时间范围,只需说明特定案件中当事人提起诉讼的时点是否处于本案的"适当期间"。若处于"适当期间"内,则"适当期间"应不短于当事人提起诉讼所经过的期间;若处于"适当期间"外,则"适当期间"应短于当事人提起诉讼所经过的期间。

超越性并非不言自明,仍需进一步证明其合理性。

首先,“适当期间”不短于法定起诉期限是确保诉讼转化机制有效运行的必然要求。倘若个案中“适当期间”短于法定起诉期限,那么对于原告在“适当期间”外、法定起诉期限内就重大明显违法行政行为提起的撤销诉讼,法院应依据《最高人民法院关于适用〈中华人民共和国行政诉讼法〉的解释》(以下简称《行诉解释》)第 94 条作出确认无效判决,但又因起诉超出了“适当期间”,法院只能驳回起诉。这将背离诉讼转化机制的初衷,限缩了原告的起诉权,使原告额外承担判断“适当期间”的成本,有损于原告的诉讼权利保护。①

其次,“适当期间”不短于法定起诉期限意味着它能在个案中提供相较于后者更长的救济期间。对此,有两种理论主张能够提供不同程度的支撑。

第一,对行政行为进行纠错作为“适当期间”超越法定起诉期限的理由。行政纠错的必要性与行政行为违法的程度相关,相较于一般行政违法,重大明显违法的行政行为严重损害行政机关的权威和公信力,更具超期纠错的实益。不过,行政纠错未必是“适当期间”超越法定起诉期限的充分理由。一方面,相比于诉讼纠错,通过非诉讼途径督促行政机关自我纠错能更实质地达成纠错目标;另一方面,将超期受理与行政行为违法的重大性和明显性相关联,需要法院在起诉期限审查阶段全面审查被诉行政行为的合法性,以判断个案的“适当期间”能否超越法定起诉期限。然而,这种实体审查的前置有违“先程序后实体”的审查原则。因此,对行政行为进行纠错的需求并不能提供充分的论据支撑。

第二,个案中权利保护的特别需要作为“适当期间”超越法定起诉期限的理由。起诉期限制度是行政效率与行政诉权保障的统一,②法律规定的一般起诉期限和最长起诉期限旨在实现权利保护和法律秩序安定在社会总体意义上的平衡。但这种全局性的预设并非绝对不可变通。《民法典》第 188 条中“特殊情况”对最长诉讼时效的突破、《刑法》第 87 条对最长追诉时限的核准延长,都说明了变通固定期限以适应个案情形的必要性。同样,日本《行政事件诉讼法》第 14 条在各类固定起诉期间的规定后附上“有正当理由的不在此限”③的但书,将判断“正当理由”的个案裁量权授予法院。

尽管我国行政诉讼制度未明确规定突破法定起诉期限的情形,但在确认无效诉讼起诉期限不明确时,可以考虑适用变通起诉期限的一般原理。在变通事由的选择上,为避免对起诉期限制度的内在机制产生背离,任何对起诉期限的突破都应基于权利保护的需要。然而,突破法定起诉期限虽能拓展原告实现实体权利的空间,但由于受到司法裁量

---

① 参见刘春:《确认无效诉讼起诉期限的司法填补》,载《行政法学研究》2019 年第 3 期。

② 参见林莉红:《行政诉讼法学(第 5 版)》,武汉大学出版社 2020 年版,第 179 页。

③ 何海波编:《中外行政诉讼法汇编》,商务印书馆 2018 年版,第 749 页。

的影响,其结果具有不确定性,而法律秩序的安定性和行政活动的稳定性在超期审理之时即受扰动。

因此,在不确定的权利保护结果与确定的法律秩序受扰动之比较下,以个案权利保护为由突破法定起诉期限应有特别的需要。实体权利的重大性便是产生这种特别需要的重要前提。① 例如,当原告诉请涉及基本权利的救济时,即使诉讼结果尚未可知,若能证明个案权利保护的需求大于法律秩序的安定,法院也有超期审理的正当性。②

综上所述,在确认无效诉讼适用法定起诉期限缺乏坚实的制定法基础时,权利保护作为起诉期限制度的内在价值,权利内容的重大性可作为个案突破法定起诉期限更实质和充分的理由。同时,权利保护的特别需要作为"适当期间"超越性的价值基础,在个案适用中不断丰富公民权利救济的途径,亦契合各国制定和完善行政诉讼起诉期限制度的核心目的。③

(二)有限性:法安定性和社会秩序稳定的要求

权利保护的特别需要松动了法定起诉期限固化的利益状态和救济期间,但这并不代表其对"适当期间"的拓展是无止境的。最高人民法院在郭案中明确了"适当期间"维系法律秩序安定的功能,使法的安定性作为"适当期间"的一项价值,区别于"无起诉期限"的主张。其中,对法的安定性原则的理解,包括法律体系本身的安定性和通过法律达成的安定性。④

首先,无论是基于权利保护的特别需要,还是借由无效行政行为理论突破法定起诉期限以贯彻个案正义,都要受到法律体系安定性的制约,不能违背法安定性下的依法裁判原则,否则将破坏立法与司法之间的联系。⑤ 而法律体系安定性的前提是法律规范的明确性和可预测性。⑥ 尽管现有法律规则在确认无效诉讼的起诉期限上缺乏明确性,但从现有起诉期限皆为有限期间的特征来看,行政诉讼总体上排斥了无期限的法律救济。因此,照搬无效行政行为理论进行无期限的法律救济将产生不可兼容的制度风险;而适用"适当期间",出于权利保护的特别需要进行超期救济时,应至少保持起诉期限制度体系最低限度的安定性,为"适当期间"预设边界。

其次,从法律调控社会的功能看,通过法律达成的安定性意味着基于法律形成的社

---

① 需要补充的是,实体权利的重大性反映了权利保护的必要性,与行政行为违法程度无必然联系。一方面,权利值得保护的程度取决于其在个案中的利益状态,这与行政行为的内容密切相关;另一方面,个案中权利受损的事实既成,行政行为的违法程度并不影响权利的事实状态,这是因为一般违法和重大明显违法的区分基于行政行为本位而非权利本位。

② 参见何海波:《司法决策的合法性:以尚俊俊"被结婚"案为例》,载《中外法学》2023 年第 6 期。

③ 参见[日]藤田宙靖:《行政法总论》(下卷),王贵松译,中国政法大学出版社 2023 年版,第 416 页。

④ 参见[德]阿图尔·考夫曼:《法律哲学》,刘幸义等译,法律出版社 2011 年版,第 202 页。

⑤ 参见雷磊:《法律方法、法的安定性与法治》,载《法学家》2015 年第 4 期。

⑥ 参见[德]哈特穆特·毛雷尔:《行政法学总论》,高家伟译,法律出版社 2000 年版,第 106 页。

会关系与社会秩序趋于稳定。为此,在不阻碍原告合理寻求救济的前提下,有必要明确救济期限的边界,在期限届满后“赋予行政行为存续力,即使行政行为可能存在瑕疵”①。这种行政行为的形式存续力或形式确定力源自司法判决确定力的制度移植。② 法的安定性贯穿这一过程,并成为行政行为确定力的理论依据。③ 因此,明确“适当期间”的边界性,是调和权利保护需要与通过法律达成的安定性的必然要求。

不过,部分学者认为,存在重大且明显瑕疵的行政行为“不再适用法的安定性原则,而应当适用实质的正当性原则”④,因而“任何情况下,一个自始无效的行政行为都不可以通过期限被耽误,而获得一种‘确定力’”⑤,对其提起的诉讼不受期限的限制。究其原因,行政行为的效力是促成一定法律效果的形成力⑥,但重大且明显违法的行政行为自始无法通过合法性审查获得效力,其法律效果缺乏稳固的根基,形式存续空泛,反而是对法安定性所蕴含的秩序价值的形式化和浅薄化。

然而,这一论断对法安定性的“驱逐”,忽视了实践的复杂性。申言之,无效行政行为的有效性和安定性的丧失,势必会损害该行为上依法“繁衍出来的其他行为和关系”⑦的利益稳定,但这并不意味着衍生关系会随之无效或失去安定的必要。无限制地追求个案公正可能损害更广泛的、其他特定事项的公正性,有违诚信原则,并滋生权利滥用的风险,⑧甚至无法保障公共秩序这一更大的公正。⑨

此外,由于无效行政行为由法院终局判断且裁量空间较为宽泛,前述嗣后法律关系的衍生在现实中难以阻断,并随着时间发展变得日益复杂。如此一来,当衍生关系的利益状态被纳入起诉期限审查的考量时,不受期限限制的救济将受到挑战。更何况,诉讼法上对无效行政行为的处理规则较为刚性,不宜无期限地开展实体审查。例如,在司法裁判中,对于是否撤销违法行政行为,法院还需依照《行政诉讼法》第 74 条第 1 款第 1 项,结合公共利益和衍生关系的安定性价值作出进一步的判断;而确认行政行为无效的处理较为刚性,不存在二次衡量的空间,且法院嗣后对衍生利益的司法政策控制,⑩不及事前考虑周全而徒增成本。由此,无论是确认无效诉讼处理规则的刚性,还是时过境迁

① [德]哈特穆特·毛雷尔:《行政法学总论》,高家伟译,法律出版社 2000 年版,第 251 页。

② 参见赵宏:《从存续性到存续力——德国行政行为效力理论的生成逻辑》,载《法商研究》2007 年第 4 期。

③ 参见叶必丰:《行政行为原理》,商务印书馆 2022 年版,第 87 页。

④ 所谓实质的正当性原则是从行政行为的合法性要件判断行政行为的效力,法的安定性原则则是从法律秩序的稳定性去推定行政行为的效力。[德]哈特穆特·毛雷尔:《行政法学总论》,高家伟译,法律出版社 2000 年版,第 251 页。

⑤ [德]弗里德赫尔穆·胡芬:《行政诉讼法(第 5 版)》,莫光华译,法律出版社 2003 年版,第 326 页。

⑥ 参见章志远:《行政法学总论(第 2 版)》,北京大学出版社 2022 年版,第 233 页。

⑦ 余凌云:《行政法讲义(第 3 版)》,清华大学出版社 2019 年版,第 267 页。

⑧ 参见李惠宗:《行政法要义(第 6 版)》,台北,元照出版有限公司 2012 年版,第 623 页。

⑨ 参见黄全:《无效行政行为理论之批判》,载《法学杂志》2010 年第 6 期。

⑩ 参见李政洋:《我国确认无效诉讼没有起诉期限之考辨——兼评行政诉讼法司法解释第 162 条的合法性》,载《行政法学研究》2021 年第 5 期。

后司法决策成本的上升，都揭示了确认无效诉讼制度的有限性，以及法安定性作为实现个案正义的成本，筑起了“无起诉期限”主张不可逾越的藩篱。

最后，法安定性的价值是通过否认“适当期间”外案件的可受理性来实现的，但这并不妨碍原告向有监督权的行政机关申请监督确认行政行为无效，[①]且衍生关系的利益状态在此过程中也能被充分考虑。

（三）合法性：法规范的解释赋予司法能动性

事实上，立法者在引入确认无效诉讼并逐步完善其配套机制时，已预见起诉期限规则不明可能导致的司法难题。但由于缺乏制度实施的经验，故提出“需要司法实践积累经验，有关起诉期限先可由司法解释来作出规定”[②]。尽管之后的几次司法解释都未直接回应这一问题，但从立法的演进来看，确认无效诉讼并未迎合“法定期限”和无效行政行为理论下“无起诉期限”的主张，而是有意识地形成了有关起诉期限规则的法律漏洞。[③]基于此，“适当期间”作为从个案中提炼出的起诉期限审查规则，可视为立法者所言司法实践积累的阶段性成果，其存在具备填补法规范漏洞的正当性。此外，通过《行诉解释》第 94 条和第 162 条的规范解释，剖析立法者可能接受的起诉期限审查规则的特征，亦能阐释“适当期间”在内容表达上的合规范性。

第一，现行《行诉解释》第 94 条规定了撤销诉讼和确认无效诉讼的衔接机制，看似是对撤销诉讼起诉期限审查规则的复述。但基于立法成本的考虑，不存在完全复述的条款，每一条法律规定都应有其功能，故有必要探寻该条中隐含的规范内容。沿着这一思路，应先明确该条作为提示性条款的定位，反映了立法者对司法实践中大量超出法定起诉期限提起的确认无效诉讼这一现状的认知，提示法院在起诉期限尚属不明的规范背景下，遵循先超期受理、后实体审查、再进行诉的转换和二次期限审查的流程，并未直接表达对起诉期限审查规则的倾向。

不过，倘若立法者在制定该条时支持“法定期限”的观点，那么确认无效诉讼向撤销诉讼转化后的二次期限审查机制便显得十分突兀，且将随着“法定期限”的立法明确而失去实益，徒增立法成本。倘若立法者倾向于“无起诉期限”或“适当期间”的观点，则该条款中的二次期限审查可作为配套机制，为后续两种主张的制度化铺路。因此，若认为《行诉解释》第 94 条是立法者基于充分理性而制定的，那么“无起诉期限”“适当期间”的主张更能衬托该条款的独特价值和立法的连贯性，从而更易被立法者接受。

第二，《行诉解释》第 162 条关于确认无效诉讼起诉期限审查的硬性规定客观地反映

① 参见胡建森：《行政法学（第 5 版）》，法律出版社 2023 年版，第 995 页。

② 信春鹰主编：《中华人民共和国行政诉讼法释义》，法律出版社 2014 年版，第 200 页。

③ 参见刘春：《确认无效诉讼起诉期限的司法填补》，载《行政法学研究》2019 年第 3 期。

了立法者的基本态度,即确认无效诉讼的起诉和受理的期限应有限度。“适当期间”和“法定期限”主张为诉权行使设置时间限制,符合这一基本意图,“无起诉期限”的主张则过于刚性而难以与之契合。

由此,将前述规范解释的结果取交集,可以发现“适当期间”是立法者更易接受的起诉期限审查规则,能够充分激发前述两项条款的规范功能,不违背现有诉讼制度设计的初衷。

三、作为规则的“适当期间”何以构建:考虑因素的层次化

作为起诉期限审查的特殊规则,“适当期间”要求法院对案涉的多种利益或相冲突的价值进行衡量与取舍,这不可避免地涉及实体上的裁量。为了保证受理条件审查的效率,应先审查原告是否在法定期限内起诉,这是绝对的“适当期间”。一旦超过法定期限,需待其他受理条件皆满足后,再开展是否处于“适当期间”内的审查,按层次审查各项因素,决定案件是否应进入实体审理。

(一)法律事实应具备澄清的可能性

超过法定起诉期限的诉请进入实体审理的前提是被诉行政行为具备法律上的澄清可能性,这是为了避免缺乏关键事实或证据证明力、当事双方举证能力大幅下降而导致审理陷入僵局。因此,事实和证据的完备程度影响个案法律事实澄清的可能性,“如果原告耽误了进行法律上澄清的可能性,就有可能缺少法律保护需要”①,而相关事实和证据由原被告双方提供,这涉及行政诉讼中的举证责任问题。

依法行政原则要求行政机关妥善保存执法案卷信息并对行政行为的合法性负举证责任,相关事实证据不因时间经过而当然地丧失澄清的可能性。故行政机关不因时间久远而免除澄清义务,且须承担无法澄清其行政行为相关法律事实的责任。不过,重大明显违法的识别标准基于一般人的认识能力,不会给原告带来过重的举证负担,故有观点主张可由原告承担对行政行为存在重大明显违法情形的举证责任。② 当行政机关因事实根据上的瑕疵,无法完全排除行政行为违法的嫌疑时,将重大明显违法的举证责任转移至原告,既符合案件推进的效率要求,又平衡了原告起诉迟延造成的审理负担。

倘若因时过境迁,被告丧失了足以支撑行政行为合法性的事实证据,而原告也无法证明行政行为无效,法院将陷入对行政行为违法程度评判的困境中。此时,鉴于法律事实不具澄清可能性,为避免司法资源低效耗费和程序空转,应排除原告进入实体审理的资格,认定已超出案件的“适当期间”。

---

① [德]弗里德赫尔穆·胡芬:《行政诉讼法(第 5 版)》,莫光华译,法律出版社 2003 年版,第 326 页。

② 参见金伟峰:《我国无效行政行为制度的现状、问题与建构》,载《中国法学》2005 年第 1 期。

(二)个案纠纷解决的收益应明显高于成本

超出法定起诉期限的起诉不再具有相当的适时性,仅当受理后的特别收益能够明显弥补适时性的损失时,才考虑受理。因此,“适当期间”规则的第二个阶段应审查和判断在何种情形下受理一个适时性缺失的诉请是可接受的。

此时,成本收益分析作为可广泛应用于行政活动以及行政争议解决的法律工具①,能够提供一条实用的司法决策进路。“适当期间”概念包含权利保护和法秩序安定两种价值,可置换为超过法定起诉期限受案的收益与成本。当法院确认行政行为无效后,若相对人获得的收益明显高于对法律秩序造成损害的成本,②即可认定个案处于“适当期间”。需要明确的是,此处成本与收益的比较无须考虑原告的胜诉率,否则将导致实体审查的前置,法官仅需比较判决确认行政行为无效后产生的成本与收益。

这种比较之所以要求个案纠纷解决的收益明显高于成本,是因为法院适用“适当期间”本身即在增加司法运行的成本,落入社会总成本中却难以量化。因此,通过采用明显性判断标准,能够使法官在个案中依其专业性而不过分费力地排除不具有明显收益的案件,尽管会少量削减“适当期间”解决纠纷的净收益,但能显著地降低法官适用“适当期间”的判断成本,有利于提高社会总体的净收益。

事实上,“适当期间”对法定起诉期限的突破要求权利保护的特别需要强于法律秩序安定的需要,只有前述成本收益之间的高低比较具有明显性时,转化为价值强弱的对比才具有显著性。更重要的是,明显性的要求使法官脱离成本与收益精细化比较之累,减少法官的个人负担,有利于“适当期间”这一审查规则的推广和接纳。

(三)权利的保护须具有正当性

在确定个案纠纷解决的收益明显高于成本后,法官基本上能够认可适用“适当期间”受理该诉讼请求的有效性。但仍需注意的是,并非所有有效的诉讼请求都具有正当性。法官仍需审查原告的诉讼请求是否适当,以避免对滥用诉权的不当激励而导致确认无效诉讼起诉期限审查成本的激增。

为此,在“适当期间”第三个阶段的审查中,法官有必要查明相对人耽误起诉的具体原因。倘若原告非因自身原因耽误起诉,应先按照《行政诉讼法》第 48 条将耽误的时间扣除,若起诉仍超出相应的法定起诉期限,原告则因耽误事由的不可责难性而获得权利保护的正当性。若原告因可归责于自身的原因而耽误起诉,法官可根据原告过错的轻重来判断其权利保护的正当性,进而认定该起诉是否处于“适当期间”。

---

① 参见郑雅方:《论我国行政法上的成本收益分析原则:理论证成与适用展开》,载《中国法学》2020 年第 2 期。

② 成本项包括行政机关将相关事实恢复至行政行为作出前状态的成本,以及第三人因此额外承担的成本。收益项包括纠纷解决后相对人的利益获得圆满恢复后的收益。

这一审查路径明确了“适当期间”中的“适当”不仅应体现在起诉时机上,还应要求起诉本身是适当的、正当的,以确保受理原告诉请和保护权利的结果合理性。

(四)行政诉讼作为解决纠纷的唯一途径的例外

行政争议解决的途径多样但效率不一。当被诉行政行为的可诉性不明时,法官可以预测审理案件所需的司法资源投入其他手段中是否会有更高的收益,或达到同等预期所需的成本是否更低。若法官认为行政诉讼解决个案纠纷的效率是最低的,则该案不具有受理必要性,原告应诉诸更有效的途径。[①] 这种争议解决手段净收益的比较,适当考虑了机会成本,符合成本收益分析的理念。[②]

一般而言,在适用“适当期间”规则审查起诉期限时,有关被诉行政行为可诉性的受案范围审查应已完成,无须再对行政诉讼解决纠纷的效率进行判断。但当相对人穷尽其他救济手段均无法解决争议,而行政诉讼成为解决纠纷的唯一途径时,其便具有最高的效率性,能够弥补适时性的缺失,只要诉讼解决纠纷存在净收益且法律事实具备澄清的可能,法官便不能以超期为由驳回相对人的起诉。由此,行政诉讼作为纠纷解决的唯一途径构成了“适当期间”的例外情形,解决纠纷的高效性为受理案件提供正当性。

四、“适当期间”何以可靠:基于起诉期限制度的思考

在从时间限制和起诉期限审查规则两个侧面诠释“适当期间”后,这一司法创造的内在价值和实践展开已初步明确,但上述层次化的审查模式能否周全地应对错综复杂的案件事实,仍需实践的检验。因此,有必要将“适当期间”置于撤销诉讼和确认无效诉讼二分的现实语境下,明确其适用范围,并通过复盘郭案进一步检验其可靠性与可操作性。

(一)严格限定“适当期间”的适用范围

“适当期间”创立于确认无效之诉,其适用范围也应限于确认无效诉讼。尽管其平衡权利保护与法秩序安定性的规则具有拓展适用于撤销之诉的潜力,但直接适用可能导致两类诉讼的功能界限模糊,在二者判决效果并无二致的情况下,[③]进一步引发对确认无效诉讼独立性的疑问。此外,从最高人民法院在郭案中的说理来看,成文法未明文规定确认无效诉讼起诉期限是“适当期间”这一司法规则产生的契机,而在其他已有法定起诉期限的诉讼类型中进行起诉期限的裁量,将有违依法裁判的要求。

---

① 参见王贵松:《论行政诉讼的权利保护必要性》,载《法制与社会发展》2018 年第 1 期。

② 参见张永健:《法经济分析:方法论 20 讲》,北京大学出版社 2023 年版,第 288 ~ 289 页。

③ 参见王贵松:《行政行为无效的认定》,载《法学研究》2018 年第 6 期。

需要注意的是，引入“适当期间”审查起诉期限这一受理条件时，确实会涉及实体内容的考虑，但这并不意味着对“先程序后实体”原则的偏离。所谓“实体”指向行政行为的合法性，法官在成本收益比较等环节的裁量不等同于合法性审查，即使诉讼被认为在“适当期间”内，也可能在后续实体审查中被驳回。

（二）郭案的复盘与“适当期间”的检验

为了检验本文对“适当期间”规则的发展是否符合其初衷，还需回到郭案中对“适当期间”的可靠性予以验证。

首先，该案中区政府于1996年6月作出解聘行为，相对人于2015年7月2日提起诉讼，历时近20年，远超《行政诉讼法》第46条规定的最长起诉期限，该案涉及的解聘文书、依据的规范性文件等法律事实能否澄清存疑。即使证据保存完好，确认解聘行为无效后，相对人的工作关系难以直接恢复，仍需通过法定程序，其中涉及的人事考核、安排、补偿等成本巨大。此外，考虑到该案涉及99名相对人，确认20年前的人事变动无效也将给区政府的内部行政管理带来显著冲击。因此，该案在法律澄清的可能性上有争议，且纠纷解决难以获得净收益。

其次，相对人称之前多次要求立案未果，直至新法实施后才获受理。虽然这种法律政策上的原因在一定程度上能够支持相对人起诉的正当性，但仍难以弥补纠纷解决收益的较低预期。

最后，尽管我们无法得知相对人是否已穷尽所有可能的救济途径，但对于该类历史久远的公务员管理行为引发的争议，行政诉讼难以成为破解僵局的最终手段。

综上所述，结合文本完善的“适当期间”规则来复现郭案的裁判逻辑，基本能够充分考虑案涉事实，并得出与最高人民法院裁定一致的结果，即郭某新等人的起诉不在“适当期间”内。这也从侧面印证了“适当期间”的可靠性和可操作性。

五、结论

本文尝试提供一个全方位审视“适当期间”的视角，通过对其理论基础和规则构造的探讨，为确认无效诉讼的起诉期限问题的解决提供灵活性与合理性兼具的方案。通过综合法律澄清可能性审查、成本收益分析、权利保护的正当性审查以及对行政诉讼作为唯一解决途径的考量，本文为“适当期间”构建了一个层次化的审查机制，提高其在解决复杂行政争议中的可靠性和可操作性，从而确保实现个案正义与法律体系安定之间的平衡，以期为司法实践提供有益的参考。

The Particular Time Limit for Prosecution of Confirming Invalidation Litigation

—Expanding from the "Appropriate Period" in Guo Mouxin's Case

Wang Yukun

Abstract: The Supreme People's Court creatively proposed in Guo Mouxin's case that confirming invalidation litigation should be filed within a "appropriate period", but its rigid application stemmed from insufficient reasoning. To enhance flexibility and inclusivity, its conceptual connotation and value foundation must be clarified. Starting from the special need of right protection and legal order stability, we should explain the transcendence and finiteness of "appropriate period", clarify its applicability through legal interpretation, and shape its operability and reliability as a rule of reviewing the time limit for prosecution by focusing on legal facts clarity, dispute resolution benefits, rights protection legitimacy and unique relief paths.

Keywords: Appropriate period; Affirmation invalid lawsuit; Time limit for prosecution; Cost-benefit analysis

(责任编辑:赵欣悦)

实证与比较研究方法的运用

醉驾型危险驾驶犯罪出罪事由实证研究

张小莉　赵冠男*

摘　要　通过对我国中部H省一年半醉驾型危险驾驶犯罪出罪数据的分析，发现司法实践中存在量刑不均衡、实质出罪率较低等问题，司法机关并未针对客观危险的有无与程度进行充分论证，笼统得出出罪结论。醉驾型危险驾驶罪的客观危险判断，应当以保护公共交通安全法益的立法目的为核心。构成要件的实质解释为客观危险的判断提供基础性标准，应当允许醉驾行为人例外地反驳立法推定的抽象危险，但书条款的司法适用为客观危险有无及程度判断提供实定法依据，对于实践中频发的醉驾送医案件，根据具体情形分别适用紧急避险、但书条款和定罪免刑条款，以探索醉驾型危险驾驶犯罪的综合出罪路径。

关键词　醉驾型危险驾驶罪　实证研究　出罪事由　综合治理

一、引言

2011年《刑法修正案(八)》以增设第133条之一的方式新增危险驾驶罪，将醉酒驾驶机动车的行为犯罪化，使该行为从行政法的规制对象和交通肇事罪的从严情节转变为独立的罪行。增设该罪之必要性经过了学界的广泛讨论，立法过程中出现的“限定醉酒概念”“增加情节严重的限制条件”等建议，促使其争议焦点从是否增设新罪转移到“醉驾是否一律入刑”的问题上。司法机关内部存在的分歧最终于2013年《关于办理醉酒驾驶机动车刑事案件适用法律若干问题的意见》(以下简称2013年《意见》)(已失效)中得

* 张小莉，湖南师范大学法学院刑法学专业2023级硕士研究生；赵冠男，法学博士、湖南师范大学法学院副教授。本文系2023年最高人民法院司法案例研究课题“新型电信网络下游犯罪典型案例研究”(2023SFAL007)的阶段性研究成果。

以统一,明确该罪应严格适用。

一方面,应当肯定醉驾型危险驾驶罪自设立以来对醉酒驾车等失范行为的遏制效果。“喝酒不开车”日益成为社会普遍认同和支持的文明准则和法治规则。另一方面,醉驾型危险驾驶罪在司法实践中凸显的问题不容忽视。2019 年起诉人数排在第一的罪名是危险驾驶罪,共起诉 322, 041 人,远远高于排在其后的盗窃罪和诈骗罪。① 基于此,刑法学界和实务界围绕醉驾型危险驾驶犯罪如何合理有效地出罪这一问题展开了积极探索,2023 年 12 月 13 日最高人民法院、最高人民检察院、公安部、司法部联合制定的《关于办理醉酒危险驾驶刑事案件的意见》(以下简称 2023 年《意见》)②吸收了多年来的学界意见和实务经验,规范统一了该罪的执法司法标准。

本文立足于 H 省醉驾型危险驾驶犯罪案件的实证分析结论,实质解释该罪的客观构成要件,厘清抽象危险犯的本质和但书条款的功能,讨论紧急避险在该罪中的适用空间,以探索醉驾型危险驾驶犯罪出罪的综合路径。

二、H 省醉驾型危险驾驶犯罪出罪的实证分析

H 省高级人民法院、省人民检察院和省公安厅于 2022 年 3 月 28 日联合发布了《关于办理醉酒驾驶机动车刑事案件若干问题的会议纪要》(以下简称《会议纪要》),对于醉驾型危险驾驶罪的缓刑、定罪免刑、不起诉的适用条件进行了细化规定。2023 年 9 月 19 日,H 省高级人民法院与省人民检察院联合发布的《〈关于常见犯罪的量刑指导意见(试行)〉实施细则》(以下简称《量刑指导》),在《会议纪要》的基础上进一步放宽了缓刑的适用条件。因此,本文的实证研究主要以上述司法文件的发布时间为节点,进行对比分析。

(一)免予刑事处罚

根据 H 省 2021 年 3 月 28 日至 2022 年 9 月 28 日醉驾型危险驾驶犯罪的整体数据来看,4501 件危险驾驶罪案例中仅有 20 件判决免予刑事处罚,占比仅为 0. 4% 。根据中国司法大数据服务网提供的全国危险驾驶罪数据,2019 年全国危险驾驶罪共 274, 028 件,其中免予刑事处罚的案件共 132 件,占比为 0. 61% ,③因此 H 省醉驾型危险驾驶犯罪案件的免予刑事处罚适用率较全国平均水平更低。

---

① 参见《2019 年全国检察机关主要办案数据》,载最高人民检察院网,https://www. spp. gov. cn/spp/xwfbh/wsfbt/202006/t20200602_463796. shtml#1。

② 参见最高人民法院、最高人民检察院、公安部、司法部《关于办理醉酒危险驾驶刑事案件的意见》,载最高人民检察院网,https://www. spp. gov. cn/spp/xwfbh/wsfbt/202312/t20231218_637161. shtml#1。

③ 数据来自中国司法大数据服务网,检索“2019 年一审危险驾驶罪”数据的结果,https://data. court. gov. cn/pages/graphs. html? keyword = %E5%8D%B1%E9%99%A9%E9%A9%BE%E9%A9%B6%E7%BD%AA#。

本文选取了部分免予刑事处罚的判决文书进行了对比分析,发现其具有一定的共性,如被告人均具有如实供述、认罪悔罪等从轻情节,实体法依据多为《刑法》第 133 条之一、第 37 条和第 67 条第 3 款。但不同案件也存在较大差异,具体情况如表 1 所示。

表 1 定罪免刑部分案例案情对比

案号	血液酒精含量/(mg/100ml)	损害后果	车辆	场所	从重情节	其他从减轻情节
(2021)湘 1127 刑初 85 号	113.3	无	小轿车	城市道路	曾因酒驾受过行政处罚	
(2021)湘 1127 刑初 192 号	123.4	两车受损	小轿车	城市道路		赔偿损失,取得谅解
(2021)湘 0527 刑初 75 号	199.2	无	小轿车	城市道路		主动投案,为寻找车位短距离驾驶
(2021)湘 1127 刑初 80 号	177.2	无	小轿车	收费站口		初犯、偶犯,坦白、立功、认罪认罚
(2021)湘 1024 刑初 230 号	152.4	无	小轿车	城市道路	处于驾驶证扣留期间、机动车未检	
(2021)湘 1127 刑初 59 号	267.5	两车受损	小轿车	城市道路		取得谅解,重大立功
(2021)湘 0991 刑初 80 号	167.5	行人受伤	小轿车	城市道路		取得谅解,立功
(2022)湘 0502 刑初 101 号	103.3	无	小轿车	高速公路		事发突然、情况紧急

一方面,上述 20 件判处免予刑事处罚的案例的具体情节差异明显,尤其表现为血液酒精含量数值跨度较大,最低值为 84.2mg/100ml,最高值为 267.5mg/100ml。大部分案件仅根据被告人具有坦白、认罪认罚等情节,直接得出"犯罪情节轻微"的结论,文书说理部分并未对具体案件所造成的抽象危险程度进行分析,亦未对适用定罪免刑条款的理由进行论证。甚至在部分案例中,行为人存在明显的从重处罚情节且其血液酒精含量较高,但依然被免予刑事处罚。因此,司法机关虽然适用了定罪免刑条款,但存在说理模糊、论证不清的问题,通过直接排列存在的法定或酌定的从轻或减轻情节,笼统得出结论,无法与同时期判处实刑的类案相区别。

另一方面,可以说司法实践相比于实体规范更加宽松。尽管《会议纪要》第 8 条规定,只有当醉酒驾驶机动车的行为人,不存在任何从重处罚情节,且认罪悔罪,血液酒精含量低于 160mg/100ml 时,才可以免予刑事处罚,但从上述免予刑事处罚的判例中可以看到,在行为人的血液酒精含量数值远高于前述标准,且存在曾受过酒驾行政处罚、造成交通事故、无证驾驶无牌车辆等各种从重处罚情节的情况下,司法机关并未直接排除免予刑事处罚的适用可能性。因此,实践中应该摒弃只要行为人血液酒精含量数值达标或出现任一从重情节,便直接得出有罪判决或予以刑事处罚的结论的做法,而应当积极审查全案事实,予以合理出罪。

(二)相对不起诉出罪的情况及理由

第一,H 省一年半内总体不起诉情况。本文依托北大法宝数据库,将文书类型设定为"不起诉决定书",案由设定为"危险驾驶罪",全文检索关键词"酒精"或"乙醇",检察院设定为"H 省",时间限制在"2021 年 3 月 28 日至 2022 年 9 月 28 日",共检索到关于醉驾型危险驾驶罪的 2902 份检察院不起诉决定书。依照上述关键词,将文书类型包含"起诉书"后,共检索到关于醉驾型危险驾驶罪的 9276 份检察文书。因此,H 省 2021 年 3 月 28 日至 2022 年 9 月 28 日,关于该罪的相对不起诉率约为 31.3%。而东部 Z 省 2018 年至 2021 年该罪的不起诉率分别为 37.3%、42.7%、48.6%、48.9%[①],西部 G 省 2020 年醉驾案件不起诉率达到 54.57%[②]。因此,H 省整体的不起诉制度适用率在全国范围内来看,并非位于前列,甚至低于 Z 省 2018 年的醉驾不起诉率。

第二,采用上述同样的检索方式,检索到 H 省人民检察院以 2021 年、2022 年各半年内的不起诉数据变化,如表 2 所示。

表 2 不起诉案例数据对比

时间	检察文书总数/件	不起诉决定书数量/件	不起诉率/%
2021 年 3 月 28 日至 9 月 28 日	4278	1278	29.9
2022 年 3 月 28 日至 9 月 28 日	81	28	34.6

可以看到,2022 年 3 月 28 日至 9 月 28 日,H 省人民检察院不起诉率同比上升 4.7%,短时间来看,《会议纪要》对检察机关不起诉实践具有一定的促进作用。根据《会议纪要》第 8 条的规定,醉酒驾驶机动车的,无从重处罚情节且血液酒精含量为 160mg/100ml 以下,可以不起诉或者免予刑事处罚。同时,由于《量刑指导》规定的从重处罚情节较《会议纪要》要求更加宽松,因此适用不起诉或免予刑事处罚的概率更高,出罪空间进一步扩张。

2023 年《意见》又在《量刑指导》的基础上进一步扩张出罪空间,2023 年《意见》第 13 条规定,对公安机关移送审查起诉的醉驾案件,人民检察院综合考虑犯罪嫌疑人驾驶的动机和目的、醉酒程度、机动车类型、道路情况、行驶时间、速度、距离以及认罪悔罪表现

① 参见王云燕:《浙江省检察院对近两年办理的醉驾案件进行调研分析》,载最高人民检察院网,https://www.spp.gov.cn//llyj/202302/t20230221_603116.shtml。

② 参见赵志锋、许亚斌:《甘肃检察机关落实慎诉理念治理醉驾出新招》,载《法治日报》2021 年 8 月 23 日,第 3 版。

等因素,判断是否属于犯罪情节轻微的情形,从而作出免予刑事处罚或相对不起诉决定。相较《量刑指导》,2023 年《意见》更加宽松,并未设置明确的否定性条件,而选择充分给予司法机关自由裁量权,使之根据具体案件的犯罪事实综合考量,提高了其适用可能性,更具有合理性。

第三,尽管《会议纪要》为检察院作出不起诉决定提供了指引,但在此基础上仍有必要进一步分析不起诉决定的依据,通过对 2022 年 3 月 28 日至 9 月 28 日的 28 份不起诉决定书的梳理,发现其突出特征包括:其一,被不起诉人的血液酒精含量大多在 100 ~ 150mg/100ml;其二,大多数案件的案发是因交警执勤查获,仅有少数案件是源于造成财产损失的轻微交通事故;其三,大多数不起诉决定书在列明基本案情后,在本院认为部分直接认定犯罪情节轻微,辅之坦白、自首、认罪认罚等从轻情节,即根据《刑法》第 37 条、第 67 条第 3 款,《刑事诉讼法》第 177 条第 2 款的规定得出结论。在骆某危险驾驶案①中,检察院考虑了被不起诉人凌晨 3 点驾车的情形;而在邓某某危险驾驶案②中,检察院考虑了被不起诉人邓某某仅为挪车行驶了极短距离,虽发生了轻微剐蹭,但已赔偿损失。因此,尽管在相应司法文件出台后,检察院的不起诉率有一定程度的提升,但是司法机关说理模糊、论证薄弱的问题突出,即便行为人血液酒精含量远超过入罪门槛,且无其他特殊情节,也直接将其认定为犯罪情节轻微,并根据一般性的从轻处罚事由,即得出不起诉的结论,并未针对危险程度作详细分析,司法结论说服力不足,同时与其他判处实刑的类案相比,亦存在同案不同罚的问题。因此有必要细化醉驾型危险驾驶罪客观危险的有无与程度之判断标准,强化司法说理,统一司法标准。

三、醉驾行为危险判断应立足于法益保护目的

(一)法益保护原则之厘清

关于犯罪违法性的实质存在法益侵害说与规范违反说的争议,前者认为违法性的实质是对法益的侵害或威胁,后者认为违法性的实质在于违反法规范或法秩序。两者的差异主要表现在刑罚处罚的界限和实质标准以及违法性判断标准方面。法益侵害说在合理划定刑法的处罚范围与界限、平衡刑法的法益保护机能与自由保障机能、正确评价行为的社会危害性等层面优于规范违反说,也因此成为我国的通说观点。③

尽管法益侵害说在我国占据通说地位,但法益概念的实证化、抽象化、精神化导致其

① 参见湖南省道县人民检察院不起诉决定书,永道检刑不诉〔2022〕37 号。
② 参见湖南省长沙市天心区人民检察院不起诉决定书,长天检刑不诉〔2022〕60 号。
③ 参见张明楷:《新刑法与法益侵害说》,载《法学研究》2000 年第 1 期。

无法充分发挥限制国家刑罚权的功能,丧失立法批判功能。[①] 因此有必要重新审视法益概念,进一步厘清法益保护原则。法益概念分为实质的法益概念和形式的法益概念,前者基于保障国民自由观念,侧重立法批判机能;后者将法益理解为法所保护的利益,确定立法者通过立法欲达到的目的,侧重解释规制机能。二者并非对立关系,尽管法益本身是前实定的,但其要受到刑法保护仍然依靠实定刑法,在明确刑法应当保护什么法益的基础上,讨论刑法条文正在保护什么法益。[②] 因此欲规范醉驾型危险驾驶罪的适用,应当考虑该法设立之初的法益保护目的,以发挥法益在教义学层面的解释规制机能。

醉驾型危险驾驶罪设立之初即面临醉驾行为是否应当一律入罪的分歧,肯定论者依据降低一般预防效果、行刑规范衔接使然、与立法原意冲突和抽象危险犯性质等多重因素,对将部分醉驾行为予以出罪表示反对,因此欲探索醉驾型危险驾驶罪的出罪路径,有必要厘清醉驾行为的可罚性依据,即该罪的法益保护目的。

(二)醉驾型危险驾驶罪的可罚性依据

醉驾行为早期作为行政法的规制对象,在刑法中仅被评价为交通肇事罪的从重情节,增设危险驾驶罪将其作为独立罪行,核心的立法理由在于对危险驾驶的行政治理力度难以应对频发的危险驾驶行为,现行规范不能满足法秩序共同体的安全保障需求。立法原意不在于表面上强化公众对于禁止酒驾的行政规范的遵守意识,而旨在进一步保护醉驾行为所侵害的公共交通安全。醉驾型危险驾驶罪选择抽象危险犯的立法模式,对醉驾行为可能带来的公共交通安全危险提前预防,刑法保护前置化、早期化不仅在于强化公众对于禁止性行为规范的信赖效果,而且在于对特定法益的保护。行为规范的目的依然在于保护法益,同时,刑罚也只能通过保障行为规范效力的方法,达到间接保护法益的目的。[③] 如果行为人的醉驾行为完全不可能产生危害公共交通安全的危险,就不属于该罪所调整的范围,因此有必要对醉酒驾驶机动车的行为事实进行相应的规范评价。

对醉驾这一法益侵害程度较轻微的行为予以过重的法律制裁,反而不利于醉驾行为的治理,在其危害性未达到刑法处罚标准时予以出罪,具有合理性。从法律经济学角度的分析来看,我国每年几十万起的醉驾案件,不仅造成司法资源的浪费,加剧案多人少的实践矛盾,同时将过多的行为人纳入刑事犯罪圈内,产生严重的犯罪标签泛化问题,更加不利于社会稳定。“解决目前中国醉驾难题的最优路径可能不在于增加法律制裁的严厉

---

① 参见申伟、刘蕾:《论法益的宪法基础——兼及〈刑法〉分则之检视》,载《北京科技大学学报(社会科学版)》2023 年第 5 期。

② 参见张明楷:《法益保护与比例原则》,载《中国社会科学》2017 年第 7 期。

③ 参见[德]乌尔斯·金德霍伊泽尔:《法益保护与规范效力的保障:论刑法的目的》,陈璇译,载《中外法学》2015 年第 2 期。

程度,而在于如何从各个方面综合提高法律制裁的精准度”①,因此在明确醉驾型危险驾驶罪的可罚性依据在于醉驾行为对于公共交通安全所造成的抽象危险的基础上,应当立足于法益保护目的实质解释其构成要件要素与实质判断醉驾行为的客观危险程度。

四、醉驾行为的客观危险程度判断

(一)客观构成要件的实质解释

实质解释的基本内容主要包括:其一,必须以法条的保护法益为指导解释构成要件;其二,对构成要件的解释,必须使行为的违法性达到值得刑法处罚的程度;其三,在满足处罚必要性和合理性的前提下,可以对刑法用语作扩大解释。② 通过对醉驾型危险驾驶罪构成要件的实质解释,明确尚未明示的定量因素,将形式上符合构成要件、实际上不具有处罚必要性的行为,排除在犯罪圈之外。

第一,就醉酒状态而言,此前我国司法实践中对于醉酒状态的判断呈现出“唯酒精论”的特征,并不考虑个体的酒精耐受力差异。形式判断醉酒状态使该罪的保护法益变为单纯的行政命令,违背“疑罪从无”的证据规则和责任主义原则。2023 年《意见》第 4 条规定摒弃了过去的“唯酒精论”,按照“血液酒精含量 + 情节”的模式确定入罪标准。醉酒状态的实质应当是行为人不具有安全驾驶能力,故对于醉酒状态的审查,应当合理借鉴日本③等域外国家的经验,具体而言,在行为人血液酒精含量达到 80mg/100ml 的情况下,结合步行回转或单脚直立等人体平衡试验、眼球平视震颤测试、模拟驾驶测试等,实质评价行为人的驾驶能力。同时,2011 年发布的《车辆驾驶人员血液、呼气酒精含量阈值与检验》规定,在不具备呼气或者血液酒精含量检验条件时,可以进行人体平衡试验评价驾驶能力,并在附录文件中详细规定了该试验的操作方法,④表明我国具有开展醉酒状态实质判断的可行性。在行为人确实处于无法安全驾驶的醉酒状态下,再进一步考虑其他情节,如驾驶的时间、场所、距离等各因素,综合判断是否立案。

第二,就驾驶行为而言,启动车辆准备驾驶但尚未驶出、醉酒后启动车辆在驾驶室内睡觉等行为应当被排除在驾驶行为之外。对于在广场、停车场等场所的挪车行为是否属于驾驶行为,浙江省高级人民法院、省人民检察院、省公安厅于 2019 年 10 月 8 日发布的《关于办理“醉驾”案件若干问题的会议纪要》提供了良好的借鉴方案,其认为挪车或为

---

① 陈灿平、温新宇:《醉酒型危险驾驶罪争议问题的法律与经济分析》,载《西北师大学报(社会科学版)》2023 年第 2 期。

② 参见张明楷:《刑法学》,法律出版社 2021 年版,第 75 页。

③ 参见[日]西田典之:《日本刑法各论》,刘明祥、王昭武译,武汉大学出版社 2005 年版,第 37 页。

④ 参见《车辆驾驶人员血液、呼气酒精含量阈值与检验》(GB 19522 - 2010),载国家标准全文公开系统网,https://openstd.samr.gov.cn/bzgk/gb/newGbInfo? hcno = D97F147D8319AA6668C6B1685BD49D0C。

接替驾驶而短暂驾驶的行为不属于危险驾驶罪。2023 年《意见》借鉴了上述规定,对于短距离挪车行为进行了特殊考量,认为在居民小区、停车场等场所挪车、停车入位等短距离驾驶或者接替驾驶机动车的,若不具有任一从重情节,可认定为情节显著轻微危害不大,根据但书条款作出处理。但与上述规定不同的是,显然该意见并未直接排除此类行为构成危险驾驶行为的可能性,而是保留了根据个案情形区别处理的余地。通过实质解释限缩驾驶行为的认定范围,将客观法益侵害性和主观恶性较低的醉驾案件排除在刑事处罚范围之外。同时,行为人即使具有处于驾照停用期间、造成车辆轻微受损等情形,也因不具有适格驾驶行为而不成立犯罪,对于两车受损结果可以通过民事赔偿等进行解决。

第三,就空间场所而言,危险驾驶罪中对"道路"的理解以《道路交通安全法》(以下简称《道交法》)的规定为标准。对于"道路"的判断应当以公共性为实质标准,公共性的本质在于对象的不特定性,即该道路必须允许不特定人员或车辆自由通行,如果仅限制有业务往来或亲友等关系的人员或车辆通行,则因不满足公共性而不符合"道路"这一构成要件要素。《刑事审判参考》第 760 号、第 892 号和第 893 号案例[①]均对如何判断"道路"这一构成要件要素进行了说明,其核心均在于判断涉案区域是否向社会不特定人员开放,对于具有一定规模和较强公共性的农村道路、允许社会车辆通行的校园道路,以及只要社会车辆登记车牌号或者交纳一定费用即可进出的小区道路,因其通行条件并无特定的人身依附关系、对象不特定、范围面向社会大众,均属于"道路"。公共停车场尽管也被纳入"道路"的范围,但仍需以公共道路安全这一受保护法益为指导进行理解。

第四,就驾驶工具而言,根据《道交法》第 119 条规定,机动车是指以动力装置驱动或者牵引上道路行驶的供人员乘用或者用于运送物品以及进行工程专项作业的轮式车辆。对于改装后的重量、时速和外形等达到与机动车同等标准的电动自行车,在没有行政法规明确规定的前提下,不能够认定为机动车。

(二)抽象危险的实质判断

一般认为抽象危险犯所要求的危险仅仅是一般的社会相当的危险,不属于犯罪构成要件要素,进而无须考察并主观归属。通说认为醉驾型危险驾驶罪属于抽象危险犯,但对于是否允许醉驾行为人通过反证否定抽象危险的存在进而出罪存在分歧。否定论者认为,抽象危险犯中的危险仅是一种立法理由,属于拟制的危险,而非构成要件要素,因

---

① 第 760 号案例参见最高人民法院刑事审判第一、二、三、四、五庭主办:《刑事审判参考》第 85 集,法律出版社 2012 年版,第 29~31 页;第 892 号、第 893 号案例参见最高人民法院刑事审判第一、二、三、四、五庭主办:《刑事审判参考》第 94 集,法律出版社 2014 年版,第 1~9 页。

此对于抽象危险的有无无须从司法上进行具体判断。[①] 同时,将抽象危险作为客观构成要件要素进行独立判断的做法,将会混淆抽象危险犯与具体危险犯的界限。[②]

醉驾型危险驾驶罪属于典型的抽象危险犯,应当在个案中实质判断是否存在抽象危险,若可以例外地反驳其立法推定,则即使符合形式上的构成要件,也因不具有抽象危险而出罪,原因在于:其一,从法益保护目的来看,醉驾入刑的初衷在于避免醉驾行为对交通领域其他参与人造成人身或财产的损害或威胁,若醉驾行为不具有使该保护法益陷入危险的可能性,刑法就没有发动的正当性。其二,醉驾行为的危险性属于立法者根据一般的社会生活经验所做的立法推定,不可否认存在形式上符合罪状的描述,但并不具有产生道路交通安全的危险性的行为。其三,抽象危险犯在司法认定过程中通过抽象化进而减轻证明压力,但仍然需要"从一般生活经验出发,考察'有无足以侵害法益的法定行为事实',从而间接地判断是否存在值得刑法处罚的抽象危险"[③]。其四,抽象危险是行为属性的危险与结果属性的危险的统一,所以需要"对'不能安全驾驶'这一行为的危险性和'对公共交通安全造成危险'这一结果意义上的法益侵害危险进行认定"[④]。综上,醉驾型危险驾驶犯罪需要实质判断,而非仅根据行为的形式符合直接肯定犯罪的成立。

对于如何进行抽象危险的实质判断问题,"反证说"主张由被告人举证证明不存在抽象危险,将司法机关的证明责任转移给了被告人,违反刑事诉讼证据规则。在抽象危险犯案件的证明过程中,应当由司法机关积极主动结合具体个案中的行为事实进行审查。一方面,就法益侵害角度而言,符合客观构成要件的行为,经事后判定不具有造成法益侵害或者危险的可能性的,应否定危险状态的形成。另一方面,就规范违反角度而言,抽象危险的成立与否应从义务内容的构建与规范标准的违反进行判断,即只有当行为对法益造成的危险超越了主观注意义务的范围,亦无法为一般社会规范义务措施所消解,法益实害结果只因偶然因素的介入才未发生时,方可认定行为的抽象危险性。[⑤] 结合二者对醉驾型危险驾驶罪进行合理限缩,即行为人无论通过证明对注意义务的遵守,还是未对受保护法益造成危险,均可以否定醉驾型危险驾驶罪的成立。

依靠抽象危险的实质判断厘清醉驾行为的客观危险程度,为醉驾行为的出罪提供了实质性根据。但书条款作为阻却构成要件事由,在醉驾型危险驾驶罪中同样具有适用空

---

① 参见王志祥、黄云波:《论立法定量模式下抽象危险犯处罚之司法正当性》,载《法律科学(西北政法大学学报)》2016 年第 3 期。

② 参见王志祥、融昊:《醉驾行为出罪路径的刑法教义学阐释》,载《北方法学》2022 年第 1 期。

③ 黎宏:《论抽象危险犯危险判断的经验法则之构建与适用——以抽象危险犯立法模式与传统法益侵害说的平衡和协调为目标》,载《政治与法律》2013 年第 8 期。

④ 陈京春:《抽象危险犯的概念诠释与风险防控》,载《法律科学(西北政法大学学报)》2014 年第 3 期。

⑤ 参见李川:《抽象危险犯自身谦抑机制研究——以醉驾案件具体危险犯化认定倾向为视角》,载《政治与法律》2013 年第 12 期。

间,从而在允许抽象危险犯进行例外反驳的实质性依据基础上,为醉驾行为的出罪提供实定法依据。

但书条款的限制犯罪圈之功能总体来说得到了我国刑法理论和司法实务的公认。对于但书条款在醉驾型危险驾驶犯罪中是否存在适用可能性,否定论者认为,血液酒精含量这一客观要素已经将情节显著轻微的行为排除在构成要件之外,[①]具有类型性行为危险的醉驾案件没有需要借助但书予以出罪的情形。[②] 否定论者将但书条款限定在情节犯中,醉驾行为自然不具有适用但书的可能性。但是,危险驾驶罪作为《刑法》分则条文之一,适用《刑法》总则中的但书条款属于应有之义,但书条款不因分则的具体罪名属于抽象危险犯而不得被适用,更不得以条文表述中未明确规定"情节严重"等要求为由而被排斥。

但书条款的司法适用应当恪守在实质解释构成要件时的补充地位,即为司法机关在超越形式解释而适用实质解释构成要件以出罪时提供法律依据,且为避免直接援引但书条款带来的含混式说理问题,应当明确但书条款的具体含义。我国刑法犯罪论采用四要件体系,在该理论体系下的犯罪即指具有社会危害性、刑事违法性和应受惩罚性的行为,但书条款作为犯罪概念的一部分,即从上述三个层面进行出罪探索。因此,但书条款关注的"情节"应当包含影响行为人是否成立犯罪的所有客观要件要素和主观要件要素。

具体而言,对于醉驾行为的危险程度是否达到抽象危险犯的标准,应当结合行为人的血液酒精含量、场所类型、行为时间、驾驶行为等多种因素综合判断,《刑事审判参考》第 896 号案例[③]中所提到的部分参考要素值得借鉴:(1)行为人是否造成现实的危害,即是否发生交通事故及事故的严重程度。对于场所人员流动性低、行为时间为深夜或凌晨、案发源于交警查获、未造成财产损失或人员受伤的,可以认定为不存在抽象危险。即使造成轻微的财产损失或者对个别人员造成轻微的擦伤,若存在血液酒精含量较低等从轻处罚情节,也并不完全排除但书条款的适用。根据抽象危险的实质判断可对醉驾行为的发生场所进一步限缩,如在前方没有车辆和行人的荒野道路等此类仅有极少量车辆出现的场所,从法益保护目的和一般的社会经验来看,在上述情形下醉酒驾驶机动车的违法性未达到抽象危险犯所要求的行为属性的危险与结果属性的危险。同时车辆类型的差异也应当被考虑在内,相较于汽车、货车、客车等,二轮摩托车发生交通事故可能造成的危害后果相对较轻,且醉驾者本人也大概率会受伤,因此可以考虑设立略微宽松的条件或略轻微的处罚。(2)行为人案发时的驾驶能力如何,主要以血液酒精含量为判断标

① 参见冯军:《论〈刑法〉第 133 条之 1 的规范目的及其适用》,载《中国法学》2011 年第 5 期。

② 参见陈兴良:《但书规定的法理考察》,载《法学家》2014 年第 4 期。

③ 参见最高人民法院刑事审判第一、二、三、四、五庭主办:《刑事审判参考》总第 94 集,法律出版社 2014 年版,第 21 ~25 页。

准。2023 年《意见》摒弃了过去“唯数值论”的做法,即使行为人的血液酒精含量超过 80mg/100ml,仍可结合其他因素不予立案;超过 150mg/100ml 也可在不存在其他从重处罚情节的情况下适用但书条款予以出罪。(3)行为人是否实施了严重违反《道交法》的其他行为。例如,2023 年《意见》将违反《道交法》的超员、超载、超速等行为作为从重处罚情节。需要注意的是,并不是所有违反《道交法》的行为都侵犯醉驾型危险驾驶罪的保护法益,判断行为是否严重违反《道交法》的标准,是看该违章行为是否对道路交通安全构成现实的严重威胁。例如,行为人违章停车、未按时接受年检等就不属于醉驾型危险驾驶罪定罪时的从重情节。此外,需要注意的是,并不是一旦出现无证驾驶等从重处罚情节,就彻底否定了出罪可能性。(4)醉驾行为是否严重威胁到不特定多数人的生命安全,一旦发生交通事故,后果会特别严重。例如驾驶营运载客机动车,驾驶载有易燃易爆化学物品的机动车,在高速公路、繁华路段醉驾等。

2023 年《意见》第 12 条对但书条款的适用情形进行了具体规定,包括血液酒精含量低于 150mg/100ml、不构成紧急避险的紧急送医情形、挪车行为,以及短距离驾驶和接替驾驶等情形,只要行为人具有上述任一情形,且没有从重处罚情节,就可以不认定为犯罪。随后的第 13 条紧接着规定了定罪免刑的适用条件,其并未采取列举式的否定性规定,而是要求综合考虑主客观各因素,充分赋予司法机关综合全案事实予以考量的自由裁量权。两者的司法适用具有位阶关系,即先判断个案是否符合第 12 条所规定的条件,若符合,则直接根据但书条款予以出罪;若个案行为人虽然满足第 12 条所规定的几类特殊情形,但具有该意见第 10 条所规定的从重处罚情节,则考虑是否认定为情节轻微,而选择是否适用第 13 条所规定的定罪免刑。

[例1] 2021 年 6 月 6 日 4 时许,被告人朱某饮酒后驾驶小型轿车被执勤民警查获,其血液酒精含量为 92.2mg/100ml。[①] 该案事发于凌晨 4 时,被告人血液酒精含量低,对公共安全造成具体危险的可能性较低,且未造成实害结果,因此可以适用但书条款从而否定成立危险驾驶罪。

[例2] 2020 年 12 月 16 日 20 时,被告人黄某酒后驾驶无牌二轮摩托车被执勤民警查获,其血液酒精含量为 86.6mg/100ml。[②] 该案中,被告人血液酒精含量低,驾驶车辆为二轮摩托车,且未造成实害结果,可以认定为“情节显著轻微危害不大”。驾驶无牌照机动车属于成立危险驾驶罪后的量刑情节,不宜将此情节提前至判断是否成立犯罪阶段而否定但书条款的适用,但可单独予以行政处罚。

[例3] 2021 年 8 月 13 日 22 时 40 分许,被告人杨某饮酒后在某地下停车场与他人

① 参见湖南省长沙市芙蓉区人民法院刑事判决书,(2021)湘 0102 刑初 1289 号。

② 参见湖南省益阳市赫山区人民法院刑事判决书,(2021)湘 0903 刑初 244 号。

产生纠纷,后驾驶小型轿车在地下停车场内行驶,行驶约 20 米后被人拦下,其血液酒精含量为 178.3mg/100ml。① 该案被告人虽然血液酒精含量较高,但是被告人仅在地下停车场内驾驶 20 米,驾驶距离较短,且未造成实害结果,可以认定为"情节显著轻微危害不大"。在该案中还可以进一步讨论被告人的驾驶行为是否与他人产生纠纷有直接联系,审查被告人是否具有真实的驾驶意图,而非情绪性行为。

(三)紧急避险的适用可能

[例 4] 被告人谢某夜间接到妻子电话说小孩发烧生病,情急之下冒险在非闹市区域内醉酒驾驶无号牌二轮摩托车赶回家中,且无该类机动车驾驶资格,其血液酒精含量为 134mg/100ml。②

[例 5] 被告人石某酗酒后,其父亲因结石病发作痛得厉害而电话联系石某开车送其到医院治疗。因其父亲独自在家,石某酒后驾车回家途经某中学附近路段时,将路边行人剐伤。被告人承担此次事故的全部责任,其血液酒精含量为 102.95mg/100ml。③

[例 6] 被告人罗某饮酒后因母亲生病遂驾驶小型轿车,途经县级普通道路时,连续与同方向行驶的多辆车辆发生碰撞或剐蹭,造成二人受伤、多辆车受损的道路交通事故,其血液酒精含量为 284.15mg/100ml。④

上述案例的被告人均被认定构成危险驾驶罪,并处 5000 元以上的罚金,仅有例 6 适用了缓刑。实践中频繁出现的"醉驾送医"案件,是否可以紧急避险为由排除犯罪?如果有可能,则需要进一步剖析其正当化依据与适用条件。

早期的消极自由观关注的核心是保障个人权利和自由活动空间,认为避险行为人没有权限强求第三人容忍自身的法益损害,即使是以财产损害保护个人生命也如此,因此难以认定紧急避险属于正当的权利行为。功利主义哲学聚焦于社会整体幸福而抹杀个人利益,社会团结义务理论对以社会效用为导向的功利主义原则与强调个人权益不可侵犯的消极自由观进行了融合。社会成员之间因参与社会共同生活具有社会连带义务,即牺牲自己少许利益来拯救陷入危难的其他社会成员。⑤ 社会团结义务说立足于个人视角,强调只有在特定条件下无辜第三人才承受对避险行为的容忍义务。在"醉驾送医"案件中,需要考虑具体的患病亲属的生命健康法益和抽象的公共道路交通安全法益间的利益平衡问题,是否超出了基于社会团结义务为第三人设定的容忍义务的最高限度。"原则上,为避免陷入具体危险的特定法益(如生命、身体)发生危险,可以使仅有抽象危险的

---

① 参见湖南省长沙市岳麓区人民法院刑事判决书,(2022)湘 0104 刑初 4 号。
② 参见湖南省株洲市渌口区人民法院刑事判决书,(2022)湘 0212 刑初 125 号。
③ 参见湖南省新邵县人民法院刑事判决书,(2022)湘 0522 刑初 86 号。
④ 参见湖南省桂阳县人民法院刑事判决书,(2021)湘 1021 刑初 130 号。
⑤ 参见林山田:《刑法通论》,2008 年自版发行,第 334 ~ 335 页。

行为正当化,即为了保护具体生命,威胁抽象的生命、身体或公共安全的,都可以阻却违法。”[①]在醉驾案件中,罗克辛指出,只有在醉酒人不顾自己没有能力正常驾驶,执意把伤者送往医院或者前往事故现场开展救援时,才排除正当化事由的适用。[②] 因此,只要醉驾行为人能够驾驶,不会对其他交通参与者造成具体危险,就可以认为未超过第三人的容忍义务。而容忍义务的最高限度是:无辜第三人只有义务容忍对其生活方式所造成的暂时性损害,而无须承受自身自由权利的重大损失。

此类案件成立紧急避险,需要满足以下条件:首先,该避险行为属于唯一可行的手段,如没有其他亲戚可送医或者无法寻到其他车辆等,行为人必须证明该醉驾行为属于“不得已”,同时需要考虑行为人面临亲属突发疾病情况下的焦急心理,对不得已程度不宜要求过高;其次,行为人具有一定的驾驶能力,限制行为人血液酒精含量,可参考适用 2023 年《意见》中限制适用缓刑的数值;最后,行为人未造成实害结果。若给第三人造成严重的财产损失或身体伤害,则超过了容忍义务的最高限度。在情况十分紧急的情形下,如醉驾行为人为救助生命危在旦夕的家人,此时造成第三人轻微的财产损失或者轻微的身体擦伤、剐伤等结果,并不完全排除紧急避险的适用可能性。另外,不能因为行为人驾驶无号牌机动车或无驾驶资格等加重情形便进行简单的折抵而否定成立紧急避险,满足前述条件应当直接认定为成立紧急避险,而对于其他情形可予以行政处罚。

2023 年《意见》第 12 条明确规定,“醉驾送医”不构成紧急避险的,可以适用但书条款进行出罪。因此对于“醉驾送医”类案件,首先,需要判断是否成立紧急避险;其次,若不成立,则进一步判断是否可认定为“情节显著轻微危害不大”,若满足条件,则适用但书条款予以出罪;最后,既不成立紧急避险,也不符合但书条款的,需要判断是否可认定为“情节轻微”,若满足条件,则适用《刑法》第 37 条的规定,做出定罪免刑的处理。总之,要慎重对此类案件得出构成危险驾驶罪乃至予以刑事处罚的结论。上述案例中,例 4 未造成人员伤亡或财产损失,行为人血液酒精含量未超过 180mg/100ml,且满足紧急避险的其他条件,因此成立紧急避险,不构成危险驾驶罪。例 5 中,尽管行为人的血液酒精含量较低,但造成了他人身体法益受损,超出了第三人设定的宽容义务的最低限度,但未造成严重的损害后果,因此,可以认定为“情节显著轻微危害不大”,适用但书条款出罪。而例 6 中,行为人的血液酒精含量超过 200mg/100ml,且造成二人受伤、多辆车受损的道路交通事故,因此既不成立紧急避险,也难以认定为“情节显著轻微危害不大”。但该案件中行为人主动报案接受处理,赔偿了所有被害人的损失,并取得全体被害人的谅解,因此可

① 孟红艳:《社会团结义务与紧急避险的利益衡量》,载《江海学刊》2022 年第 3 期。

② 参见[德]克劳斯·罗克辛:《德国刑法学总论》(第 1 卷),王世洲译,法律出版社 2005 年版,第 480 页。

以根据全案情节,认定为"情节轻微",作出定罪免刑的处理。即使认为不符合《刑法》第 37 条的规定,在刑事处罚上也应当考虑紧急送医这一特殊原因予以从轻或减轻处罚。

综上所述,对于因亲属深夜生病,行为人迫不得已在醉酒状态下开车送医,这种情节应当在满足紧急避险条件后直接因紧急避险这一违法阻却事由而不成立犯罪,而非以但书条款予以出罪甚至定罪免刑。

五、结语

醉驾型危险驾驶罪的客观危险有无及程度的判断,需要围绕保护公共交通安全法益的立法目的,未侵害该法益的行为不具有违法性。对于该罪客观危险的判断,首先,实质解释客观构成要件要素的含义,排除明显不符合构成要件的实行行为;其次,实质判断该罪的抽象危险,明确允许个别案件例外地反驳立法推定的抽象危险的底层原理,适用但书条款以判断具体个案的客观危险程度,对于"情节显著轻微危害不大"的醉驾行为,可以依据但书条款合理出罪。此外,实践中频发的"醉驾送医"案件,在满足紧急避险条件后直接因紧急避险这一正当化事由而不成立犯罪。对于不满足紧急避险条件的案件也应当进一步考虑相对不起诉制度、但书条款和定罪免刑条款的适用可能性。

Empirical Research on the Decriminalized Causes of Risky Driving Crime of Drunk Driving

Zhang Xiaoli Zhao Guannan

Abstract: Through the analysis of the data on the decriminalization of risky driving crime of drunk driving in H province in central China for one and a half years, it is found that there are problems such as unbalanced sentencing and low substantive decriminalization rate in judicial practice, and the judicial authorities did not make sufficient argumentation on the existence and the extent of the objective danger, and came up with the conclusion of decriminalization in a generalized manner. The objective danger of the crime of drunk driving should be judged with the legislative purpose of protecting the interests of public transportation safety as the core. Substantive interpretation of the constituent elements provides a basic standard for the judgment of objective danger, and should allow drunken driving offenders to exceptionally refute the abstract danger presumed by the legislation, and the judicial application of the proviso clause provides a basis for the judgment of the existence and extent of the objective danger. In addition, the frequent drunken driving cases sent to the hospital in the practice apply the provisions on emergency evacuation, the proviso clause and exemption of conviction and punishment according to the specific circumstances, in order to explore the comprehensive criminal path of the crime of drunk driving.

Keywords: Risky driving crime of drunk driving; Empirical research; Decriminalization causes; Integrated governance

(责任编辑:余鑫扬)

机动车交通事故中夫妻间人身侵权责任研究

陈　金　缪　宇*

摘　要　夫妻一方实施侵权行为导致配偶人身权益遭受侵害的，夫妻一方是否应当承担侵权责任，司法实践和学界立场不一。这一问题涉及《民法典》侵权责任编规则与婚姻家庭编规则的衔接适用。离婚损害赔偿制度并非拒绝侵权责任编规则适用于婚内侵权的理由。既不能以夫妻共同财产制为由否认婚内侵权责任，也不能以夫妻关系为由免除婚内侵权责任。承认婚内侵权责任，可以确保侵权方至少须以个人财产对受害的配偶负责，且配偶还能通过保险制度获得救济。因此，承认婚内侵权责任具有可行性与必要性。在此基础上，夫妻一方作为机动车驾驶人造成配偶损害的，配偶作为非机动车驾驶人、行人时，夫妻一方应尽到理性驾驶人的注意义务，承担无过错责任。配偶作为乘客时，夫妻一方应承担具体轻过失责任；夫妻一方即使没有具体轻过失但具有抽象轻过失时，仍应承担责任，但可减轻责任。

关键词　侵权损害赔偿　婚内侵权　注意义务　离婚损害赔偿

一、问题的提出

在实践中，作为机动车驾驶人，夫妻一方发生交通事故致配偶遭受人身损害甚至死亡的案件屡见不鲜。在致害事件发生后，夫妻双方可能会选择内部消化损害；受害方也可能会以侵权为由，将肇事一方诉至法院要求其承担侵权损害赔偿责任。由于我国《民法典》并未对夫妻间侵权责任作出特殊规定，再加上《民法典》第1091条规定的离婚损害赔偿性质不明，司法实践在处理这类案件时存在较大分歧。

笔者在威科先行等数据库中以“机动车交通事故”“侵权损害赔偿”“系夫妻关系”“婚内侵权”等为关键词进行检索，共得到80份有效裁判。司法实践对机动车交通事故

* 陈金，中国政法大学民商经济法学院民商法学专业2023级硕士研究生；缪宇，法学博士、中国政法大学民商经济法学院副教授，研究方向为民法。

中夫妻间侵权责任是否成立的态度,可归纳总结为肯定说、否定说和折中说。

(一)肯定说

36 份裁判采肯定说。采肯定说的法院认定夫妻之间侵权责任成立的理由很简单,或以"夫妻关系不是免责事由"为由驳回被告的抗辩,或直接判决肇事的夫妻一方对配偶承担一定比例的责任。①

持肯定说观点的法院没有将夫妻关系作为影响侵权责任是否成立的因素,也未考虑实施侵权行为的夫妻一方应当承担何种注意义务。因此,这一立场的最大问题在于,在侵权责任的认定上,将夫妻双方之间的侵权行为与陌生人之间的侵权行为同等对待,完全不考虑夫妻关系这一特殊身份关系对侵权责任认定的影响。部分持肯定说观点的法院可能意识到了这一问题,选择了迂回路径,将夫妻关系、享有共同的利益或对方与有过失等作为减轻侵权责任的理由。②

(二)否定说

18 份裁判采否定说。采否定说的法院所持理由主要可分为三类,"婚内侵权没有法律依据"③、"夫妻共同财产制下不存在赔偿的物质基础和条件"④和"未起诉离婚而单独提起损害赔偿"⑤。

实际上,否定说的理由均值得商榷。首先,婚内侵权并非没有法律依据。其次,夫妻共同财产制不是婚内侵权责任成立的障碍。此外,所谓"债权债务混同归于消灭"的理由更是荒谬。夫妻双方各自的独立人格并不因夫妻共同财产制而受到影响。最后,离婚并非受害的夫妻一方主张侵权损害赔偿的前提。

值得注意的是,否定说也得到了部分学者的支持。准此,主张婚姻关系存续期间,无侵权法规范适用的空间。⑥ 学者采否定说的理由在于:第一,婚内侵权缺少责任承担的物质基础;第二,夫妻间的侵权行为具有天然的违法阻却性;第三,承认婚内侵权会增加婚姻中的不稳定因素;第四,承认婚内侵权会导致滥诉;第五,承认婚内侵权会导致侵权损害赔偿请求权与扶养请求权的竞合。⑦ 这些理由是否妥当,下文将进一步展开分析。

(三)折中说

26 份裁判采折中说。采折中说的法院在认可婚内侵权责任的基础上,将夫妻之间的

---

① 采肯定说的裁判参见江苏省镇江市中级人民法院民事判决书,(2019)苏 11 民终 132 号等。

② 参见河北省滦平县人民法院民事判决书,(2020)冀 0824 民初 1623 号等。

③ 参见湖北省黄冈市黄州区人民法院民事判决书,(2021)鄂 1102 民初 2927 号。

④ 参见江苏省南通市中级人民法院民事判决书,(2016)苏 06 民终 3734 号。

⑤ 参见新疆维吾尔自治区高级人民法院民事裁定书,(2022)新民申 1116 号。

⑥ 参见梁小平:《离婚损害赔偿制度研究》,中国政法大学出版社 2015 年版,第 29 ~ 33 页。

⑦ 参见张学军:《论夫妻适用一般侵权行为法的立法理由——以英美法系为视野》,载《江海学刊》2009 年第 2 期;孙若军:《论离婚损害赔偿制度》,载《法学家》2001 年第 5 期。

注意义务标准降低。[①] 进而,肇事一方仅具有轻微过失或一般过失的,不足以成立侵权责任,即肇事一方仅对故意和重大过失负责。

折中说的合理性在于,在承认夫妻间侵权责任的基础上,区分处于亲密关系中的夫妻与陌生人,给予实施侵权行为的夫妻一方一定的责任优待。考虑到夫妻关系的亲密性,夫妻双方在生活中难免互相介入彼此的法益领域。如果无差别地适用一般侵权的规定,未免过于苛责,也不利于婚姻关系的稳定。然而,这一观点的问题在于,我国《民法典》并未明确规定夫妻间侵权责任及其责任优待。折中说的做法既缺乏法律依据,也没有经过充分论证。

司法实践采纳这一立场可能是受到了《德国民法典》第 1359 条的影响。按照该规定,当配偶双方在履行因婚姻关系而产生的义务时,仅需按照他们在自己事务中通常所应尽的注意义务负责。[②] 不过,以德国联邦法院为代表的司法实践认为,《德国民法典》第 1359 条不适用于机动车交通事故领域。[③] 准此,夫妻一方作为机动车驾驶人造成配偶损害的,不得依据该条规定主张自己尽到了与处理自己事务相同的注意义务而免责,而是依据侵权责任一般规则、道路交通法来承担责任。[④] 这一立场的理由在于,道路交通法规不允许个人粗心大意(individuelle Sorglosigkeit),任何人都不得主张自己有违反道路交通法规的习惯。[⑤] 在实践效果上,禁止夫妻一方依据《德国民法典》第 1359 条的规定免责,在夫妻一方享有责任保险保护的背景下,受害的夫妻一方可请求保险人赔付以获得救济。[⑥] 这意味着,《德国民法典》第 1359 条实际上只适用于家庭内部领域,[⑦]即婚姻关系所生义务的履行,如协助义务、料理家务义务、扶养义务等。[⑧] 当然,德国学界有学者主张,《德国民法典》第 1359 条的责任优待能够有限度地适用于机动车交通事故责任。[⑨] 比如,共同乘车旅行实际上仍然属于夫妻同居的范围。[⑩]

综上所述,对于机动车交通事故引发的夫妻之间的侵权纠纷,司法实践中存在较大分歧。

---

① 参见北京市海淀区人民法院民事判决书,(2018)京 0108 民初 45045 号等。

② 参见[德]玛丽娜·韦伦霍菲尔:《德国家庭法》,雷巍巍译,中国人民大学出版社 2023 年版,第 71 页。

③ Vgl. BGH NJW 1970,1271; NJW 1973,1654; NJW 1988,1208. „Der Senat weist deshalb darauf hin,daß er keinen Anlaß sieht,von der ständigen Rechtsprechung des BGH abzuweichen; danach hat ein Ehegatte,der als Führer eines Kraftfahrzeugs dem anderen durch schuldhaften Verstoß gegen die Vorschriften des Straßenverkehrs Schaden an seinem Eigentum zufügt,dem anderen Ersatz zu leisten,ohne sich auf den milderen Haftungsmaßstab des § 1359 BGB berufen zu können. "

④ Reinhard Voppel,in: Staudinger Kommentar BGB,Buch 4,Neubearbeitung 2024, § 1359 Rn. 18.

⑤ Andreas Roth,in: Münchener Kommentar zum BGB,Band 9,9. Aufl. ,2022, § 1359 Rn. 16.

⑥ Reinhard Voppel,in: Staudinger Kommentar BGB,Buch 4,Neubearbeitung 2024, §1359 Rn. 23; Andreas Roth,in: Münchener Kommentar zum BGB,Band 9,9. Aufl. ,2022, § 1359 Rn. 17.

⑦ Dieter Hahn,in: Beck'scher Online-Kommentar BGB,68. Edition,2023, § 1359 Rn. 9.

⑧ Reinhard Voppel,in: Staudinger Kommentar BGB,Buch 4,Neubearbeitung 2024, § 1359 Rn. 24; Andreas Roth,in: Münchener Kommentar zum BGB,Band 9,9. Aufl. ,2022, § 1359 Rn. 9.

⑨ Andreas Roth,in: Münchener Kommentar zum BGB,Band 9,9. Aufl. ,2022, § 1359 Rn. 19 f.

⑩ Reinhard Voppel,in: Staudinger Kommentar BGB,Buch 4,Neubearbeitung 2024, § 1359 Rn. 22.

根本原因在于,我国现行法对是否承认夫妻间侵权的态度模糊,反而规定了离婚损害赔偿这一性质不明的特殊责任。这导致法院在处理夫妻间人身侵权问题时,难以准确适用法律。

围绕离婚损害赔偿的性质,司法实践和学界一直存在重大分歧。对离婚损害赔偿性质的界定,决定了《民法典》第1091条能否作为侵权责任的特殊法而优先于《民法典》侵权责任编一般规则被适用。① 因此,厘清离婚损害赔偿的性质及《民法典》第1091条与侵权损害赔偿规范之间的关系,是分析夫妻间人身侵权责任是否成立的前提。

易言之,为解决机动车交通事故中夫妻间的人身侵权责任纠纷,需要回应以下问题:《民法典》第1091条所规定的离婚损害赔偿性质为何?《民法典》第1091条能否作为《民法典》侵权责任编的特殊法而被优先适用?如果答案是否定的,那么夫妻之间能否依据《民法典》侵权责任编一般规则成立侵权责任,抑或应将夫妻间侵权作为特殊侵权类型?进而,如果承认夫妻间侵权,那么在我国法定夫妻共同财产制的背景下,侵权方应如何承担侵权责任?

为了解决上述问题,本文将从离婚损害赔偿的性质界定出发,在将离婚损害赔偿定性为违约责任的基础上,否定《民法典》第1091条的优先适用性。在此基础上,本文将揭示承认夫妻间人身侵权的可行性及必要性。最后将目光聚焦于机动车交通事故情形下,分析夫妻间人身侵权责任的构成要件。

二、离婚损害赔偿的性质对婚内侵权责任的影响

《民法典》第1091条的前身是原《婚姻法》第46条,该条立法目的在于通过离婚损害赔偿制裁实施重婚、姘居、家暴等行为的过错当事人,从而保护无过错方的利益。② 最高人民法院提出离婚损害赔偿制度"是侵权责任在婚姻法领域的延伸体现"③。从立法目的及释义内容来看,离婚损害赔偿强调行为人须具备过错、权利人不能有过错且遭受损害,在性质上似乎为侵权损害赔偿。对于离婚损害赔偿的性质,学界的观点主要可分为违约责任说④、侵权责任说⑤、类型化说⑥和特别责任说⑦。

① 参见刘征峰:《家庭关系民法适用和续造的顺序》,载《法学研究》2024年第1期。

② 参见胡康生主编:《中华人民共和国婚姻法释义》,法律出版社2001年版,第181~182页。

③ 最高人民法院民法典贯彻实施工作领导小组主编:《中华人民共和国民法典婚姻家庭编继承编理解与适用》,人民法院出版社2020年版,第329页。

④ 参见冉克平:《论配偶权之侵权法保护》,载《法学论坛》2010年第4期;余延满:《亲属法原论》,法律出版社2007年版,第364~365页。

⑤ 参见杨立新:《婚姻家庭与继承法》,法律出版社2021年版,第80~81页;龙卫球主编:《中华人民共和国民法典婚姻家庭编与继承编释义》,中国法制出版社2020年版,第166~168页。

⑥ 参见张学军:《离婚损害赔偿制度辨析》,载《政治与法律》2008年第2期。

⑦ 参见李明舜、林建军主编:《中华人民共和国婚姻法评注:救助措施与法律责任》,厦门大学出版社2016年版,第133~134页。

在笔者看来,类型化说虽然将离婚损害赔偿分类为违约责任和侵权责任,但实质上仍是对违约责任与侵权责任的讨论。特别责任说创设了一项新的责任类型,忽略了现有法律体系中可能的解决方案,由解释论路径转向立法论路径,制度成本较高。因此,离婚损害赔偿责任性质之争,根本上还是违约责任和侵权责任之争。笔者认为,应当把离婚损害赔偿责任界定为违约责任而非侵权责任,理由如下。

(一)离婚损害并非侵权责任成立所要求的权益侵害

侵权责任以权益侵害为前提。若将离婚损害赔偿责任解释为侵权责任,则要求侵权法所保护的民事权益受到侵害。然而,在离婚损害赔偿责任中,我们很难提炼出受侵权责任法保护的民事权益,从而难以将离婚损害赔偿责任界定为侵权责任。

倘若将婚姻关系作为受到侵权责任法保护的绝对权或利益,那么,在逻辑上,干扰他人婚姻关系的第三者应当基于共同侵权对无辜的夫妻一方承担侵权责任。① 然而,学界认为,与夫妻一方通奸的第三人依据现行法无须对无辜的配偶承担侵权责任,②司法实践原则上也不承认第三人需要对无辜的夫妻一方承担侵权责任。③ 这意味着,婚姻关系既非侵权责任法保护的绝对权,也不属于该法保护的利益。

有观点认为,离婚对夫妻一方来说本身就是损害,即所谓离异损害。④ 这一观点存在逻辑问题。离婚意味着夫妻双方解除婚姻关系,如果认定离婚构成对夫妻一方的损害,那么离婚也同时构成对另一方的损害。既然离婚对于夫妻双方都是损害,那么,这种损害的意义何在呢?在夫妻双方都存在离婚这一损害时,要求过错方承担离婚损害赔偿责任,并不构成侵权法意义上的损害转移。这意味着,离婚本身不构成侵权责任法所要救济的损害。此外,如果将离婚作为损害,可能会引发离婚属于财产损害还是非财产损害的困扰。

因此,将离婚损害赔偿责任解释为侵权责任,难以满足其权益侵害要件。相反,在将婚姻定性为身份契约的基础上,《民法典》第 1091 条所规定的行为即构成对契约义务的违反,从而产生违约责任。

(二)离婚损害赔偿具有无法被侵权责任制度涵盖的特殊性

离婚损害赔偿的构成要件之一是夫妻双方离婚,这与我国目前采取的侵权责任成立要件不符。强行将离婚损害赔偿解释为侵权责任,还会与离婚损害赔偿的立法目的相冲突。如果说《民法典》第 1091 条的立法目的是救济婚姻关系中被侵权的无过错方,⑤那么

---

① 参见杨立新:《侵权责任法(第 4 版)》,法律出版社 2021 年版,第 100 页。
② 参见庄加园:《德国法上干扰婚姻关系与抚养费追偿》,载《华东政法大学学报》2013 年第 3 期。
③ 参见孙维飞:《通奸与干扰婚姻关系之损害赔偿——以英美法为视角》,载《华东政法大学学报》2013 年第 3 期。
④ 参见郭明龙:《解释论视角下的配偶间损害赔偿》,载《甘肃政法学院学报》2014 年第 2 期。
⑤ 参见薛宁兰、谢鸿飞主编:《民法典评注:婚姻家庭编》,中国法制出版社 2020 年版,第 450 页。

应创设一个运行成本更低、构成要件较为宽松的制度，从而实现对被侵权方的特殊保护，且这一保护门槛应当低于一般侵权责任。[①] 但实际上，离婚损害赔偿的构成要件相较一般侵权责任更为严格。[②] 将离婚损害赔偿解释为侵权责任，与离婚损害赔偿的制度目的不符，无法充分发挥保护受害方合法权益的作用。

基于上述考量，将离婚损害赔偿责任界定为违约责任更为合理。这一立场也更符合《民法典》的内在体系。《民法典》第 464 条将婚姻定性为有关身份关系的协议，[③]因婚姻关系的缔结，夫妻之间产生一系列法定权利义务。其中，扶养义务为婚姻关系产生的给付义务，忠实义务、维持家庭和睦义务则是婚姻关系产生的附随义务，目的是维持婚姻关系忠实、和睦的状态。重婚、与他人同居违反了忠实义务，[④]遗弃违反了扶养义务，[⑤]家暴、虐待违反了维持家庭和睦的附随义务。《民法典》第 1091 条规定的四种行为严重违反了因婚姻契约而产生的法定义务，导致婚姻关系破裂，从而产生作为违约责任的离婚损害赔偿责任。在《民法典》采婚姻契约说的基础上，离婚损害赔偿的每种情形都可以依据违约责任说得到相对合理的解释。

据此，《民法典》第 1091 条不构成侵权责任法的特别法，不属于第 1178 条所规定的"其他法律"，无优先适用之地位。在此基础上，应将夫妻间侵权纳入侵权责任法的调整范围，从而理顺婚姻家庭编与侵权责任编的关系。

三、承认夫妻间人身侵权责任的可行性及必要性

在婚姻关系存续期间，一方对另一方的侵权行为并不必然导致婚姻关系的破裂。受害人可能基于各种考量，如情感因素、经济状况，并不愿结束婚姻关系，从而无法依据《民法典》第 1091 条的规定主张离婚损害赔偿。在这种情况下，受害方能否基于侵权责任编的一般规定要求加害方承担侵权责任，值得分析。考虑到物质性人格权与财产权之间的位阶差异以及物质性人格权受侵害时的迫切救济需求，本文仅讨论夫妻间侵害物质性人格权时的侵权责任。下文将从可行性与必要性两方面论证应当肯定夫妻间的人身侵权责任。

(一)可行性

1. 夫妻共同财产制并非婚内侵权责任成立的障碍

在责任成立层面，夫妻共同财产制并非否认侵权责任成立的理由。[⑥] 财产的有无并

---

① 参见田韶华、史艳春:《民法典离婚损害赔偿制度法律适用的疑难问题》,载《河北法学》2021 年第 1 期。

② 参见刘征峰:《家庭关系民法适用和续造的顺序》,载《法学研究》2024 年第 1 期。

③ 参见朱广新、谢鸿飞主编:《民法典评注:合同编通则》,中国法制出版社 2020 年版,第 8 ~ 9 页。

④ 参见黄蕾、俞来德:《论夫妻忠实义务》,载《政治与法律》2007 年第 6 期。

⑤ 参见薛宁兰、谢鸿飞主编:《民法典评注:婚姻家庭编》,中国法制出版社 2020 年版,第 452 ~ 453 页。

⑥ 参见张学军:《离婚损害赔偿制度辨析》,载《政治与法律》2008 年第 2 期。

非侵权责任的构成要件或免责事由,能否实际承担赔偿责任影响的只是侵权责任的承担和执行。以夫妻共同财产制为由否认侵权责任的成立,混淆了责任成立与责任承担。

在责任承担层面,对于侵权一方,夫妻共同财产制并不影响其对配偶承担侵权责任。在夫妻共同财产制下,《民法典》第 1063 条明确规定了夫妻个人财产的范围,第 1065 条规定夫妻双方可以约定分别财产制,第 1066 条规定特殊情况下夫妻共同财产的婚内分割。因此,即使在法定夫妻共同财产制的背景下,夫妻双方仍有以个人财产承担侵权责任的可能。[①] 换言之,实施侵权行为的夫妻一方至少可以个人财产来承担责任,尤其是在夫妻一方具有大额个人财产的情况下。[②] 对于婚龄较短的夫妻而言,夫妻双方因婚姻关系存续期间较短,积累的共同财产较少,夫妻一方的个人财产可能远远多于夫妻双方的共同财产。在这类情形下,以夫妻共同财产制为由拒绝承认婚内侵权责任,对受害的夫妻一方并不合理。夫妻双方在婚姻关系存续期间分割夫妻共同财产的,夫妻一方也会获得个人财产,从而构成承担侵权责任的物质基础。当然,也有学者主张可以通过引入债权凭证制度[③]、夫妻共同财产分割制[④]、特别法定财产制(非常财产制)[⑤]等途径解决婚内侵权的赔偿问题。

对于受害一方,夫妻共同财产制也不是其获得赔偿的障碍。依据《民法典》第 1063 条的规定,一方因受到人身损害获得的赔偿或者补偿属于其个人财产,而非夫妻共同财产。承认婚内侵权责任,侵权方以个人财产承担侵权损害赔偿责任,受害方获得的人身损害赔偿将构成个人财产。这意味着,财产以损害赔偿的形式从侵权方流向受害方,而非否定说所谓"家庭财产的内部流动"。

2. 夫妻关系并非侵权责任的免责事由

否定说主张,夫妻间的人身依赖性天然地阻却婚内侵权行为的违法性。[⑥] 然而,我国法并不承认所谓的"配偶豁免主义"。[⑦] 基于否定说的逻辑,父母子女之间同样具有人身依赖性,甚至子女对父母的人身依赖性更强,父母子女之间的侵权行为也不能产生侵权责任。然而,根据学界和司法实践达成的共识,父母侵害子女合法权益的,应当承担侵权责任。[⑧]《民法典》第 190 条甚至专门就此规定了特殊的诉讼时效起算规则。子女虐待、

---

① 参见夏吟兰、罗满景:《夫妻之间婚内侵权行为的中美法比较》,载《比较法研究》2012 年第 3 期。

② 参见王雷:《〈民法典〉婚姻家庭编适用衔接问题研究》,载《法学杂志》2023 年第 6 期。

③ 参见张秀玲:《论夫妻侵权损害赔偿——兼评〈婚姻法〉第 46 条》,载《兰州大学学报(社会科学版)》2013 年第 1 期。

④ 参见张华贵、申月霞:《论婚内侵权民事责任制度的构建》,载《四川理工学院学报(社会科学版)》2007 年第 6 期。

⑤ 参见夏吟兰、罗满景:《夫妻之间婚内侵权行为的中美法比较》,载《比较法研究》2012 年第 3 期。

⑥ 参见孙若军:《论离婚损害赔偿制度》,载《法学家》2001 年第 5 期。

⑦ 参见范李瑛:《婚内损害赔偿与夫妻共同财产制的冲突和协调》,载《烟台大学学报(哲学社会科学版)》2006 年第 3 期。

⑧ 参见程啸:《侵权责任法(第 3 版)》,法律出版社 2021 年版,第 435 页。

遗弃父母的,也不可能以双方之间具有密切的人身关系为由排除侵权责任。准此,密切的人身关系不是否认亲属间侵权责任的理由,即夫妻关系并非排除婚内侵权责任的理由。

3. 承认婚内侵权责任并不会导致滥诉

持否定说的学者认为,承认婚内侵权责任可能导致诉讼泛滥。这可能只是杞人忧天。一方面,对于当事人来说,诉讼需付出时间和金钱成本,绝大多数当事人不会提起没有意义或意义不大的诉讼。① 以此为由否定婚内侵权,未免因小失大。另一方面,各类诉讼都有被当事人滥用的风险,不应从实体层面否认诉讼制度,而应当通过诉讼程序的设置,排除无意义的诉讼。

(二)必要性

1. 承认夫妻间人身侵权是保护夫妻一方人身权益的必然要求

《民法典》在保护婚姻家庭的同时,②也需保护作为独立个体的夫妻一方。否认夫妻间人身侵权责任,将会导致个体利益在受到侵害时无法获得保护。如果否认夫妻间人身侵权责任,那么在夫妻一方对配偶实施加害行为但不构成离婚损害赔偿事由时,如夫妻一方婚后感染传染性疾病隐瞒并故意传染给配偶,③受害方的合法权益难以获得保护。夫妻一方在婚姻关系存续期间侵害第三人人格权的,应当对第三人承担侵权责任,该侵权责任甚至可能是夫妻共同债务。与此相对,按照婚内侵权责任否认说的逻辑,配偶在人身权益受到夫妻一方的侵害时,却无法请求其承担侵权责任,从而配偶的法律地位甚至还不如一个陌生人。这显然是不合理的。因此,承认婚内侵权才能实现对夫妻一方人身权益的充分保护。

2. 承认夫妻间人身侵权允许受害方在婚姻关系存续期间主张损害赔偿

不同于以离婚为要件的离婚损害赔偿,承认夫妻间人身侵权,受害方可以在婚姻关系存续期间主张侵权损害赔偿。一方面能够充分尊重当事人的离婚自由,受害方不必陷入婚姻与赔偿二选一的困境;另一方面符合我国法律对人身损害赔偿特别保护的基本立场。我国现行法对人身损害赔偿请求权予以特别规制。④ 基于对人身损害赔偿特别保护的同一立场及侵权责任法救济受害人的基本理念,⑤应承认夫妻间人身侵权,从而允许受害方在婚内主张损害赔偿。此外,目前学界的主流观点认为侵权之债是定期债务,一旦

---

① 参见张学军:《论夫妻适用一般侵权行为法的立法理由——以英美法系为视野》,载《江海学刊》2009年第2期。

② 参见贺剑:《夫妻财产法的精神——民法典夫妻共同债务和财产规则释论》,载《法学》2020年第7期。

③ 参见焦少林:《论建立夫妻间侵权责任制度》,载《现代法学》2006年第5期。

④ 人身损害赔偿的特别规制条款如《民法典》第506条、第1061条,《最高人民法院关于适用〈中华人民共和国民法典〉合同编通则若干问题的解释》第34条、第57条等。

⑤ 参见张新宝:《侵权责任法(第5版)》,中国人民大学出版社2020年版,第6页;叶名怡:《民法典视野下夫妻一方侵权之债的清偿》,载《法商研究》2021年第1期。

发生就已经到期,自权利人知道或应当知道可以行使权利之日起算诉讼时效。[①] 如果一方面承认婚内侵权,另一方面要求受害方只能在离婚后主张侵害赔偿,受害方的人身损害赔偿请求权就有诉讼时效届满之风险。相反,承认婚内侵权并允许受害方在婚内主张权利,可以使其及时获得救济,避免纠纷久拖不决。

3. 承认夫妻间人身侵权可以通过保险制度分散风险

在机动车交通事故领域,我国实行机动车交通事故责任强制保险制度。交强险作为典型的责任保险,其保险赔付具有替代性,是被保险人转移其所承担的民事赔偿责任的合法方式。[②] 为避免可能引发的道德风险(如被保险人因责任保险的存在而降低从事危险行为时的注意义务),在特定情形下,交强险对机动车交通事故造成的损失不予赔偿,或赔偿后可以向致害人追偿。[③]

如果否认夫妻之间侵权损害赔偿责任,受害人就无法向保险人主张保险赔付。这与第三者责任险设立的宗旨以及投保人为分散风险而投保的目的相悖。损害如果无法通过责任保险来填补,最终还是要由夫妻共同承担。相反,如果承认夫妻之间侵权损害赔偿责任,则损害可经由强制保险制度从家庭内部转移至外部。

综上所述,在离婚损害赔偿之外,应承认夫妻间人身侵权责任。进一步地,在夫妻一方侵害配偶人身权益时,应允许受害方在选择不离婚的情况下向加害方主张侵权损害赔偿。

四、机动车交通事故中夫妻间人身侵权责任的构成

由于我国法律并未对婚内侵权作出特别规定,因此,交通事故引起的夫妻间人身侵权责任,应依据《民法典》侵权责任编和《道路交通安全法》第 76 条的规定来确定构成要件。

依据《道路交通安全法》第 76 条的规定,机动车交通事故侵权责任的归责原则取决于发生交通事故的具体情形。机动车交通事故责任的构成要件可分为两种情况:机动车与机动车之间发生交通事故的,构成要件包括机动车的驾驶行为、损害、因果关系、过错;机动车与非机动车驾驶人或行人之间发生交通事故的,构成要件包括机动车的运行、损害、因果关系。[④] 此外,机动车驾驶人对乘客的归责原则由机动车一方与乘客的法律关系决定:机动车一方与乘客存在客运合同关系的,机动车一方承担无过错责任;机动车一方与乘客构成好意同乘的,驾驶人承担过错责任,驾驶人没有故意或重大过失的,法院可减轻其责任。在上述三种情形中,侵权责任的构成要件仅在过错层面存在差异,故下文将具体分析夫妻关系在各类情形中对过错要件的影响。

---

① 参见杨巍:《〈民法典〉第 188 条第 2 款第 1、2 句(诉讼时效起算)评注》,载《法学家》2022 年第 5 期。

② 参见温世扬主编:《保险法(第 3 版)》,法律出版社 2016 年版,第 246 ~ 247 页。

③ 如《机动车交通事故责任强制保险条例》第 9 条、第 10 条、第 22 条等。

④ 参见周友军:《侵权法学》,中国人民大学出版社 2011 年版,第 351 页。

(一)机动车之间的过错责任

根据《道路交通安全法》第 76 条第 1 款第 1 项的规定,机动车之间发生交通事故的,适用过错责任原则。[1] 因而当夫妻双方各自驾驶机动车发生交通事故时,夫妻间侵权责任适用过错责任原则,由过错方承担侵权责任。这主要考虑到机动车驾驶人之间具有平等的地位,不存在明显的强弱区别,无须着重保护某一方。

(二)机动车与非机动车、行人之间的无过错责任

关于《道路交通安全法》第 76 条第 1 款第 2 项所规定的机动车造成非机动车驾驶人、行人损害时,机动车一方适用的归责原则究竟是什么,学界存有较大争论。具体来说,学界观点主要包括无过错责任原则说[2]、过错推定原则说[3]和过错推定兼严格责任说[4]。其中,无过错责任原则说是学界主流立场,本文从之。根据该条规定,即使机动车一方没有过错,也需承担不超过百分之十的赔偿责任,这正是无过错责任的典型特征。

在夫妻一方作为机动车驾驶人,侵害作为行人、非机动车驾驶人的配偶的权益时,不宜基于夫妻之间的特殊关系而降低夫妻一方作为机动车驾驶人的注意义务要求。夫妻一方对配偶本就负有保护义务,作为机动车驾驶人,夫妻一方对配偶的注意义务程度自然不能低于其对陌生人的注意义务程度。夫妻关系不是降低夫妻一方注意义务程度的理由。尤其是考虑到,无论行人、非机动车驾驶人是配偶还是陌生人,机动车的高度危险始终存在。

(三)机动车一方对车内乘客的过错责任

在机动车一方与乘客之间存在客运合同时,机动车一方应依据《民法典》第 823 条的规定对乘客遭受的人身损害承担无过错责任;在机动车一方与乘客之间不存在客运合同时,依据《民法典》第 1217 条规定的好意同乘规则,无偿搭乘人可要求驾驶人承担过错责任,但驾驶人没有故意或重大过失的,法院应减轻其赔偿责任。[5]

本文认为,当夫妻一方作为驾驶人、另一方作为乘客时,夫妻一方不承担无过错责任。《民法典》第 823 条要求承运人对乘客的人身伤亡承担无过错责任的原因,在于承运人和乘客之间有偿的客运合同,承运人能够通过收取运费分散责任风险。夫妻一方向配偶提供运输服务的,夫妻之间通常不存在客运合同,夫妻一方不可能从运输服务中获得报酬。要求夫妻一方对配偶遭受的人身损害承担无过错责任,无异于将夫妻一方按照有偿合同的承运人对待,缺乏合理性。

---

① 参见邹海林、朱广新主编:《民法典评注:侵权责任编(2)》,中国法制出版社 2020 年版,第 461 页。

② 参见王利明主编:《中国民法典评注:侵权责任编》,人民法院出版社 2021 年版,第 257 ~258 页。

③ 参见杨立新:《侵权责任法(第 4 版)》,法律出版社 2021 年版,第 404 ~405 页。

④ 参见王利明:《侵权责任法(第 2 版)》,中国人民大学出版社 2021 年版,第 253 ~254 页。

⑤ 参见程啸:《侵权责任法(第 3 版)》,法律出版社 2021 年版,第 593 ~594 页。

准此,夫妻一方作为驾驶人、配偶作为乘客时,夫妻一方对配偶遭受的人身损害只能承担过错责任。问题在于,作为驾驶人的夫妻一方,在具备何种程度的过错时,才应当对作为乘客的配偶承担侵权责任?对此学界存在分歧,可分为故意标准①、故意或重大过失标准②和一般侵权标准③三种观点。根据行为人违反注意义务的不同,过错可分为故意、重大过失、具体轻过失和抽象轻过失,本文依次分析如下。

首先,驾驶机动车的夫妻一方在具有故意或重大过失时,应当对作为乘客的配偶遭受的人身损害承担侵权责任。

采纳这一立场的理由如下:(1)避免道德风险。倘若夫妻一方在具有故意或者重大过失时都无须对受害的配偶负责,夫妻一方实质上无须对配偶承担侵权责任。这实际上倒向婚内侵权责任否认说,甚至可能会诱发道德风险,导致夫妻一方在婚姻关系不佳时铤而走险加害配偶。

(2)避免评价矛盾。其一,如果驾驶机动车的夫妻一方无须就故意或者重大过失负责,婚内侵权规则会与《民法典》第 1217 条规定的好意同乘规则发生冲突。依据《民法典》第 1217 条的规定,无偿搭乘他人的机动车一方在具有故意或者重大过失时不能免责也不能减轻责任。在这一背景下,若主张夫妻一方在具有故意或者重大过失时也无须负责,配偶的法律地位还不如好意同乘中的乘客。考虑到夫妻间的亲密关系,驾驶机动车的夫妻一方对配偶应尽的注意义务程度,不应比好意同乘的乘客低。

其二,如果驾驶机动车的夫妻一方无须就故意或者重大过失负责,婚内侵权规则会与《民法典》中其他财产保护义务规则发生冲突。根据《民法典》第 43 条、第 316 条和第 897 条等的规定,在管理他人财产利益时,无偿承担义务的民事主体(财产代管人、遗失物拾得人、保管人)仅就故意或重大过失负责。作为驾驶人的夫妻一方对作为乘客的配偶当然负有保护义务,且该保护义务不存在对价。考虑到物质性人身权益比财产权益具有更高的保护需求,夫妻一方对配偶人身安全的保护义务,在程度上不应弱于财产代管人、遗失物拾得人、无偿保管人对财产权益的保护义务。因此,夫妻一方对配偶遭受的人身损害至少应当承担故意或者重大过失责任。

其次,驾驶机动车的夫妻一方在具有具体轻过失时,也应当对作为乘客的配偶遭受的人身损害承担过错责任。

采纳这一立场的理由有二:(1)当然解释。依据《民法典》第 1217 条的规定,无偿搭乘他人的机动车一方在具有具体轻过失时,只能减轻责任而不能免除责任。无偿搭乘他

① 参见石春玲:《亲属间死亡赔偿请求权研究——兼论亲属间伤害赔偿》,载《政法论丛》2013 年第 4 期。

② 参见焦少林:《论建立夫妻间侵权责任制度》,载《现代法学》2006 年第 5 期。

③ 参见郗伟明:《论婚内一般侵权责任制度的建立——兼评离婚损害赔偿制度》,载《南京大学学报(哲学·人文科学·社会科学版)》2010 年第 3 期。

人的机动车一方对乘客没有运输义务可言，但夫妻一方作为驾驶人搭乘配偶的，系源于夫妻生活共同体的基本要求。也就是说，夫妻一方作为驾驶人搭乘配偶的，体现的是夫妻之间互相扶持的义务。因此，夫妻一方作为驾驶人对作为乘客的配偶负担的注意义务，在程度上至少不能低于好意同乘中机动车一方对乘客负担的注意义务。基于举轻以明重的当然解释规则，既然无偿搭乘他人的机动车一方都要承担具体轻过失责任，那么，夫妻一方作为驾驶人时也应当承担具体轻过失责任。

（2）夫妻作为命运共同体的基本要求。在夫妻一方对配偶负有保护义务、注意义务的情形下，夫妻一方的具体轻过失就表现为夫妻一方采取了各种措施保护自己的权益，但是没有采取相同的措施保护配偶的权益。倘若承认夫妻一方作为驾驶人时不承担具体轻过失责任，那么，夫妻一方在发生交通肇事时可以努力保护自己但是无须保护配偶，从而在保护配偶人身安全方面无须达到保护自身的要求。这一结果在法政策和价值立场上是不可接受的。夫妻作为命运共同体，应该彼此互相扶持。在夫妻间扶养义务是生活保持义务的背景下，[①]我们可以不要求夫妻一方为了配偶而牺牲自己，但起码夫妻一方应当平等地对待自己和配偶的权益，不能为了保护自己的权益而牺牲配偶的权益。因此，夫妻一方对配偶遭受的人身损害应当承担具体轻过失责任。

最后，驾驶机动车的夫妻一方没有具体轻过失，但具有抽象轻过失的，应当对作为乘客的配偶遭受的人身损害承担过错责任，但法院应当减轻夫妻一方的责任。

具体轻过失指欠缺与处理自己事务同一之注意，采主观判断标准，以行为人个人能力及认识所能达到的注意程度为标准；抽象轻过失指欠缺善良管理人之注意，采客观判断标准，以与行为人处于相同具体情况下的善良管理人所能达到的注意程度为标准。[②]因此，没有具体轻过失的夫妻一方如何承担责任，应当结合其是否构成抽象轻过失来判断。倘若夫妻一方虽然没有具体轻过失但具有抽象轻过失，表明夫妻一方虽然没有达到理性驾驶人的注意义务但是在对待自己的人身权益和配偶的人身权益上一视同仁，那么，夫妻一方仍然需要对配偶遭受的人身伤害负责。在这种情形下，法院应当减轻夫妻一方的损害赔偿责任。这是因为，在夫妻一方平等对待自己和配偶的人身权益时，不宜对夫妻一方过于苛刻。实际上，如果夫妻一方平时在驾驶机动车时就没有达到理性驾驶人的注意义务标准，配偶仍然坚持搭乘其驾驶的车辆，那么基于过失相抵规则，法院应当减轻夫妻一方的损害赔偿责任。[③]

此外，夫妻一方没有具体轻过失同时也没有抽象轻过失的，即不具有过失，无须对配

① 参见龙翼飞主编：《中国民法典评注：婚姻家庭编》，人民法院出版社2021年版，第72页。

② 参见姚志明：《侵权行为法（第3版）》，台北，元照出版有限公司2014年版，第96～97页。

③ 持这一观点的裁判参见贵州省安龙县人民法院民事判决书，（2019）黔2328民初1586号等。

偶遭受的人身损害负责。当然,若夫妻一方不仅具有抽象轻过失而且具有具体轻过失,即夫妻一方不仅没有尽到理性驾驶人的注意义务,而且还区别对待了自己和配偶的人身权益,那么,夫妻一方直接承担具体轻过失责任。

也就是说,夫妻一方作为驾驶人时,对作为乘客的配偶遭受的人身损害应当承担具体轻过失责任。同时,夫妻一方虽然没有具体轻过失,但具有抽象轻过失的,应当减轻夫妻一方的侵权责任。

综上所述,在满足机动车交通事故侵权责任其他构成要件(驾驶行为、损害和因果关系)的前提下:配偶为车内乘客时,作为驾驶人的夫妻一方对配偶的注意义务不能低于与处理自己事务相同注意的标准;配偶为车外行人、非机动车一方时,作为驾驶人的夫妻一方对配偶的注意义务不降低,对由此产生的人身损害承担无过错责任。

五、结论

尽管司法实践和学界对是否应当承认夫妻间侵权责任存在分歧,但本文以机动车交通事故责任为例,展示了承认夫妻间人身侵权责任的可行性和必要性。《民法典》第 1091 条规定的离婚损害赔偿并非侵权责任,而是违约责任。在这一背景下,不能以《民法典》第 1091 条规定系侵权责任特别规则为由否认婚内侵权责任。实际上,婚内侵权责任否认说存在诸多缺陷。首先,夫妻共同财产制并非婚内侵权责任成立的障碍,法定夫妻共同财产制下个人财产的存在以及夫妻一方拥有的夫妻共同财产的个人份额,都为夫妻一方承担侵权损害赔偿之债提供了物质基础;其次,夫妻关系不是侵权责任的免责事由,夫妻之间的人身依赖性并不能排除婚内侵权责任;再次,承认婚内侵权责任是保护夫妻一方人身权益的必然要求;最后,承认婚内侵权责任有助于遭受损害的配偶从保险人处获得救济。

具体到机动车交通事故情形下。夫妻一方作为机动车驾驶人造成配偶损害的,在配偶同为机动车驾驶人时,应适用过错责任原则,由过错方承担侵权责任。在配偶作为非机动车驾驶人、行人时,考虑到机动车的高度危险性及夫妻一方对配偶负担的法定保护义务,夫妻一方对配偶应尽的注意义务不能因夫妻关系而降低。据此,夫妻一方应当尽到理性驾驶人的注意义务,并在造成配偶人身伤害时承担无过错责任。在配偶作为乘客时,与客运合同相比,作为驾驶人的夫妻一方无法通过收取报酬来分散风险,从而不应承担无过错责任,而应承担过错责任。与好意同乘等无偿行为相比,基于夫妻间的亲密关系和互负的扶养义务,夫妻一方对作为乘客的配偶遭受人身损害承担责任的强度,要高于或者至少不能低于好意同乘中机动车一方对无偿搭乘人承担责任的强度。因此,夫妻一方应对作为配偶的乘客承担具体轻过失责任。在夫妻一方没有具体轻过失但具有抽象轻过失时,夫妻一方仍然需要对配偶遭受的人身损害负责,但应当减轻其责任。这一立场的意义在于，夫妻一方应当平等地对待自己和配偶的人身权益。夫妻一方仅保护自己的人身权益而忽视配偶的人身权益的，须基于具体轻过失承担过错责任。反之，夫妻一方虽然未尽到理性驾驶人的注意义务但是平等对待自己和配偶的人身权益的，应当减轻夫妻一方的损害赔偿责任。

不过，考虑到在对权益进行保护时，物质性人格权优先于财产权，本文仅对夫妻间人身侵权责任展开分析，并选择机动车交通事故这一典型案型作为具体分析对象。囿于篇幅，本文没有就夫妻间财产权侵害的侵权责任展开论述。这一问题有待未来的进一步分析。

Research on Personal Tort Liability Between Spouses in Motor Vehicle Traffic Accidents

Chen Jin　Miao Yu

Abstract: If one spouse commits a tort that causes harm to personal rights and interests of the other spouse, there is no consensus in judicial practice and academic circles on whether that spouse should bear tort liability. This issue pertains to the order of application between the Tort Liability section and the Marriage and Family section of the "Civil Code". The institution of compensation for damages in divorce does not serve as a reason to refuse the application of the tort liability rules within the context of marital torts. One cannot deny the liability for marital torts on the grounds of the community property system, nor can one exempt from marital torts liability on the basis of the marital relationship. Acknowledging the liability for torts within marriage can ensure that the tortfeasor must at least be responsible to the injured spouse with personal property, and the spouse can also obtain relief through the insurance system. Therefore, acknowledging the liability for torts within marriage is both feasible and necessary. On this basis, if one spouse, as the driver of a motor vehicle, causes damage to the other spouse, when the other spouse is a non-motor vehicle driver or a pedestrian, one spouse should exercise the caution of a reasonable person and bear strict liability. When the other spouse is a passenger, one spouse should bear specific liability for slight negligence. Even if one spouse does not have specific minor negligence but has abstract minor negligence, he should still be held responsible but may have his liability mitigated.

Keywords: Compensation for tortuous damages; Tort between spouses; Duty of care; Divorce damages compensation

（责任编辑：韦诗蕴）

负有照护职责人员性侵罪保护法益的比较解释路径

张博伦[*]

摘　要　负有照护职责人员性侵罪同日本监护者性交等罪在立法目的、构成要件、保护法益等方面具有相似性。结合日本性犯罪刑法的两次改正以及监护者性交等罪的立法意图，对比两罪名在各自性犯罪刑法体系中的功能定位并分别进行规范分析，可以得出负有照护职责人员性侵罪的保护法益应为部分的性自主权的结论，其要求受照护人性同意的形成、表明及坚持的全过程不存在任何瑕疵，实质采取了积极的性同意判定方式，并为合理出罪提供了一定的空间。

关键词　负有照护职责人员性侵罪　监护者性交等罪　保护法益　部分的性自主权

一、问题的提出

(一)负有照护职责人员性侵罪的立法意图

在负有照护职责人员与受照护人这一特别的人身关系间，存在一种针对受照护人的隐蔽的、不存在暴力或胁迫行为外观的性暴力。负有照护职责人员利用基于其身份而产生的影响力、人身依存关系等，存在对受照护人性同意的形成过程(包括对性行为内容及对象的认识等)施加影响的可能性。受照护人基于人身依存关系，天然地对负有照护职责人员存在信赖心理，面对来自其性邀请时不知、不能、不敢反抗，更易在其教育、诱导的影响之下作出性同意。此外，由于不存在强奸罪所要求的暴力或胁迫行为外观，这种高度隐蔽的性犯罪在举证上也面临难题，无法很好地适用强奸罪。因此，为更好地保护未成年人的性权益，在《刑法修正案(十一)》中，于强奸罪(第236条)之下以“第二百三十六条之一”的形式设立了负有照护职责人员性侵罪(以下简称本罪)。

---

* 张博伦，中国政法大学比较法学研究院比较法学专业2022级硕士研究生。本文受中国政法大学硕士研究生创新实践项目资助，项目号：2022SSCX20220113。

(二)负有照护职责人员性侵罪保护法益的学说争论

1. 性自主权的有关学说

国内学界多数观点认为,负有照护职责人员性侵罪的保护法益与强奸罪相同,为性自主权。① 也就是当负有照护职责人员与受照护者间发生性关系时便直接推定受照护人的性自主权受到侵害。由于本罪受害人仅限于14岁至16岁的女子,已满足我国性同意能力的14岁界限,其在面对负有照护职责人员以外的对象基于自由意志所作的性同意时有效,而仅对负有照护职责人员所作的性同意无效。按性自主权说,具体的解释方法有如下两种。

(1)性同意年龄部分上升说

该说认为,受照护人仅在面对负有照护职责人员时,性同意能力年龄才由14岁上升至16岁,也就是将其当作刑法上的幼女处理。由于性同意年龄上升,其不具有性同意能力,所以无论其是否作出性同意、性同意是否有效,一律视为性自主权受到侵害。该说在本罪成立之初由立法机构的相关人士主张。② 然而,若将受照护人视作刑法上未满14岁的幼女,则必定该当于《刑法》第236条第2款。同时根据本罪第2款之规定,又必定依照《刑法》第236条强奸罪进行处罚,那么本罪之成立便显得毫无意义。③

(2)推定性同意无效的学说

具体有信任地位滥用说④及隐性强制说⑤等。该类学说的论证思路为,推定存在负有照护职责人员所持有的影响力,或是受照护人对负有照护职责人员的信赖关系所产生的特别地位之下存在的隐性强制,其核心在于认定受照护人的性同意存在瑕疵因而无效,从而推导出受照护人的性自主权受到侵害这一结论。

该类学说的问题在于,正如《刑法》第236条强奸罪中已然存在"其他手段",所谓的隐性强制也好,信任地位滥用也罢,倘若其影响力达到足以将受照护人的性同意完全无效化的程度,那么事实上本罪同以刀抵脖要求对方作出性同意的情形相比没有本质的不

① 参见付立庆:《负有照护职责人员性侵罪的法网范围》,载《国家检察官学院学报》2022年第2期;付立庆:《负有照护职责人员性侵罪的保护法益与犯罪类型》,载《清华法学》2021年第4期;陈家林、吕静:《负有照护职责人员性侵罪的解释视角与规制边界》,载《中南大学学报(社会科学版)》2021年第5期;王焕婷:《性侵犯罪的不法内涵——以负有照护职责人员性侵罪为中心》,载《中国刑事法杂志》2022年第6期。

② 参见张义健:《〈刑法修正案(十一)〉的主要规定及对刑事立法的发展》,载《中国法律评论》2021年第1期;李静、姜金良:《〈关于执行刑法确定罪名的补充规定(七)〉的理解与适用》,载《人民司法》2021年第10期;周光权:《刑事立法进展与司法展望——〈刑法修正案(十一)〉总置评》,载《法学》2021年第1期;朱光星:《〈刑法修正案(十一)〉后我国的性同意年龄制度反思——以中国与欧洲之比较为视角》,载《环球法律评论》2022年第3期。

③ 参见贾易臻:《截堵罪名与法益扩张:负有照护职责人员性侵罪的规范定位、保护法益与出罪路径》,载《甘肃政法大学学报》2023年第1期。

④ 参见周详:《论负有照护职责人员性侵罪的规范目的——"年龄提高论"反思》,载《法商研究》2022年第4期。

⑤ 参见周详、孟竹:《隐性强制与伦理禁忌:"负有照护职责人员性侵罪"的理据》,载《南通大学学报(社会科学版)》2021年第2期。

同,理应由强奸罪进行规制,也就无须特意设立本罪。此外,2013 年 10 月最高人民法院、最高人民检察院、公安部、司法部联合发布的《关于依法惩治性侵害未成年人犯罪的意见》(已失效)第 21 条已明确指出,利用足以达到强制程度的影响力是"以强奸罪定罪处罚"的构成要件要素。2023 年 5 月 24 日由最高人民法院、最高人民检察院发布的《关于办理强奸、猥亵未成年人刑事案件适用法律若干问题的解释》第 6 条中同样阐述了相似的主旨。故而,所谓的"(足以达到完全强制程度的)影响力的利用"并非负有照护职责人员性侵罪的构成要件要素,而是强奸罪的构成要件要素。因此在本罪中,并不需要达到强制程度的影响力的利用,这从根本上否定了该说主张的"隐性强制",因为满足"利用优势地位或者被害人孤立无援的境地"的"以强奸罪定罪处罚"。

2. 身心健康的有关学说

此外,有学者主张身心健康说及性自主权和身心健康的二元说,①此两说的共通之处在于都认为少女的身心健康构成本罪的保护法益。笔者认为,14 岁至 16 岁女性受照护人的身心健康应当排除于本罪的保护法益范围。

"身心健康",是指 14 岁至 16 岁女性受照护人的身体和精神两方面的健康,其成为本罪保护法益的主要理由在于 14 岁至 16 岁的受照护人遭受不法侵害后,极易出现身心健康受损的结果。问题在于,刑法所欲避免的犯罪结果并不等同于保护法益。如果肯定这一犯罪结果属于保护法益,当并未发生此结果时,则意味着不能成立该罪名,事实上限缩了罪名的规制范围。身心健康在本罪中与其说是保护法益,更像是犯罪结果的一种表达路径,因为身心健康的损害归根结底还是通过性自主权的损害达成的,即"'对保护法益的侵害,是通过对行为对象的侵害而成为构成要件要素(构成要件结果)的',所以,形式的结果会征表实质的结果"②。此外,有学者认为杀人、伤害等犯罪行为事实上都会对少女的身心健康产生不良影响,但故意杀人罪等的保护法益并不包括身心健康,这说明"身心健康"是立法的意图(刑法所欲避免的犯罪结果),但不符合法益的经验实在性要求。③

具体而言,由于年满 14 岁的女性已拥有性同意能力,这意味着仅发生性关系并不会对其身心健康造成损害。例如,受照护人在权衡利弊后选择面向负有照护职责人员作出性同意的情形,按笔者观点,其性自主权因为性同意形成过程中受到一定程度的限制,理应落入本罪保护范围。同时,性同意的作出虽然受到一定程度的影响,但应当认为受照护人对于作出性同意后即将面临的现实境况已有相当程度的心理准备及心理认知,故本

① 参见杨金彪:《负有照护职责人员性侵罪构成要素比较分析》,载《环球法律评论》2022 年第 3 期。
② 张明楷:《具体犯罪保护法益的确定依据》,载《法律科学(西北政法大学学报)》2023 年第 6 期。
③ 参见曾文科:《论刑法中未必的危险》,载《政治与法律》2023 年第 9 期。

罪中难言被害人身心健康受到侵害具备高度盖然性,而只是犯罪可能造成的一种后果。此外,作为保护法益的身心健康还面临受侵害的判定标准及程度问题。肯定身心健康作为独立保护法益存在,意味着仅侵害身心健康而不侵害性自主权的情形仍应落入本罪规制范围,而此结论显然与本罪构成要件存在冲突。对于二元论而言,量刑上的体系冲突也是十分有力的反驳。相较于保护法益同为性自主权的强奸罪,若同时将身心健康纳入本罪保护法益范围内,使得本罪的保护法益多出一种"身心健康",意味着本罪所规制的行为恶性更高、危害更大,理应设置更为严苛的法定刑。但事实上,本罪的法定刑要低于强奸罪。

二、作为比较对象的日本监护者性交等罪

(一)监护者性交等罪的立法意图

现行的日本《刑法》中有关性犯罪的规定自1907年确立至今,分别在2017年和2023年经历过两次修改。2017年改正前的日本刑法中,性犯罪包括强奸罪和准强奸罪,二者的区别仅在于手段要件中,前者要求采取"暴力、胁迫"手段,后者要求"乘被害人丧失意识、无法抗拒之机",二者共通之处在于都需使被害人处于显然难以抵抗侵害的状态。①

2017年日本《刑法》修改对有关性犯罪的规定进行了大幅度的修改,新设"监护者性交等罪""监护者猥亵等罪"两个罪名,意在规制发生于监护人和18岁以下被监护人间的性侵害。在监护者性交等罪设立之前,监护人和被监护人间的性侵犯罪,对于难以举证确认存在利用暴力或胁迫手段的,无法通过强奸罪进行规制。对此,在2017年日本刑法修订前的司法实践中,依据日本《儿童福祉法》第34条第1项第6号②中规定的"指示儿童淫行"进行处罚,其法定刑低于强奸罪。然而在类似案例中存在由于被害人无法脱离加害人的监护,或者长期受到加害人的性虐待导致没有对性产生正确认识的可能,从而未明确表示出拒绝的情形。虽无侵害性自主权的外观,但确实存在对于性自主权的实质性侵害。对此,立法机关认为即使不满足强奸罪、准强奸罪所要求的暴力、胁迫或是丧失意识、无法抗拒的手段要件,也存在与强奸罪、准强奸罪相当的当罚性,③从而推动了监护者性交等罪的立法。④ 而在2023年的刑法修订中,"强制性交等罪"与"准强制性交等罪"两罪名被整合为"不同意性交等罪",将手段要件中要求足以使被害人陷入显然难以

---

① 西田典之『刑法各論(第六版)』(弘文堂,2012年)91-93頁参照。

② 违反第34条第1项第6号之规定(指示儿童淫行)的,处以十年以下有期徒刑或三百万日元以下罚金,或二者并处(笔者译)。日语原文:「第三十四条第一項第六号の規定(児童に淫行をさせる行為)に違反した者は、十年以下の懲役若しくは三百万円以下の罰金に処し、又はこれを併科する。」

③ 前澤貴子「性犯罪規定に係る刑法改正法案の概要」国立国会図書館調査と情報第962号(2017年)6頁参照。

④ 前澤貴子「性犯罪規定に係る刑法改正法案の概要」国立国会図書館調査と情報第962号(2017年)2-6頁参照。

抵抗状态的“强制”和“准强制”,修改为被害人处于难以形成、表明或坚持自身性不同意意思的“不同意”要件,不仅类型化出 8 种具体的情形,还明文规定存在婚姻关系的双方间也能够成立不同意性交等罪。①

(二)监护者性交等罪的解释进路

监护者性交等罪中所称的“监护者”,事实上与日本民法上的“亲权者”②意义相同。构成“监护者”这一要件的人员必须在居住场所、生活费用、人格形成等生活的方方面面都同被监护人间存在持续的依存、被依存或是保护、被保护的关系。具体的判断要素有:是否同居、居住场所的关系、对未成年人的教育情况、对未成年人生活上的照顾情况、生活费的支付、未成年人相关的各种手续办理情况等。③

为了说明仅仅对监护人进行规制的本质原因,需要说明这一身份的特殊性。已具备性同意能力者,可以基于自由意志选择性行为的对象。但由于监护者性交等罪的存在,具备性同意能力而未满 18 岁的人以监护者为对象的性行为被类型化地纳入犯罪的规制范围,这一性同意被推定无效。由于不存在强制性交等罪所要求的外观,推定性同意无效的关键依据就在于身份关系以及基于身份关系的影响力的利用。对于影响力的利用这一要件,日本有学者认为当满足“监护者”这一身份要件时,必然无可避免地对被监护人施加影响,对影响力的利用也成为常态。④ 其问题在于忽视了影响力的程度差别,即对未达到强制程度的影响力之利用是无可避免的,但若将达到强制程度的影响力同样认定为必然的,那么将“对影响力的利用”设定为要件的意义便荡然无存,完全被“监护者”要件涵盖。

因此,若欲解释本罪对监护者进行处罚的依据,需要确认监护者具备足以使被害人性同意在实质上无效程度的影响力。这也是前述对监护者要件有着极为苛刻的认定条件的原因之一,即通过对身份认定的限缩,确保身份要件与(达到强制程度的)影响力之间存在高度盖然性。因而当监护人利用基于其身份关系而产生的达到强制程度的影响力,与被监护人发生性关系时,即使存在被监护人性同意的外观,也依然认定监护人侵害

① 法務省「法制審議会刑事法(性犯罪関係)部会第 4 回会議議事録」2022 年 1 月 26 日参照。《日本刑法》第 177 条:有前条所列行为的,不问婚姻关系之有无,处以五年以下有期徒刑(笔者译)。日语原文:「(前略)…をした者は、婚姻関係の有無にかかわらず、五年以上の有期拘禁刑に処する。」

② 《日本民法》第 820 条:“持有亲权者,有出于孩子的利益对孩子进行监护及教育的权利及义务(笔者译)。”日语原文:「親権を行う者は、子の利益のために子の監護及び教育をする権利を有し、義務を負う。」

③ 前澤貴子「性犯罪規定に係る刑法改正法案の概要」国立国会図書館調査と情報第 962 号(2017 年)7 頁;法務省「法制審議会刑事法(性犯罪関係)部会第 3 回会議議事録」2015 年 12 月 16 日 3 頁(中村幹事発言);深町晋也「家庭内における児童に対する性的虐待の刑法的規律——監護者性交等・わいせつ罪(刑法 179 条を中心に)」立教法学 97 号(2018 年)102 頁;今井猛嘉「監護者わいせつ罪及び監護者性交等の罪」法律時報 90 巻 4 号(2018 年)64 頁参照。

④ 品田智史「看護者性交等罪等の検討」刑事法ジャーナル55 号(2018 年)15 頁参照。

被监护人的性自主权,构成监护者性交等罪。相应地,若确有证据表明影响力无法达到强制的程度,如监护人在被监护人年少时即远赴海外工作的情形,双方共同生活的时间极短,即使相互间保持联络,满足监护者的持续要件,也存在认定影响力不能达到强制程度的可能。①

(三)监护者性交等罪的保护法益:性自主权

监护者性交等罪的保护法益为性自主权,这一点在日本法制审议会刑事法(性犯罪关系)部会中得到主张。② 性自主权可以成为监护者性交等罪的保护法益的理由有以下几点。

首先,根据法条中的“依照第 177 条第 1 项的规定处罚”,可以将该罪名视为强制性交等罪(2017)、不同意性交等罪(2023)的一种特别规定,对犯罪者的处罚也经由此罪引导向上述两罪。此外,监护者性交等罪实质是通过身份关系该当性抵销强制性交等罪中“强制”手段该当性,因此从法条的体系地位出发,可将该罪名视为强制性交等罪的特别规定,故应与强制性交等罪(2017)、不同意性交等罪(2023)具有相同的保护法益,至少也应具有同等程度的可罚性。

其次,存在“利用影响力”这一明文规定的构成要件要素,以及“监护者”这一身份要件被极为严格地限定。基于这一身份产生的权力、地位、影响力等所生出的看不见的强制下所作出的性同意存在瑕疵,难言是基于自由意志的性同意,因此属于性自主权的侵害。归根结底,监护者性交等罪的立法目的就在于对存在特定人身关系的加害者利用基于其身份的影响力和人身关系,强迫或是引导被害人作出性同意后进行性侵害的事例进行规制,保护未成年人的性自主权正是立法的目的所在。

除此之外,也有学者认为监护者性交等罪的保护法益应当同时包括被害人的身心健康。③ 其依据在于,在监护者性交等罪立法之前,对相关犯罪的处理所适用的日本《儿童福祉法》“指示儿童淫行”的保护法益为儿童(未成年人)的身心健康,而监护者性交等罪的构成要件无论在主体、客体还是在行为样态上,都同违反《儿童福祉法》的构成要件相重合。④ 对此,反对意见认为,刑法保护性自由,而《儿童福祉法》等特别法案则单独具备青少年保护等职责,二者存在职责分担,因此没有必要再将身心健康认定为监护者性交等罪的保护法益。⑤

① 今井猛嘉「監護者わいせつ罪及び監護者性交等の罪」法律時報 90 巻 4 号(2018 年)65 頁参照。

② 法務省「法制審議会刑事法(性犯罪関係)部会第 3 回会議議事録」2015 年 12 月 16 日 3 頁(中村幹事発言)参照。

③ 深町晋也「家庭内における児童に対する性的虐待の刑法的規律——監護者性交等・わいせつ罪(刑法 179 条を中心に)」立教法学 97 号(2018 年)101 頁参照。

④ 神元隆賢「刑事判例研究　札幌地小樽支判平成 29 年 12 月 13 日(監護者性交等罪と児童福祉法違反の罪数関係)」北海学園大学法学研究 53 巻 4 号(2018 年)108 頁参照。

⑤ 法務省「法制審議会刑事法(性犯罪関係)部会第 3 回会議議事録」2015 年 12 月 16 日 18 頁(佐伯委員発言)参照。

三、本罪保护法益的规范比较分析

(一)本罪的扩张性

相较于日本刑法中极为受限的监护者,本罪成立时并未取民法中的"监护"这一称谓,而是重新构建出"照护职责"这一全新的概念,笔者认为其目的在于同民法上的"监护"相区分。根据法条规定,负有照护职责人员指的是"负有监护、收养、看护、教育、医疗等特殊职责的人员",由此可知,民法上的监护人也属于负有照护职责人员的一种,本罪中的"负有照护职责人员"相比日本监护者性交等罪中的"监护者",其范围相当程度地扩大了。

具体而言,负有照护职责人员可分为:(1)监护、收养;(2)看护、教育、医疗;(3)其他(条文中的"等")三种。其中,(1)相当于日本监护者性交等罪中的"监护者",(2)(3)则属于在监护者性交等罪成立过程中有所讨论的可能对被害人产生较强影响力的教师、教练、雇主等身份。在日本立法过程中,(2)(3)并未被列入监护者性交等罪的规制范围,原因在于监护者性交等罪意在类型化地否定性同意的有效性,[①]同时又对加害人施以强制性交等罪同等程度的法定刑,因此其范围需要被极为严格地限定。而在我国负有照护职责人员性侵罪中,此两类身份落入罪名的规制范围之内。这意味着本罪相较于日本监护者性交等罪,身份要件的涵摄范围显然更加宽泛。如果同样以监护者性交等罪"类型化地否定性同意的有效性"来解释本罪,即满足双方身份关系的,一律认为受照护人一方的性同意无效,那么的确可以认为本罪的保护法益与强奸罪相同,属于性自主权。但问题在于,本罪的法定刑低于强奸罪,会产生体系解释上的冲突。

此外,本罪条文中并不存在"利用影响力"这一手段要件,或者说总是存在一种低程度的"利用影响力"要件,这也是本罪同监护者性交等罪的一大区别。国内学界有学者援引日本《刑法》第 179 条,以日本的监护者性交等罪存在利用影响力这一要件为依据,认为在本罪中也应当存在影响力的利用这一不成文的要件。[②] 关于这一点,笔者认为有必要说明中日两国两罪名法条中所指称的"影响力"之定义的区别。

日本监护者性交等罪中的"影响力"指的是达到强制程度的影响力,这在前文中已经有所述及。在本罪中,假如要求一种达到强制程度的影响力,足够认定性同意无效,那么显然无须新设罪名,可以直接认定满足强奸罪中的"其他手段",以强奸罪定罪处罚。此外,无论是监护者还是负有照护职责人员,在较为密切的人身关系下,其与被害人间的交

---

① 前澤貴子「性犯罪規定に係る刑法改正法案の概要」国立国会図書館調査と情報第 962 号(2017 年)7 頁参照。

② 参见王昕宇:《负有照护职责人员性侵罪的规制逻辑》,载《黑龙江省政法管理干部学院学报》2022 年第 2 期;张勇:《负有照护职责人员性侵罪的司法适用》,载《青少年犯罪问题》2021 年第 4 期;蒋知源:《负有照护职责人员性侵罪的出罪理据与解释路径》,载《东南大学学报(哲学社会科学版)》2022 年 S1 期。

往是无法完全避免对影响力的利用的。甚至可以说,二者的相识之始就是建立在影响力的利用上的。因此,作为构成要件的“影响力”若去除“足以达到强制的程度”这一限定,那么可以说对于影响力的一定程度上的利用将成为一种常态。此外,我国《关于依法惩治性侵害未成年人犯罪的意见》《关于办理强奸、猥亵未成年人刑事案件适用法律若干问题的解释》中也表明足以达到完全强制程度的影响力的利用并非负有照护职责人员性侵罪的构成要件要素,而是强奸罪的构成要件要素。

因此,关于本罪中的“影响力”,笔者认为其不应达到足以强制的程度,而低程度的影响力之利用又是一种常态,无须特意规定在法条中,这同时也是在我国相关规定中并未明文出现的理由。“影响力”的程度不同,同样体现出本罪“负有照护职责人员”相较于日本监护者性交等罪中“监护者”而言的扩张性。也就是通过在扩张主体范围的同时收紧惩罚力度,尽可能在更大范围地规制某种行为的同时避免附加过于苛刻的刑罚,从而达到罪责刑的平衡。

(二)负有照护职责人员性侵罪在我国刑法体系中的定位

本罪与强奸罪存在较为明显的差异化功能,有较高的区分度。首先,本罪的规制范围十分明确地特指存在性同意的情形。理由在于,法条中对行为要件的描述采用“发生性关系”的说法,而未采现有的强奸罪中所称的“强奸”或“奸淫”,其意义就在于与强奸罪所规制的行为形成区分,从而明确本罪与强奸罪的功能界限。当确有证据证明负有照护职责人员在未获性同意的前提下实施犯罪时,应落在强奸罪的规制范围内;仅对于负有照护职责人员获受照护人性同意与之发生性关系的情形,适用本罪。

此外,从量刑角度考察,日本监护者性交等罪与其于 2017 年刑法改正案中的强制性交等罪、2023 年刑法改正案中的不同意性交等罪适用同样的法定刑,即 5 年以上有期徒刑;而本罪相较于侵害性自主权的强奸罪,法定刑量刑更为轻缓,仅仅在“情节恶劣”的情形下,才以与强奸罪基本犯法定刑相同的刑罚进行惩处。因此,本罪所要求的法益侵害程度不及日本刑法中的监护者性交等罪,这与前述本罪之构成不要求取得性同意相对应。

基于上述论证,本罪是一种对于强奸罪之规制无法触及之处进行规制的补充性的条款,两罪名功能划分有较为明晰的界限。此外,在法定刑的设定上也依据两罪名法益侵害程度的不同存在相应的区别,互为补充。

(三)本罪的保护法益:“部分的性自主权”之提倡

作为保护法益的“部分的性自主权”,具体指的是,在存在身份关系的前提下,只要受照护人的性自主权受到任何意义上的侵害,即在其性同意的形成、表明及坚持的全过程中受到来自负有照护职责人员的影响,并不完全出于自身意愿,就应当认定为部分的性自主权受到侵害,从而落入本罪规制范围。

应当说,本罪的保护法益并非性自主权,至少对于性自主权的侵害不能达到足以使有效的性同意完全无效的程度。对于这点,国内已有数位学者有所讨论,如“不被诱骗的性自主权说”①“性自主权减损说”②“性意思决定自由说”③等。这是由于本罪所预想的是存在性同意外观的情形,在性同意作出的时点,被害人的自由意志受到负有照护职责人员这一身份所带来的一定程度的压力与制约,但难言达到强制。更进一步地,可以说本文所谓“部分的性自主权”相较于传统性自主权的不同点正是 2023 年日本性犯罪刑法修订的核心:将“强制”要件修改为“不同意”要件,意味着性犯罪的认定关键从加害人是否使被害人陷入显然难以抵抗状态,变更为被害人性同意之形成、表明及坚持的整个过程中是否受到各种意义上的施压。此种认定方式,能够较好地应对例如负有照护职责人员和受照护人等存在密切人身关系的主体间的性侵害问题。

主张部分的性自主权为本罪保护法益的理由如下。首先,从本罪法条的体系定位方面出发,由于本罪法条位居强奸罪之后及强制猥亵、侮辱罪之前,参照我国《刑法》分则第四章“侵犯公民人身权利、民主权利罪”的章节名和各法条的排列顺序,三罪名的保护法益应属同种类型;此外,本罪“第二百三十六条之一”的形式也说明本罪与强奸罪在体系上的密切关系,应当认为本罪的保护法益至少属于与性自主权相关联的法益。参考本罪与强奸罪间量刑的差别,应当同时将本罪的保护法益与强奸罪作出区分。本罪基本犯法定刑低于强奸罪,参考日本监护者性交等罪与强制性交等罪在法定刑设定上未存在差异,不难得出我国刑法中本罪在扩大处罚范围的同时降低处罚力度,带有一定补充性色彩的结论,即本罪在法益侵害上只要求构成对部分性自主权的侵害。只有这样,法益侵害程度才能与降低后的处罚力度相匹配。否则本罪将与强奸罪功能重复,新设罪名的必要性便值得怀疑。

其次,在构成要件方面,如前文所述,相较于日本监护者性交等罪以及我国强奸罪的要件设定,本罪要件呈现出扩张的特性。在主体要件上,“负有照护职责人员”的涵摄范围远远大于“监护者”。在手段要件上,日本监护者性交等罪之“利用影响力”要件在本罪中未被明文规定的原因在于,前者中的“影响力”要求达到强制的程度,而本罪并不要求达到强制程度。此外,由于法条中也并未规定具体的手段要件,因此部分的性自主权说同样不对具体的手段要件作出限定,能够最大限度地将各类可能出现的现实境况包含

① 姜瀛:《负有照护职责人员性侵罪的法益追问与适用边界——“不被诱骗的性自决权说”之提倡》,载《现代法学》2022 年第 3 期。

② 张馨文:《负有照护职责人员性侵罪的解释路径探析——以实质的反面解释为切入》,载《法律适用》2023 年第 4 期。

③ 贾易臻:《截堵罪名与法益扩张:负有照护职责人员性侵罪的规范定位、保护法益与出罪路径》,载《甘肃政法大学学报》2023 年第 1 期。

进本罪规制范围内,从而实现立法意图。在行为要件上,本罪法条所选取的“发生性关系”也同强奸罪中的“强奸”“奸淫”存在文义上较为明显的区别。据此可以说,本罪的侵害结果确为受照护人的性自主权,但并未如强奸罪那样达到完全强制的程度,因此本罪的保护法益应当为部分的性自主权。

最后,该说为合理出罪提供了一定的空间。关于本罪中罪与非罪的关系,按完全的性自主权说,入罪要求对性自主权的侵害达到完全的压制程度。那么其出罪路径就在于,只要证明对性自主权的侵害并未达到完全压制的程度,即可证成不构成本罪,这显然同立法目的相悖。须知本罪设立所预想的情景就是在密切的人身关系下所产生的模棱两可的性同意,受照护人主张自身的性同意是受迫作出的,而负有照护职责人员则主张已获得性同意,至少是性同意的外观,双方间的对抗形成性同意有效性的“罗生门”。而若取部分性自主权说,则其补集为不存在任何对性自主权的压制,要求性自主权基于无任何瑕疵的自由意志完整地发挥作用,这符合对于受照护人不能、不敢、不知抗拒来自负有照护职责人员的性邀请从而作出性同意,导致受到侵害等现状进行规制的立法意图。若有确切证据表明负有照护职责人员并未对受照护人的性自主权造成任何程度的侵害,那么对于出罪的合理论证也就存在可能。

四、“部分的性自主权”说的适用

(一)本罪与强奸罪的关系

由于本罪的保护法益为部分的性自主权,故本罪与强奸罪可能存在竞合关系,这也是《刑法》第 236 条之一第 2 款,以及前述《关于依法惩治性侵害未成年人犯罪的意见》的趣旨所在。在满足身份关系的前提下,构成一般意义上强奸罪的,即通过暴力、胁迫手段实施性侵害的,必定构成本罪。这是由于强奸罪要求被害人的性自主权被完全压制,认定范围相较本罪显然更加限缩,当加害人已侵害完全的性自主权时,必然已经侵害了部分的性自主权,因此构成本罪。

在满足身份关系,并且存在性同意的外观时,两罪名的区分应该从法益侵害的程度着手,进行实质性审查。如果有证据表明加害人对被害人性自主权的侵害已达到足以完全压制对方意志的程度,那么应认定为强奸罪中的“其他手段”,并如前文所述,当然构成本罪。仅在加害人对被害人性自主权的侵害(无论通过何种手段)不足以达到完全压制的程度,只是在一定程度上对被害人性同意的形成、表明和坚持过程中产生影响时,才不构成强奸罪,而仅构成本罪(见图 1)。

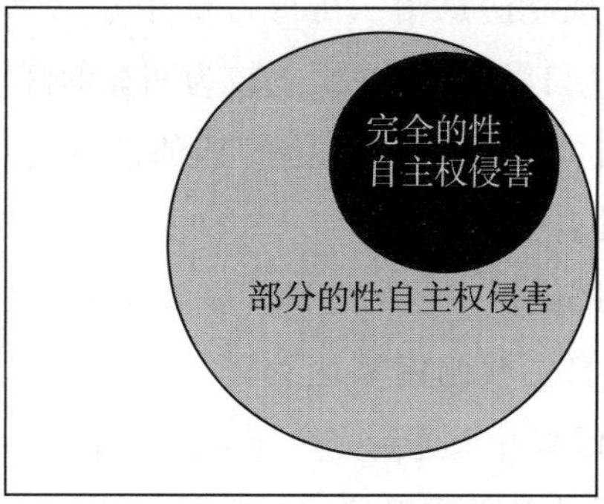

图 1 两罪名保护法益的侵害关系

基于部分的性自主权说,两罪名的认定呈现一种递进式的关系,即在身份关系存在的前提下,强奸罪的成立范围完全被本罪成立范围所包涉。换言之,在身份关系存在的前提下,若欲实施完全的性自主权侵害,必然首先实施部分的性自主权侵害。因此不存在避开本罪而仅构成强奸罪的可能,只存在仅构成本罪而不构成强奸罪的可能。

(二)本罪的出罪路径:积极的性同意判定方式

由于本罪保护法益为部分的性自主权,因此若欲讨论出罪的路径,关键在于寻找对部分的性自主权的侵害的补集,即不存在任何对性自主权的侵害的情形。具体而言,在受照护人性同意的形成、表明、坚持的全过程中都不曾受到来自负有照护职责人员的任何影响,才能确定未落入本罪的规制范围,可以考虑出罪。这一点同时也是对本罪立法意图的回应。因为本罪立法之初所设想的,就是由于存在性同意之外观故而不能适用强奸罪的情形,因此本罪对于已作出的性同意,更倾向于实质性审查,即不仅要求性同意的表明,还要求性同意之形成、表明、坚持的全过程都不存在任何受迫,完全出自本意。

归根结底,对于入罪与否,应在积极的性同意判定方式的意义上进行实质性审查,并且以动态的视角将性同意的形成、表明和坚持的整个过程都纳入审查范围。

五、结论

不同于过去的"No means No"式的判定方式,日本 2023 年的性犯罪刑法修订中紧跟欧美的立法潮流,将"Only Yes means Yes"式的积极的性同意判定方式以立法的形式确立下来,前者意味着只有明确表达拒绝时,才能确定性同意的不存在;而后者意为仅仅在明确表达同意时,才能肯定性同意之存在,①回应了性侵犯罪中被害人所面临的不知、不能、不敢反抗的困境。这导致监护者性交等罪在原先性犯罪刑法体系中的特有功能被架

---

① 参见郭晓飞:《"积极同意"的是与非——关于美国性侵认定标准争议的一个综述》,载《妇女研究论丛》2020 年第 2 期。

空,该等身份关系下的性侵犯罪已可以直接适用不同意性交等罪。

虽然国内有学者主张将强奸罪中的“违背妇女意志”要件解释为“被害人不同意”①,但是从我国当前社会现实背景而言,可以说很难“一步到位”地直接对所有性犯罪都采取上述积极的性同意判定模式。② 在我国刑法中,性犯罪刑法体系应当总体上仍采“No means No”式的性同意判定方式,作为折中,只有在本罪中,立足于特定身份关系下的未成年人性权益保障,对其性同意的判定采取“Only Yes means Yes”式的判定方式,保护法益随之转变为本文所述“部分的性自主权”,要求特定身份关系下,性同意的形成、表明及坚持的全过程不存在任何瑕疵,完全出自本意。这也符合公众对未成年人性权益保障的期待。但也许在不久的将来,随着社会观念不断变化,性同意的判定标准也将逐渐趋于开放。

Comparative Interpretation Path of Legal Interests of Sexual Assault Crime by Persons with Care Duties

Zhang Bolun

Abstract: The crime of sexual assault by persons with care duties is similar to sexual intercourse by a person having custody of a person under 18 in Japanese criminal law in terms of legislative purpose, components of a crime and protection of legal interests. Combining with the two corrections of sexual crime in Japanese criminal law and the legislative intent of crimes such as sexual intercourse by guardians, comparing the functional orientation of the two crimes in their respective criminal law systems makes normative analysis respectively. It is considered that the protection of legal interests of sexual assault by persons with care duties should be partial sexual autonomy, and there is no flaw in the whole process of forming, indicating and insisting on the cared persons' consent. In essence, it adopts a positive way of judging sexual consent and provides a certain space for reasonable decriminalization.

Keywords: Crime of sexual assault by persons with care duties; Sexual intercourse by a person having custody of a person under 18; Protection of legal interests; Partial sexual autonomy

(责任编辑:王冠霖　助理编辑:李政霖)

① 参见骆群:《强奸罪成立要件中的“违背妇女意志”应为“被害人不同意”》,载《东北师大学报(哲学社会科学版)》2022 年第 4 期。

② 参见罗翔:《论对同意的认识错误——以性侵犯罪中的假想同意切入》,载《清华法学》2010 年第 1 期。

学术争鸣

“开放结构”与法律问题的唯一正确答案

马靖皓　冉富强*

摘　要　哈特通过“开放结构”概念说明了法律推理的一般特征,批判了形式主义理论。他认为,自然语言具有“开放结构”这一事实必然导致法律问题并不总是存在唯一正确答案。虽然,“开放结构”具有不同层次且各层次之间不存在必然联系的主张,以及德沃金意义上的法律原则和建构性诠释对哈特的主张给予了批判,但是,这两者都缺乏一种法律规则的内部视角,因此,无法从该视角反驳哈特的主张,从而导致法律规则层面的唯一正确答案依然不可能获得。基于此,从法律规则的内在结构出发,指出一般化语词在法律规则内外的外延并不必然相同,并且法律规则的“内在面向”也并不等同于一般化语词的“内在面向”,所以,当事例处于一般化语词的“开放结构”中时,法律规则层面上存在受该规则约束的唯一正确答案仍然是可能的。

关键词　开放结构　唯一正确答案　内在面向　法律规则结构　法律论证

在西方法学界,对法律问题是否存在唯一正确答案的争论是不可忽视的重要问题。法律形式主义和以法律现实主义为代表的怀疑论在该问题上存在巨大争议。法律形式主义通过构造“概念金字塔”指出,当我们面对法律问题时,新的法条能够通过形式逻辑的方式从最高位阶的概念中逐步演绎得出,因此,任何法律问题毫无疑问都存在唯一正确答案。① 法律现实主义的怀疑论则认为,法律规则无法引导我们找到法律上的唯一正

* 马靖皓,河南财经政法大学法学院法学理论专业2022级硕士研究生;冉富强,法学博士、河南财经政法大学法学院教授,研究方向为宪法学、法理学。

① 参见[德]卡尔·拉伦茨:《法学方法论》,黄家镇译,商务印书馆2020年版,第30~31页。

确答案。[①] 对于这一争论,哈特发展出了一种折中方案。他从语言存在“开放结构”这一基本事实出发,认为在大多数情形下,我们要受到规则的约束,能够通过适用规则得出唯一正确答案。但是,一旦我们处于语言的开放结构中,由于通过一般化语词的使用规则无法得出确定答案,法律问题就不可能有唯一正确答案。然而,“开放结构”理论存在的模糊性动摇了这一命题的根基。故此,德沃金通过提出整全法和建构性诠释的方案对哈特进行了批判。他认为,除了法律规则之外,法律原则也是得出唯一正确答案的判断依据。陈景辉教授认为,“开放结构”可能存在诸多层次,并且语言的“开放结构”并不必然导致规则的“开放结构”。[②] 基于此,语言的“开放结构”也并不必然导致法律问题不存在唯一正确答案。本文认为,前述观点并不必然成立。实际上,即便处于语言的“开放结构”中,也并不必然立刻过渡到法律原则等层面,法律规则层面上的唯一正确答案依然是可得的。

一、哈特的“开放结构”理论与唯一正确答案

(一)哈特的“开放结构”理论

哈特指出,“社会控制的主要工具一定是一般化的规则、标准和原则,而不是个别的对每一个个人所下的特定指示。唯有通过一般化的行为标准,才能够在没有随时发出进一步指示的情形下,让广大的人民能够理解,在某情况发生时,他们应该要做什么”[③]。因此,法律作为控制社会的手段,其内容必然涉及一般化的语词,并且其成功运作依赖于人们将特定情形、事物涵摄到法条文字的一般化分类中。

然而,采用一般化语词并非总是带来确定性。即使以一般化语词构成规则,规则在具体个案中仍然有可能是不确定的。哈特认为:“特定的事实情境并非已经自己区分得好好的,贴上标签表明是某一般规则的具体事例,在那儿乖乖地等着我们,而且规则本身也不能够站出来,指定它自己包含的事例。”[④]我们成功地将规则应用于某一事实情形,依赖于我们对构成规则之一般语词的理解。一般化语词如果想要被传播,必须包含被我们所熟悉的,在正常情况下能够毫无疑问自动归属于它的事例。在正常情形下,人们对于如何使用该语词有着普遍的共识,我们能够通过形式主义所倡导的三段论,自动适用规则进而得出确定的结论。然而,由于我们经验的有限性,总会出现新的情形或事物,“它们只拥有正常情况的某些特征,而不具备其他的特征”[⑤]。此时,我们无法确定之前的一

① 参见吕世伦主编:《西方现代法学流派》(上卷),黑龙江美术出版社 2018 年版,第 324 页。
② 参见陈景辉:《“开放结构”的诸层次:反省哈特的法律推理理论》,载《中外法学》2011 年第 4 期。
③ [英]哈特:《法律的概念(第三版)》,许家馨、李冠宜译,法律出版社 2018 年版,第 187 页。
④ [英]哈特:《法律的概念(第三版)》,许家馨、李冠宜译,法律出版社 2018 年版,第 189 ~ 190 页。
⑤ [英]哈特:《法律的概念(第三版)》,许家馨、李冠宜译,法律出版社 2018 年版,第 190 页。

般化语词是否能够适用于它们。在这种非正常的情形下,“针对某个一般化语汇是否应该被使用在特定事例上,我们会同时遇到赞成以及反对的理由,而且此时没有任何根深蒂固的习惯或普遍的共识,能够告诉想要进行分类的人应该或不应该使用这个一般化的语汇”①。在该种情形下,上述通过三段论自动适用规则的方法就不再适用,因为我们正处在语言不确定的“开放结构”之中。

哈特所主张的“开放结构”源自魏斯曼的“语言层次”理论。魏斯曼认为,经验概念具有“开放性”特质。我们对某经验对象的定义不可能做到完全精确,即我们不可能对某事物的边边角角都进行精确的定义。魏斯曼进一步指出,我们必须将上述概念的“开放性”特质同概念的“模糊性”区分开来。“一个语词如果实际上以某种变动不居的方式使用的话(例如:‘一堆’或‘粉色’),这就被称为是模糊的。”②概念的“开放性”特质和概念的“模糊性”并不等同,因为即便某概念的实际使用不会模糊,该概念也存在“开放性”特质,尽管概念的“开放性”特质会导致概念的“模糊性”。概念的“开放性”特质和概念的“模糊性”之根本区别在于,模糊性可以通过引入新的规则予以避免,而开放性则不行。哈特的“开放结构”指的是概念具有“开放性”特质,而不是概念具有“模糊性”。

(二)“开放结构”如何导致“不存在唯一正确答案”

哈特在《法律的概念》中并未直接提及“唯一正确答案”命题,因而我们无法得知其所认为的“唯一正确答案”命题的具体内涵。不过,我们依然能对“唯一正确答案”命题做一个初步的定义,该定义尽可能地回避了对具体细节的争议,而仅关注其中必不可少的成分,进而我们可以通过它推断哈特的观点。首先我们必须定义“法律问题存在唯一正确答案”意味着什么。很明显,一个法律问题 P(P 指的是某一法律上的事实是否导致相应的法律后果)存在唯一正确答案当且仅当存在答案 Q(对 P 的肯定或否定回答),使得 Q 是 P 的解,即 Q 正确,同时满足 Q 唯一。首先考虑“正确”,即便对这一词汇具体内涵的理解可能会有差异,但是至少在判断某答案是否正确时,我们必须已经知道什么是正确的,进而才能将该答案与我们已知的标准进行对照。如施塔姆勒所言:“没有人可以将‘正确的’和‘不正确的’思维之间的区别解释为‘不正确或者只是怀疑其正确性,如果不预先假定它的话’。”③因此,“正确性”至少意味着符合某种预先假定的标准。而“唯一性”则意味着除了答案 Q 以外所有的答案都不符合该标准。换言之,除 Q 以外的所有答案都不符合该标准等价于根据该标准得出的所有 Q 以外的答案都会受到批判,进而期待一种改正。法律问题的解只有两种完全相反的情形。因此,Q 正确为真命题必然意味着

---

① [英]哈特:《法律的概念(第三版)》,许家馨、李冠宜译,法律出版社 2018 年版,第 190 页。

② 徐强:《弗里德里希·魏斯曼和他的“语言层次”观念》,载《科学技术哲学研究》2018 年第 1 期。

③ [德]卡尔·拉伦茨:《法学方法论》,黄家镇译,商务印书馆 2020 年版,第 121 页。

非 Q 为假命题。故此,这一命题就转换为“法律问题 P 存在唯一正确答案当且仅当存在答案 Q,根据相应标准非 Q 会受到批判”。

基于魏斯曼的“语言层次”理论,只要使用自然语言,那么无论用何种方式传播一般化的规则或标准,都不可避免地会遇到“开放结构”。此外,我们无法通过设立一种十分详细的规则以规避这种“开放结构”。因此,使用自然语言的法律规则必然存在“开放结构”。我们可以推断,哈特认为“唯一正确答案”主要关涉法律规则中一般化语词的使用规则。当事例处于一般化语词的“开放结构”中时,我们不可能依赖该标准而对其他答案进行批判。此时法官必须依靠自由裁量,通过“赋予一条规则的核心地带以增加量”[①]引入并细化法律规则,然后溯及既往地适用于当前事例。所以,哈特所认为的“唯一正确答案”就具有如下特征:以法律规则中的一般化语词为判断标准,我们能仅依靠该标准对特定答案 Q 的逆命题非 Q 提出批判,并期待改正。

二、既有研究对哈特“开放结构”理论的批判

既有研究主要从两个方面对哈特的“开放结构”理论进行了批判。其一,“唯一正确答案”所依赖的判断标准是否只有哈特所认为的一般化语词的使用规则。其二,所谓依据该标准对相反答案进行批判意味着什么。第一个问题指向“正确”的判断标准,第二个问题则关涉答案是否“唯一”。

(一)“开放结构”的诸层次与判断标准的多重性

哈特认为,“唯一正确答案”的判断标准有且仅有法律规则中所包含的一般化语词使用规则。进而,当实例处于该一般化语词的“开放结构”中时,法律问题必定不存在“唯一正确答案”。按照哈特的理论,由于“唯一正确答案”的判断标准有且只有法律规则中的一般化语词的使用规则,事实上语言的“开放结构”与法律规则的“开放结构”具有相同的含义。那么问题在于:“唯一正确答案”的判断标准是否只有法律规则中一般化语词的使用规则?换言之,语言的“开放结构”是否必然传递到规则当中进而导致规则的“开放结构”?对这一问题,陈景辉教授认为,哈特在《法律的概念》中提出了具有层次关系的三种开放结构,即“语言的开放结构”“规则的开放结构”“法律的开放结构”,这三种开放结构之间不存在逻辑上的必然关联。[②] 在此,我们先考虑“语言的开放结构”和“规则的开放结构”。该观点认为,语言具有“开放结构”的确是规则具有“开放结构”的前提条件,但是语言的“开放结构”并非必然导致规则的“开放结构”。因为规则并非独立存在,法律中诸规则能形成一个相对完整的规则体系,即特定规则实际上处于和其他规则的关联

---

① David Lyons, *Open Texture and the Possibility of Legal Interpretation*, 18 Law and Philosophy 297, 299 (1999).

② 参见陈景辉:《“开放结构”的诸层次:反省哈特的法律推理理论》,载《中外法学》2011 年第 4 期。

当中。“因此即使规则是由具备开放结构特性的言辞所组成,但其他规则仍然在很大程度上使规则的意义得以明确。”[①]即便我们对某一规则中的某个语词的适用范围存在异议,也不必然导致该规则具有“开放结构”;另外,并不是说如果语言不存在“开放结构”,由这些语言所组成的规则就不存在“开放结构”。[②] 除此之外,还可能存在语言规则的使用和法律规则的使用相反的情形。这意味着语言的“开放结构”并不必然传递到法律规则当中,其蕴含的“唯一正确答案”判断标准并非只有哈特所认为的法律规则中所包含的一般化语词使用规则。

(二)德沃金的“唯一正确答案”命题——对“判断标准”及“符合”的阐释

前文的“开放结构”诸层次主要从判断标准方面动摇了哈特的主张。德沃金则提出了更为细致全面的“唯一正确答案”命题。他指出:“我的理论假定复杂的道德和法律问题通常存在一个单一的正确答案。”[③]在他看来,法律规则并非像哈特所说的那样,是“唯一正确答案”唯一的判断标准,法律规则的背后存在法律原则,因此,即便是事例语言的“开放结构”中,法官也可以通过法律规则和法律原则来确保“法之完整性”,而不需要求助于法律之外的因素得出“唯一正确答案”。进而,德沃金在《法律帝国》中引入了“建构性诠释”的概念,通过阐明“符合性”的概念对抗哈特的主张。在他看来,“建构性诠释”提供了看待“唯一性”的另一种视角。他进一步认为,法律论证中要证明的某答案的“唯一性”,具有被其称为“内部怀疑论”的特性。[④] 内部怀疑论主要关注结论的合理性问题。德沃金认为,如果我们的确能够证明某答案优于其他答案或者比其他答案更合理,那么我们就能说该答案“正确”而其他答案“错误”。因此,“唯一正确答案”所要求的唯一符合某种特定的标准,意味着某个答案依该标准更加合理或更好,进而我们可以借助“依该标准‘某一答案更好’”这个理由对相反答案进行批判,并且期待改正。

(三)对上述批判的反思——对法律规则本身的忽视

法律上“唯一正确答案”的判断标准并非只有一般化语词的使用规则,并且,“唯一正确答案”所要求的“唯一性”也并非像上述哈特所认为的那样。然而,上述批判并未详细地立足于法律规则本身对哈特进行批判,进而没有详细说明法律规则与“唯一正确答案”的关系。在德沃金那里,主要通过引入法律原则的方式对哈特进行反驳。“开放结构”诸层次间不存在必然关联的主张虽然涉及法律规则,但其主要是从法律规则的整体,即诸法律规则所构成规则体系的角度来反驳哈特的理论。这是处于法律规则自身结构之外的一种视角,即外部视角。对法律规则本身的忽视可能导致出现两个相关联的问题。这

---

① 陈景辉:《“开放结构”的诸层次:反省哈特的法律推理理论》,载《中外法学》2011 年第 4 期。

② 参见陈景辉:《“开放结构”的诸层次:反省哈特的法律推理理论》,载《中外法学》2011 年第 4 期。

③ Ronald Dworkin, *Taking Rights Seriously*, Harvard University Press, 1978, p. 279.

④ See Ronald Dworkin, *Law's Empire*, Harvard University Press, 1986, p. 78 – 83.

两个问题可能导致在法律规则层面上,“唯一正确答案”仍然仅关涉一般化语词的使用规则,进而导致当事例处于语言的“开放结构”中时,法律规则层面的“唯一正确答案”依然不可能,从而没有从根本上动摇哈特关于法律规则的观点,进而忽视法律规则在整个法律实践中的重要作用。

第一个问题涉及法律规则的外部视角。例如,在“开放结构”诸层次不具有必然联系的主张中,通过考察“多次盗窃”中“多次”的定义,指出语言的“开放结构”并不必然传递到规则当中。因为规则处于一个规则体系中,可能存在其他规则定义模糊的语词。然而,这可能意味着我们混淆了上文提到的概念的“开放性”和概念的“模糊性”。这两者的区别在于,后者可以为引入的新规则所消解。在这个例子中,作者认为该法律规则并非独立存在,而是处于一套规则体系之中。因而与其他规则具有体系上的关联,进而能通过其他规则确定“多次”的定义。此时,我们能通过引入其他的规则解决这种“模糊性”。但是,正如前文所述,哈特的“开放结构”理论来自魏斯曼语言层次理论中概念的“开放性”特质理论。而魏斯曼明确区分了概念的“模糊性”和概念的“开放性”。因此,这一事例仅能表现出语言的“模糊性”并不必然导致规则处于“开放结构”中,而不能说明语言的“开放结构”并不必然导致规则的“开放结构”。而哈特的“开放结构”理论是语言的“开放性”必然导致规则的“开放结构”,此时,我们不可能通过引入新的规则来消除这种“开放性”。因此,只从外部视角审视法律规则可能会落入概念的混淆中。

第二个问题由两个相关联的子问题构成,它们以第一个问题为基础且更为根本。在第一个问题的基础上,我们可以将“开放结构”限定为“开放性”特质。那么顺着哈特的思路,两个子问题仍然能够被主张。一个是有关一般化语词外延的问题,另一个则是关于法律规则的约束力问题。第一个子问题是这样的:一般化语词在法律规则内外的外延是否必然相等?根据哈特的“开放结构”理论可以推知,哈特对该问题持肯定态度。这导致法官所谓的解释法律规则与脱离法律单独解释该一般化语词是等同的,并使如何使用一般化语词的共识就等同于如何适用法律规则的共识。只要事例处于一般化语词的“开放结构”中,那么法律解释从根本上就不可能存在,法官所做的只是单纯的事实性工作,即选择是否将一个新的事例归于一个一般化语词。第二个子问题是基于哈特所提出的规则的“内在面向”。哈特认为,“内在面向”是表达我们受到法律规则约束的必要条件。只要事例处于一般化语词的“开放结构”中,即对一般化语词如何适用缺乏共识,那么此时借由所谓法律解释得出的答案就不可能是法律上的“唯一正确答案”。当然,理由并非有少数人认为存在另外一种答案,因为即便是不处于“开放结构”中的问题,我们也很难说所有人都认可相同的答案。真正的原因在于,所谓的“唯一正确答案”并不仅仅意味着结论的大体一致性,虽然这是其必不可少的要素。除了结论的大体一致性,“唯一正确答案”还需要另外的要素。从哈特的观点看,这个要素就受规则约束。该要素平时并不显现出来，我们只能以假设检验的方式来发现它。“如果我们的行为遭到挑战，我们就会引证规则来证立我们的行为……正是我们在遇到这些情境时的反应，而非行为时明白地想到规则，构成了区分以下两种行为的必要条件：一是真正地遵守规则的行为；二是纯粹偶然地与规则一致的行为。”①这主要体现为规则的“内在面向”。当事例处于一般化语词的“开放结构”中时，该法律规则的“内在面向”所包含的上述批判性态度就会荡然无存。在法律规则层面上，由于对一般化语词如何使用和对法律规则如何适用的共识是完全等同的，这表明我们受法律规则约束所需的批判性态度已经不存在，那么法官的所谓法律解释行为只是在“假装”解释法律。② 因此，通过该方式得出的答案尽管结果上会趋于一致，但是因为无法满足该假设检验的标准，该答案不可能是“唯一正确答案”。很明显，对法律规则本身缺乏关注且仅仅采取一种外部视角所引出的相互关联的两个问题，使只要事例处于一般化语词的“开放结构”中，那么规则层面的“唯一正确答案”就不再可能，进而语词的“开放结构”依然意味着规则的“开放结构”。此时，如果可能，就会存在两个层次的“唯一正确答案”：一个是语言/规则层次上的“唯一正确答案”，另一个则是原则层次上的“唯一正确答案”。只要事例处于语言的“开放结构”中，那么问题就会立即过渡到原则领域中，我们只能在原则层面寻求“唯一正确答案”。然而，这并非必然，即便事例处于语词的“开放结构”中，在规则层面依然可能存在“唯一正确答案”。

三、法律规则的结构、法律论证与规则的“内在面向”

想要说明法律规则阶段的“唯一正确答案”何以可能，仅从外部视角无法做到。我们必须从法律规则的内部结构出发，以一种内在的视角来审视法律规则。

（一）法律规则的结构与一般化语词的外延

我们先从第一个子问题开始，为了回应该问题，必须以法律规则的内部结构为基础。法律规则通常由构成要件和法律后果构成。构成要件的内容包括记述的构成要件要素和规范的构成要件要素。前者是对事实的纯粹描述，只需法官单纯的认识性活动即可确定是否满足，后者则需法官进行一定的价值判断，即在单纯事实认识活动的基础上予以补充性的价值评价。③ 为了更贴近本文的主题，我们可将构成要件限定为只包括记述的构成要件要素。对于法律规则而言，“一个完整的法律规范首先要描写特定的事实类型（Sachverhaltsgruppe），即所谓法定的事实构成（Tatbestand），然后才赋予该事实构成某个法律后果……在任何完整的法律规范中，立法者都要处理某个典型的生活事实过程或利

① ［英］哈特：《法律的概念（第三版）》，许家馨、李冠宜译，法律出版社 2018 年版，第 206 页。

② See David Lyons, *Open Texture and The Possibility of Legal Interpretation*, 18 Law and Philosophy 297, 301 (1999).

③ 参见马克昌、卢建平主编：《外国刑法学总论（大陆法系）》，中国人民大学出版社 2021 年版，第 70 ~ 71 页。

益状态(Interessenlagen)并对此做出法律评价。因此,事实构成和法律后果之间的连接(Anknünpfung)是完整的法律规范首要的、最重要的内容"[①]。但是,从特定事实本身无法演绎地得出相应的法律后果。因此,法律规则的结构存在佩策尼克所称的"转化"特征,即法律规则的诸部分满足以下条件:(a)构成要件F的真实性(或有效性)被作为证实法律后果OP的充分理由,并且(b)F不是演绎地得出OP。[②] 这种转化依据的是实质的推论规则。"它们有实质性,意味着分析性规则不作为推论规则而被考虑。如果一条分析性推论规则连同p(作者注:这里p指代构成要件F)逻辑上必然导出q(作者注:这里q指法律后果OP),那么这不是转化。"[③]因而在法律规则中,实际存在一个隐藏的实质非分析性推论规则,该实质性规则担保了F→OP的有效性,构建了从事实到法律后果,即从实然到应然的桥梁。因此,一条法律规则实质上蕴含了两种规则:价值(判断)规则和义务(判断)规则,一条法律规则的完整表达式为:

1.(a)价值(判断)规则:$\forall x(Fx \rightarrow Vx)$,即对于任意的案件事实x,如果其归属于F,则应当得出价值判断V。

2.义务(判断)规则:$\forall x(Fx \rightarrow OPx)$,即对于任意案件事实x,如果其归属于F,则应当得出义务判断OP,即产生法律规则规定的法律后果。[④]

进一步地,在价值(判断)规则中还存在一条子规则:

(b)价值(判断)规则:$\forall x(Vx \rightarrow OPx)$,即对于任意价值判断V,能得出相应的法律后果OP。

其中(a)和(b)一起构成价值(判断)规则,该规则即法律规则中隐含的实质性推论规则。第2条规则其实就是法律规则通常的表现形式。进而法律规则表现为上述两种规则的复合结构。法律规则的这种多重结构可能导致如下情形,即当我们在法律规则中使用一般化语词时,法律规则实际上对某一般化语词的外延会有放缩效应。这种放缩是通过法律规则中的价值(判断)规则的价值预设做到的。比如,对于"妇女"的定义。日常生活中"妇女"一般指"成年女子的通称"[⑤],而强奸罪构成要件要素"违背妇女意志"中"妇女"的外延就更宽泛。这种放缩效应意味着,当我们使用某一般化语词传递法律规则时,该一般化语词本身的外延与其在法律规则中的外延并不必然等同。这意味着如下规则是可能的:

(c)价值(判断)规则:$\forall x(Vx \rightarrow Fx)$,即对于任意案件事实x,如果能满足价值判断

---

① [德]伯恩·魏德士:《法理学》,丁晓春、吴越译,法律出版社2013年版,第61页。

② 参见[德]乌尔弗里德·诺伊曼:《法律论证学》,张青波译,法律出版社2014年版,第113页。

③ [德]乌尔弗里德·诺伊曼:《法律论证学》,张青波译,法律出版社2014年版,第113页。

④ 参见黄泽敏:《案件事实的归属论证》,载《法学研究》2017年第5期。

⑤ 中国社会科学院语言研究所词典编辑室编:《现代汉语词典》,商务印书馆2016年版,第408页。

V,则应当得出将其归属于 F。

而将案件事实 x 在归属于 F 之前归属于特定价值判断 V 的过程,正是由上文价值(判断)规则的放缩得到的。当然,这种放缩必须以一般化语词的核心外延为基础。当语词处于“开放结构”中时,规则层面的“唯一正确答案”不可能存在,所依赖的必要假设就是,一个一般化语词在法律规则内外的外延必然相等。正如我们上面所看到的,这种假设并不必然成立。除非我们承认,在法律规则使用该一般化语词之前,确定其外延本身就意味着特定价值判断上的共识。实际上,法律规则相对于一般化语词如同法律原则相对于法律规则,法律规则中的价值(判断)规则本来就为一般化语词的使用提供了一种新的规则,如同法律原则的引入给法律规则的使用提供了指引。因此,实际上语词的“开放结构”和规则的“开放结构”并不等同,法律规则对一般化语词外延的放缩效应,使依据价值共识决定案件事实的归属成为可能。

(二)法律论证的特征与规则的“内在面向”

通过上文对法律规则结构的分析可知,少在法律规则内部存在一条判断标准,当事例处于一般化语词的“开放结构”中时,我们可能根据该标准达到某结果。虽然,新标准的引入意味着法律规则的“内在面向”并不等同于一般化语词使用规则的“内在面向”,即法律规则之“内在面向”可以进一步细分为义务(判断)规则的“内在面向”和价值(判断)规则的“内在面向”。在此,义务(判断)规则尽管表现形式为法律规则本身,但是其主要指法律规则中一般化语词的使用规则。然而,受法律规则约束是否必须同时要求两种“内在面向”?本部分将说明尽管有时候这两种批判性态度都会存在,但是价值(判断)规则之“内在面向”中的批判性态度对法律规则整体所要求的批判性态度具有根本性的作用。进而即便事例处于语词的“开放结构”中,义务(判断)规则中的批判性态度已经消失,也并不意味着法律规则本身所包含的批判性态度的消失,其依然表明我们受到规则约束,进而使规则层面上受法律规则约束的“唯一正确答案”成为可能。

假设案情为“一辆越野车进入了公园”。一位法官认为,越野车是能够进入公园的,其并未违反“机动车禁止进入公园”这条规则。我们会如何对这位法官的观点做出评价?这位法官事实上的确可能因为纯粹的无知而搞错了“机动车”或“越野车”一词的含义。但是,我们在评价这位法官的观点时更多地会认为他做出了不正义的或不好的法律决定。此时,我们并不认为他在胡言乱语。因而,法律实践的这一个特性使之区别于类似游戏的实践,即如果一个人主张投进一个篮球应该得 10 分,我们会觉得他是愚蠢的,至少在篮球这项运动上是这样的;而如果一个人主张越野车应当被允许进入公园,虽然我们可能不赞同他的观点,但是我们并不会认为他说的是毫无意义的废话。[①] 正是由于法

① See Fernando Atria Lemaître, *On Law and Legal Reasoning*, Hart Publishing, 2002, p. 4.

律规则的复杂结构所导致的对法律规则诸结构之整体适用，并且，对价值（判断）规则的适用是“适用”法律规则的核心部分。在此，我们的批判性态度是价值（判断）规则要求的态度，如果受规则约束真的需要上述两种批判性态度都满足，我们的态度可能就并非如此单一。

第二个例子是“合法不合理”型的疑难案件。这种疑难案件是“如果直接严格适用法律规则就会导致不公正的法律后果的疑难案件”①。当然，疑难案件并非只有这一种类别。但是，我们的主要目的在于论证价值（判断）规则中批判性态度在法律论证中的主导作用，因而我们所选择的例子必须是两种批判性态度都存在的案例，如此才能在该案例中完成对比。对于“机动车禁止进入公园”这条规则，在没有其他规则的情形下，我们会问：救护车能否进入公园？毫无疑问我们对救护车是否属于“机动车”存在共识。进而对该一般化语词的使用规则存在批判性态度。然而，在这种情形下，我们可能会认为应当同意救护车进入公园，救护车不应当受到该规则的约束。我们并不会因为上述观点违反了一般化语词的使用规则而对其进行批判。这表明，所谓法律规则的约束性主要体现在受价值（判断）规则的约束，当我们援引规则证立自己的判断或者批判别人的结论时，价值（判断）规则的“内在面向”在此有着突出的作用。

由此可见，价值（判断）规则的“内在面向”对整个法律规则的“内在面向”具有至关重要的作用。而义务（判断）规则即一般化语词使用规则的“内在面向”的作用则没有那么明显。一般化语词的使用规则起的作用主要是减轻法官工作负担。正如黄茂荣先生所言：“概念的作用在于特定价值之承认、共识、储藏，从而使之构成特定文化的一部分，产生减轻后来者为实现该特定价值所必须之思维以及说服的工作负担。”②即便是在简单案件中，看似法官的涵摄模式只受到一般化语词使用规则的约束，实际上其背后仍然隐藏着价值推定。因此，我们在适用法律规则时，价值（判断）规则的适用在其中起了核心作用，我们所争论、所认同的是价值（判断）规则中的实质性内容，而不是单纯对义务（判断）规则中概念适用范围的争议。所谓法律规则的“内在面向”主要指的是价值（判断）规则的“内在面向”。我们援引规则来证立或批判自己或他人的行为时，所使用的规则也是价值（判断）规则。正是因为法律规则和法律论证过程中价值（判断）规则的重要作用，才使得我们可能存在的价值共识能够有效阻断事实共识欠缺所导致的不确定性传入法律规则当中。因此，我们就阻断了语词的“开放结构”向规则传递的过程，并且解释了为何当我们对于语词的使用具有相当共识的时候，法律规则还会存在“开放结构”。此时，上文的两个子问题都得到了回应，法律规则内外的一般化语词的外延并不必然相等。

① 张保生：《法律推理的理论与方法》，中国政法大学出版社 2024 年版，第 318 页。

② 黄茂荣：《法学方法与现代民法（修订版）》，厦门大学出版社 2024 年版，第 85 页。

价值(判断)规则在一般化语词核心外延之基础上对其具有放缩效应。因此,依赖价值(判断)规则(c)得出相应的结论并且依据该规则对相反答案进行批判并期待改正就是可能的。进一步地,表明我们受规则约束所需要的批判性态度并不等同于受一般化语词约束所需要的批判性态度。因此,规则层面上的"唯一正确答案"并不必然关涉一般化语词的使用规则,进而即便事例处于一般化语词的"开放结构"中,规则层面上受法律规则拘束的"唯一正确答案"依然是可能的。

"Open Texture" and the Only Correct Answer to Legal Issues

Ma Jinghao　Ran Fuqiang

Abstract: Hart explained the general characteristics of legal reasoning through the concept of "open texture" and criticized the formalist theory. He argued that the fact that natural language has an "open texture" necessarily leads to the conclusion that there is not always a single correct answer to legal issues. Although the proposition that the "open texture" has different levels and that the propositions between these levels have no necessary connections, combined with Dworkin's legal principles and constructive interpretation, has criticized Hart's position. Therefore, they cannot refute Hart's proposition from the internal perspective of legal rules, resulting in the impossibility of obtaining the only correct answer at the level of legal rules. Based on this, this paper will start from the internal structure of legal rules and point out that the extension of generalized words inside and outside legal rules is not necessarily the same, and the "internal aspect" of legal rules is not equivalent to the "internal aspect" of generalized words. Therefore, when a case is within the "open texture" of generalized words, the only correct answer constrained by that rule at the level of legal rules is still possible.

Keywords: Open texture; The only correct answer; Internal aspect; Structure of legal rules; Legal argumentation

(责任编辑:白琳谛)

《民法典》第388条“具有担保功能的合同”之检讨

李祥伟*

摘　要　基于“形式小改,实质大修”的立法理念,《民法典》并未规定一元化动产担保物权,而是寄希望于“具有担保功能的合同”统合动产与权利担保体系。“具有担保功能的合同”未能填补一元化动产担保物权的空缺。动产担保的功能主义改造体现为其他动产担保物权参照适用动产抵押权的规则,无须借道“具有担保功能的合同”定性。假借功能主义之名,“具有担保功能的合同”结合开放的登记公示系统缓和了物权法定原则,承认了让与担保等非典型担保的独立性。这将使我国的动产和权利担保体系呈现种类多样、规则不一的局面,实则与追求在单一登记簿上记载一元化动产担保权益的功能主义担保观相悖。传统担保合同理论进一步映射在“具有担保功能的合同”上,表面上澄清了违反物权法定原则、通谋虚伪表示以及流担保禁止等事由不会影响担保合同的效力,实则重申了合同自由和区分原则,并不涉及功能主义担保观所欲解决的隐形担保问题。无论是贯彻功能主义担保观还是改革传统担保制度,都不能高估“具有担保功能的合同”的教义学价值。

关键词　具有担保功能的合同　担保合同　功能主义　区分原则　让与担保

一、问题的提出

《民法典》第388条第1款第2句规定了“担保合同包括抵押合同、质押合同和其他具有担保功能的合同”。该规定扩大了担保合同的范围,明确了融资租赁、保理和所有权保留等非典型担保合同的担保功能,系担保物权分编的最大亮点和一般规定中唯一新添条文。

学界对该规定的评价两极分化:肯定方认为,该规定体现了功能主义担保观,非典型

* 李祥伟,中国政法大学民商经济法学院2024级民商法学博士研究生。

担保通过担保功能的转介得以适用担保物权规则,为统一动产担保体系内部的设立、公示、优先顺位与实行规则提供解释前提。[①] 否定方认为,该规定不具有真正的规范效果,担保合同概念不是非典型担保规范的构成要素,扩大担保合同的定义仅在于指引法律适用者从经济功能实质观察动产和权利担保交易[②];该规定仅在物权变动的原因行为层面具有意义,无法将所有权保留等非典型担保"功能化"为担保物权,实为立法论上的观念错位。[③]

评价冲突可溯源至概念本身:第一,"担保合同包括……具有担保功能的合同"的表述属于循环定义和矛盾定义。该规定没有真正回答"什么是担保合同",只是将问题转换为"什么是担保功能"。我国法上担保功能的用法极为泛滥,一般指担保权人对担保财产享有对抗其他债权人的优先受偿权,[④]而合同本身无法产生优先受偿效力。有学者以不具有优先受偿效力为由,否认期前以物抵债协议属于具有担保功能的合同。[⑤] 担保功能的含义亟待澄清。

第二,在其他功能主义立法例中,担保权而非担保合同处于核心地位。各国动产担保法主要围绕担保权的设立、对抗效力、登记、优先顺位、消灭和强制执行等规则展开。《民法典》将担保合同置于功能主义担保体系的核心,[⑥]这一体例具有中国特色,其历史渊源和现实效应值得深入思考。此外,该体例还直接引发了"什么是其他具有担保功能的合同"的争论。从让与担保[⑦]、寄售买卖[⑧]、保证金合同[⑨]、定金合同[⑩]到差额补足增信措施[⑪],具有担保功能的合同概念外延不断扩展。但是《民法典》并未规定具有担保功能的合同的构成要件、法律效果和管制规则。如果功能主义的定性关键是担保权而非担保合同,将让与担保等非典型担保定性为"具有担保功能的合同",是否符合功能主义的思考方式?

---

① 参见高圣平:《动产担保交易的功能主义与形式主义——中国〈民法典〉的处理模式及其影响》,载《国外社会科学》2020 年第 4 期。

② 参见纪海龙:《民法典动产与权利担保制度的体系展开》,载《法学家》2021 年第 1 期。

③ 参见邹海林:《论出卖人在破产程序中的取回权——以所有权保留制度为中心》,载《上海政法学院学报(法治论丛)》2021 年第 4 期。

④ 非基于功能主义的理解,参见崔建远:《"担保"辨——基于担保泛化弊端严重的思考》,载《政治与法律》2015 年第 12 期。基于功能主义的理解,参见谢在全:《担保物权制度的成长与蜕变》,载《法学家》2019 年第 1 期;龙俊:《民法典中的动产和权利担保体系》,载《法学研究》2020 年第 6 期。

⑤ 参见张家勇:《关于〈民法典合同编司法解释(征求意见稿)〉的修订意见》,载微信公众号"法学教室"2022 年 11 月 5 日,https://mp.weixin.qq.com/s/safFUGWbztyu6toplfqGNA。

⑥ 参见冯洁语:《民法典视野下非典型担保合同的教义学构造——以买卖型担保为例》,载《法学家》2020 年第6 期。

⑦ 参见最高人民法院民法典贯彻实施工作领导小组主编:《中华人民共和国民法典物权编理解与适用》(下册),人民法院出版社 2020 年版,第 995 页。

⑧ 参见朱虎:《民法典动产和权利担保的变革》,载中国法院网,https://www.chinacourt.org/article/detail/2020/07/id/5383103.shtml。

⑨ 参见广东省广州市中级人民法院民事判决书,(2021)粤 01 民终 31471 号。

⑩ 参见广东省恩平市人民法院民事判决书,(2021)粤 0785 民初 2869 号。

⑪ 参见广东省广州市中级人民法院民事判决书,(2021)粤 01 民初 239 号。

第三，担保合同不仅处于我国动产和权利担保体系的核心，而且在传统担保物权法甚至整个大担保法体系中也占据突出位置。1995 年《担保法》(已失效)将担保合同提取为保证、抵押、质押和定金的公因式。在此基础上，我国法逐渐发展出颇具特色的担保合同理论：担保合同从属性、担保合同无效责任、未登记抵押合同效力以及担保合同禁止流担保。担保合同承载的教义学功能过度膨胀，这些功能在比较法上多由担保权分担。具有担保功能的合同未必与功能主义担保观完全挂钩，亦有可能是传统担保合同理论的映射，其异质内容有待澄清和剥离。

第四，功能主义担保观继受自《美国统一商法典》(以下简称 UCC)第 9 编，适用范围不包括不动产。《民法典》第 388 条位于担保物权分编一般规定，并未排除不动产的适用。学理、裁判和司法解释将具有担保功能的合同扩张适用至不动产担保。有学者认为，以履行房屋买卖合同来担保债权实现的买卖型担保属于具有担保功能的合同。① 司法裁判中，具有担保功能的合同也大量适用于不动产让与担保和买卖型担保。②《关于适用〈中华人民共和国民法典〉合同编通则部分的解释(征求意见稿)》第 29 条“另一种方案”将期前以物抵债协议定性为具有担保功能的合同，前者的客体多为商品房等不动产。“具有担保功能的合同”的扩张适用是否为功能主义的体现?

一言以蔽之，“具有担保功能的合同”之立法表述能否真正实现移植功能主义担保观的立法目的? 功能主义担保观是《民法典》最为瞩目的法律移植，本文以“具有担保功能的合同”为切入点，按照以下三层结构展开论述：第一，梳理我国《民法典》独具特色的动产与权利担保体系，检讨将“具有担保功能的合同”置于体系核心的立法考量与现实效果。第二，如果“具有担保功能的合同”无法实现移植功能主义担保观的规范目的，则有必要审查二者的分离倾向。第三，如果“具有担保功能的合同”缺少母法依据，则应当立足本国法律制度特别是传统担保合同理论，探寻其本土法内核。

二、“具有担保功能的合同”未能统合动产担保体系

在移植功能主义的各立法例中，中国《民法典》最具特色。形式层面上，《民法典》坚持“形式小改，实质大修”立法理念，维持原有框架，通过修改具体条文移植功能主义担保观。③ 其他立法例大多颁行特别法或在法典中单列一编。形式框架的区别隐藏着实质体

---

① 参见冯洁语：《民法典视野下非典型担保合同的教义学构造——以买卖型担保为例》，载《法学家》2020 年第 6 期；张家勇：《体系视角下所有权担保的规范效果》，载《法学》2020 年第 8 期。

② 笔者于“威科先行”数据库检索出 307 份在“裁判理由及依据”中出现“具有担保功能的合同”的民事裁判文书，其中有 94 份认定不动产让与担保和买卖型担保为“具有担保功能的合同”，1 份来自高级人民法院(共 5 份)，18 份来自中级人民法院(共 39 份)，75 份来自基层人民法院(共 259 份)。最后访问时间：2023 年 6 月 12 日。

③ 参见朱虎：《民法典动产和权利担保的变革》，载中国法院网，https://www.chinacourt.org/article/detail/2020/07/id/5383103.shtml；龙俊：《民法典中的动产和权利担保体系》，载《法学研究》2020 年第 6 期。

系的差异。即便动产担保实质体系按照立法者的设想展开,仍然与其他立法例存在不同,体现为缺少一元化动产担保物权,这一差异是理解我国动产担保体系的起点。“具有担保功能的合同”正是为了替代一元化动产担保物权维系动产担保体系,而这一立法思路忽视了动产抵押权的特殊地位。

(一)动产抵押权作为实质一元化动产担保物权

1.《民法典》动产抵押规则的历史渊源

动产抵押是《民法典》中最重要的动产担保类型。作为动产担保立法模板的 UCC 第 9 编和《贸易法委员会担保交易示范法》却未单独规定动产抵押(chattel mortgage),而是以“担保权益”统合附条件买卖和动产抵押等动产担保交易。传统的动产抵押是静态的,无法适应动态的存货融资交易,并非现代意义上的动产担保制度。动产抵押权与前述立法模板中的“担保权益”不是可以互相替代的概念。

我国《民法典》保留动产抵押制度并非立法观念的落后,这一做法既有历史因素也有现实考量。回顾我国动产抵押制度的发展历史,在 1995 年《担保法》(已失效)第 34 条中可得抵押的财产范围即已包括机器和交通运输工具等动产在内,抵押权的概念外延扩展到动产抵押,实现了增设非移转占有型动产担保物权的目的。2007 年《物权法》(已失效)第 180 条第 1 款第 7 项将抵押的财产范围扩张为“法律、行政法规未禁止的其他财产”。范围扩张使抵押权概念发生演变,推动了我国动产担保物权体系的一元化。如果其范围可以扩张至动产之外的权利,动产抵押权将会吸收合并动产质权和权利质权等其他动产担保物权,其结果是仅有动产抵押权一种动产担保物权类型,其与一元化动产担保物权仅有名称差别。①

现实层面上,编纂《民法典》难以大改法典整体结构,专设一章系统规定动产担保规则是不切实际的,将动产抵押权更名为动产担保权益也难以使人理解。可行的方法是通过具体条文的形式小改实现体系结构的实质大修。《民法典》通过引入“人的编成主义”登记簿、购置价款优先权以及正常经营买受人等规则推进动产抵押的现代化,使其实质规则接近 UCC 第 9 编,进而为其他动产担保物权的参照适用提供规范基准。因此,《民法典》中的动产抵押权并非仅是动产担保物权的类型之一,其更在实质上充当一元化动产担保物权。

2. 动产抵押权与一元化动产担保物权的差距

我国法中的动产不包括权利,抵押指不移转占有型担保物权,动产抵押无法吸收权利担保和动产质押。动产抵押权与一元化动产担保物权的关键差距在于其缺少限制意思自治的强制性规范,当事人可以选择规避动产抵押的规则。动产抵押可以供给“担保

① 参见董学立:《抵押权概念的演变及其法体系效应》,载《法商研究》2017 年第 5 期。

权益"的实质规则,却无法直接实现动产担保体系的一元化。除了完善动产抵押规则外,仍须增设限制意思自治的强制性规则,使其他动产担保交易强制适用动产抵押规则。例如,UCC 第 9－202 条规定,无论担保物的所有权属于担保权人还是属于债务人,UCC 第 9 编关于权利和义务的规定均予适用。

功能主义担保观的正当性涉及经济效益与意思自治之间的价值冲突,我国《民法典》并未明文限制当事人的意思自治以明确功能主义担保观的继受,所有权保留和融资租赁等非典型担保交易仍各自保有特殊规则。这使学理争论的重点由立法技术问题倒退至继受正当性问题。担保权构成说与所有权构成说的论战便来源于此,后者的一大理由是功能主义担保观混淆了当事人交易的真实目的和效果意思。①

为了弥补强制性规范的缺失,《民法典》一方面积极改造所有权保留和融资租赁的规则,使其在实质上接近动产抵押权;另一方面设置第 414 条第 2 款的准用规范,从而将抵押权的清偿顺序规则改造为一切可以登记的担保物权优先顺位的通用规则。这两步措施只实现了动产担保公示和优先顺位规则的统一,其他方面仍然不同程度地保留各自制度的原有特征。

准用规则的设置没有完全弥补限制意思自治的强制性规范的缺失。其他动产担保交易功能化改造的方式由"直接适用"转向"参照适用"动产抵押规则。诚然,参照适用存在多方面的弊端,将裁量权下放至司法机关可能导致恣意裁判和说服力不足,经由类推形成的功能主义担保体系可能是分散、混乱和重叠的。但是,参照适用已是再次推动功能主义改造的最优解。

(二)具有担保功能的合同维系动产担保体系的尝试

2018 年 8 月《民法典》各分编草案中的所有权保留和融资租赁的规则已呈现功能化趋势,2018 年 12 月《民法典》合同编二审稿增设保理合同一章,后续编纂未作实质变动。新规则无法明确地体现功能主义。多数学者没有认识到这一重大改革。② 另有学者将所有权保留登记的功能理解为买受人无权处分时阻却第三人的善意取得,这仍是立足于形式主义立场。③

增修具体条文难以实现预期目标。谢鸿飞教授主张将所有具有担保功能的合同交易纳入登记公示框架,从而移植功能主义担保观。④ 2020 年 5 月 22 日提交全国人民代表大会审议的《民法典(草案)》新增"担保合同包括抵押合同、质押合同和其他具有担保功

---

① 参见庄加园:《超越所有权保留的名实之争——选择性救济路径之证成》,载《法学研究》2023 年第 1 期。
② 参见龙俊:《民法典中的动产和权利担保体系》,载《法学研究》2020 年第 6 期。
③ 参见李宇:《民法典分则草案修改建议》,载《法治研究》2019 年第 4 期。
④ 参见谢鸿飞:《民法典担保规则的再体系化——以〈民法典各分编(草案)二审稿〉为分析对象》,载《社会科学研究》2019 年第 6 期。

能的合同”的规定。该规定的立法目的并非界定担保合同的含义,而是将非典型担保交易纳入担保合同的范围,从而适用担保物权分编的相关规则。具有担保功能的合同旨在明确功能主义担保观的继受,替代一元化动产担保物权维系动产与权利担保体系。《民法典》并未明文规定所有权保留、融资租赁和保理之外的非典型担保,这些非典型担保进行功能主义改造的唯一渠道便是具有担保功能的合同。“其他具有担保功能的合同”和《民法典》第 414 条第 2 款“其他可以登记的担保物权”存在联系,依法登记后可以产生担保物权进而参照适用《民法典》第 414 条第 1 款的清偿顺位规则。①

具有担保功能的合同没有明确的构成要件与法律效果,也难以使人直接联想到功能主义担保观,只是在草案说明中列举融资租赁、保理和所有权保留后才具有一定的宣示功能。但其不仅在立法技术上有待商榷,其入典时机也有突袭之嫌。功能主义的内涵有待澄清,移植共识尚未达成,该规定的模糊表述为其他非功能主义的异质规则提供寄生空间。如果从功能主义解释,“具有担保功能的合同”应被理解为与动产抵押合同相类似的、能够统合进动产和权利担保体系的、以动产或权利为标的担保特定债务履行的合同。司法裁判中的范围扩张问题留待后文检讨。

(三)动产抵押权回归动产担保体系的中心

1. 动产功能主义改造围绕担保权展开

担保合同的法律效果与功能主义担保观不具有必然联系。根据 UCC 第 9 – 203 条的规定,担保协议无须公示即可产生担保权益。担保协议与担保权益看似不可分割,但规范重心存在差异。担保权只有在债务人违约时才具有直接效力,而担保合同在债务人违约前也会产生权利义务。除了设立担保权之外,担保合同还可能包含描述和核验担保物义务、完善担保权义务、信息提供义务、担保物毁损灭失时的通知义务以及为担保物设立保险的义务等事项。②

《贸易法委员会担保交易示范法》中“担保协议当事人的相互权利和义务”不再包含有关担保权的内容,而将规范重心限制在债务人违约前的权利义务关系,如保全担保物的经济价值的义务、返还担保物和撤销已登记通知的义务。该法第 52—56 条规定了占有担保物的当事人的合理注意义务、占有担保物的担保权人在担保权消灭时返还担保物的义务、占有担保物的担保权人的使用和检查担保物以及获得费用补偿的权利、担保人获取信息的权利。值得注意的是,德国法上的担保合同同样包含确立担保物和担保合同

① 参见王利明:《担保物权制度的现代化与我国〈民法典〉的亮点》,载《上海政法学院学报(法治论丛)》2021 年第 1 期。

② See Lynn M. LoPucki, Elizabeth Warren & Robert M. Lawless, *Secured Transactions: A Systems Approach*, 9th ed., Wolters Kluwer, 2020, p. 23, 249 – 256.

当事人、对担保物的注意义务、返还担保物的义务和担保物的利益维续义务。[①] 这些权利义务是为了保障担保物切实清偿主债权,是不同担保观的共通规则。功能主义的核心在于将动产和权利上设定的担保债务履行的一切权利统一归类为担保权,并适用一套共同的规则。从编排体例可以发现,统一的动产和权利担保体系围绕担保权的设立、对抗第三人的效力、登记、优先顺位、消灭和强制执行等规则展开。担保合同影响担保权的设立,但却无法贯穿动产和权利担保体系的始终。

此外,所有权保留、融资租赁和保理等交易作为特殊的合同类型,必然包含着一些特殊的权利义务,如所有权保留买卖中出卖人的瑕疵担保责任、融资租赁中体现“融物”性质的条款和保理合同中的应收账款管理或者催收等其他偶素条款。保留出卖人和融资租赁出租人的所有权被定性为担保权之外,买卖合同和融资租赁合同的规则仍然继续适用。将这些交易定性为纯粹的担保合同反而会限制实现当事人担保债权之外的其他交易目的。功能主义改造只需要也仅限于将保留出卖人和融资租赁出租人的所有权按照动产抵押权处理。

2.《担保制度解释》的路径偏离

《民法典》将具有担保功能的合同作为功能主义担保体系的核心概念,最高人民法院《关于适用〈中华人民共和国民法典〉有关担保制度的解释》(以下简称《担保制度解释》)征求意见稿仍然是围绕这一概念展开,例如第1条和第65条。有学者批评道,“把所有权保留、融资租赁、保理等交易形式定性为担保交易,主要不是着眼于合同产生的债权债务关系本身,而是将保留买卖标的物的所有权、取得租赁物所有权、取得应收账款债权之人的权利作为担保物权来对待”[②]。《担保制度解释》已经偏离这一模式,不再保留“具有担保功能的合同”概念,而是修改为“涉及担保功能”,增加了双重限制适用条件:第一,仅在涉及因担保功能发生的纠纷时才能适用《担保制度解释》。所有权保留买卖、融资租赁中,出卖人、出租人享有的所有权具有担保功能;让与担保中,债务人或者第三人转让的所有权也具有担保功能。[③] “担保功能”构建了出卖人、出租人和让与担保权人的所有权参照适用动产抵押权的桥梁,无须借道“具有担保功能的合同”。第二,适用的是“有关规定”而非全部规定。并非所有被称为非典型担保的交易形态都具有担保功能,非典型担保的担保功能主要涉及:登记对抗、担保物权的顺位、担保物权的实现以及价款优先权等

---

① Vgl. Westermann/Gursky/Eickmann, Sachenrecht, 8. Aufl., Müller, 2011, S. 867f.

② 徐同远:《〈民法典〉担保部分司法解释稿关于适用范围和公司对外担保条文的修改建议》,载微信公众号“包邮区民法饭醉谈”2020年11月20日,http://mp.weixin.qq.com/s/ryZFOSBQbxQTdgGFbXNxgA。

③ 参见最高人民法院民事审判第二庭编著:《最高人民法院民法典担保制度司法解释理解与适用》,人民法院出版社2021年版,第87页。

规则。[①] 这些规则围绕担保物权而非“具有担保功能的合同”展开。

“具有担保功能的合同”相对于动产抵押权的功能劣势在于,非移转占有型动产担保体系中只有动产抵押权具有完整的设立、对抗第三人的效力、登记、优先顺位、消灭和强制执行规则,其充当实质的一元化动产担保物权。动产担保的功能化改造程度等价于动产抵押规则的扩张适用范围。而“具有担保功能的合同”没有明确的法律效果,仍然需要讨论某项权利能否以及在何种程度上参照适用动产抵押权处理,成为动产担保功能化改造中的冗余概念。

《民法典》并未规定其他动产担保交易强制适用动产抵押规则,我国动产和权利担保体系缺少一元化动产担保物权概念,呈现动产抵押和各种非典型担保并存的分散格局。这一分散格局有两条功能主义统合进路:一条是立法者预想的“具有担保功能的合同”定性,另一条是在《民法典》颁布实施前即已显现的动产抵押权的扩张趋势。《民法典》中的所有权保留、融资租赁和保理虽然体现出一定的功能主义倾向,但彻底走向功能主义却是由《担保制度解释》实现的。《担保制度解释》已经偏离以“具有担保功能的合同”为中心的模式,将功能主义改造的重点集中在出卖人、出租人和保理人享有的权利上,具体体现为参照适用动产抵押权规则。

三、“具有担保功能的合同”背离功能主义担保观

通说认为具有担保功能的合同扩大了担保合同的适用范围,结合开放的动产与权利担保登记系统,为物权法定原则的缓和奠定基础。[②] 如果将《民法典》之外的其他动产和权利担保交易定性为具有担保功能的合同,进而登记在动产和权利登记公示系统中,债权人的权利因此升格为具有优先受偿效力的担保物权,确实缓和了物权法定原则。在此逻辑之下,需要进一步思考的问题是“什么是其他具有担保功能的合同”。通说认为其中包括动产让与担保,而融资性买卖、保兑仓交易、动态质押、寄售买卖等交易则众说纷纭。

前文表明具有担保功能的合同无法替代一元化动产担保物权统合动产与权利担保体系。担保合同与担保权并不处于同一位阶,体系效应也不相同。将某项交易认定为具有担保功能的合同与动产抵押权(实质的一元化担保权益)所产生的法律效果未必一致。真正值得思考且易被忽略的问题是,“具有担保功能的合同”定性是否符合功能主义的思考方式。

---

① 参见最高人民法院民事审判第二庭编著:《最高人民法院民法典担保制度司法解释理解与适用》,人民法院出版社 2021 年版,第 87 页。

② 参见王利明:《担保制度的现代化:对〈民法典〉第 388 条第 1 款的评析》,载《法学家》2021 年第 1 期;刘保玉:《民法典担保物权制度新规释评》,载《法商研究》2020 年第 5 期。

（一）功能主义担保观抵触开放的登记系统

合同类型自由，担保合同亦不例外。开放“动产融资统一登记公示系统”的可登记担保类型[①]将催生各种类型的“具有担保功能的合同”，造成动产担保制度的重复、不协调甚至冲突矛盾，并不符合功能主义担保观。反观UCC，能够进入登记簿的是一元的担保权益，而非各种具体的担保交易类型。一元的担保权益概念导致单一的、简化的登记系统取代了前商法典时代根据不同的理论建立的各式各样的登记系统。一元化担保权益和单一的登记系统是UCC第9编对于简化担保法的两大主要贡献。[②]

我国的分散式动产担保体系与功能主义立法模式中的非统一处理法类似，但非统一处理法只是针对购置款担保而言的，非购置款担保上只存在一元的担保物权，不承认动产抵押、回租型融资租赁和让与担保的区分。《欧洲示范民法典》（DCFR）草案第Ⅸ-1:102条第3款和第4款的规定，当事人为担保目的移转动产所有权，只能产生设定担保权利的效果。动产让与担保权被归入一元的担保权利之中，并无独立存在价值。而“具有担保功能的合同”定性反而维护了让与担保的独立性。

在非购置款担保中，动产让与担保与动产抵押本质上都是不以移转占有为要件、针对标的物交换价值的变价权。有学者认为，我国民法继续保留让与担保制度有如下优点：满足证券交易中强制平仓的要求、缓和刚性的流担保禁止、承认归属型清算方式以及规避烦琐冗长的抵押权实现程序。[③] 如果将动产让与担保定性为“具有担保功能的合同”，是否应承认其相对于动产抵押的制度优势？如果承认，那么将违背“同样事物同样处理”原则也即“实质胜于形式”的功能主义担保观，构成评价矛盾，进而变相架空动产抵押权规则。当事人搁置成熟的动产抵押规则，选择动产让与担保就是为了谋求上述制度优势，如果否认这些制度优势，则会导致动产让与担保的消亡。当事人可能创设其他交易形态以继续谋求上述制度优势，此时将再次陷入“具有担保功能的合同”定性的循环陷阱。因此，“什么是其他具有担保功能的合同”这一问题极具误导性，“具有担保功能的合同”定性几乎没有积极意义。《民法典》没有针对其制定统一的规则，使定性陷入两难局面：同样的事物设置不同的规则是不正当的，设置重复的规则是冗余的。为了避免评价矛盾，应当将其他动产担保交易解释或转换为动产抵押，统一适用动产抵押规则。当事人谋求的其他制度优势，应通过改革动产抵押规则实现，而不应开放登记公示系统或增设让与担保等动产担保交易。

---

① 《动产和权利担保统一登记办法》第2条以列举加兜底的方式规定了统一登记系统的登记范围。从登记公示系统查询到的“登记详细信息列表”中存在“其他动产和权利担保”一栏，动产让与担保和其他动产担保权的登记具有可操作性。

② See Grant Gilmore, *Security Law, Formalism and Article* 9, 47 Nebraska Law Review 659, 672(1968).

③ 参见龙俊：《民法典物权编中让与担保制度的进路》，载《法学》2019年第1期。

(二)缓和物权法定原则的表象与实质

1. 功能主义不排斥物权法定原则

美国法只承认有限数目的财产权类型(numerus clausus)①,并未像预设的一样采取缓和的物权法定主义或物权自由主义。UCC 第 9 编中的"担保权益"实际上正是法律明确承认的分割财产权或部分财产权类型之一。② 物权法定是指物权的类型和内容都必须来自法律的明文规定。UCC 规定了一元的"担保权益","担保权益"的类型和内容也是来自商法典的明文规定,并不违背物权法定原则(财产权类型固定原则)。施蒂尔纳认为,UCC 可被视为动产物权类型化的典范,类型化程度高于欧洲大陆的法典。③ 施塔德勒指出,DCFR 第Ⅸ-1:102 条的担保权定性剥夺了当事人通过完全移转所有权设立不同担保的自由,因而物权类型固定和类型强制原则体现得非常严格。④

UCC 第 9 编并未放弃财产权类型固定原则,实际上是以动产为标的构建了框架性的财产权。⑤ 该编对动产担保权之设定、公示、实行等均作了程序上的强制规定以限制私法自治,与物权法定主义乃异曲同工。当事人可以协议设立新型动产担保权,但必须具备该编的程序要件,传统物权"法定"的内涵由类型固定转换为程序固定。⑥ 功能主义担保观之下,动产担保物权的内容、公示方式和公示效力法定,仅种类名称可以自由。⑦ 这些不同名称的物权应当适用相同的规则,本质上仍然是同一种物权,与允许当事人设立不同种类物权的物权法定缓和主义不同。在形式主义担保观之下,动产质权之外存在多种非占有型担保交易,在一定程度上冲击了物权法定原则。功能主义担保观只承认一元化动产担保物权,反而是物权法定的维护者。⑧

2. 形式主义更强调物权法定的缓和

更为关键的是,为增设非占有型动产担保,真正强调缓和物权法定原则的是形式主义担保观。德国法主要在动产担保领域讨论物权法定原则的缓和,即所有权保留买受人的期待权和让与担保权人的担保性所有权。⑨《德国民法典》奉行占有质原则,实践中对

---

① See Thomas W. Merrill & Henry E. Smith, *Optimal Standardization in the Law of Property: The Numerus Clausus Principle*, 110 Yale Law Journal 1, 23 (2000).

② See Henry Hansmann & Reinier Kraakman, *Property, Contract, and Verification: The Numerus Clausus Problem and the Divisibility of Rights*, 31 Journal of Legal Studies 376(2002).

③ 参见[德]霍尔夫·施蒂尔纳:《试评〈中国民法典〉:以欧洲与德国法律史为背景》,徐杭译,载《南大法学》2022 年第 3 期。

④ Vgl. Astrid Stadler, Die Vorschläge des Gemeinsamen Referenzrahmens für ein europäisches Sachenrecht, JZ 65 (2010), S. 383.

⑤ 参见黄泷一:《物权法定原则:普遍理论与中国选择》,法律出版社 2019 年版,第 273 页。

⑥ 参见高圣平:《动产担保交易制度比较研究》,中国人民大学出版社 2008 年版,第 183~184 页。

⑦ 参见董学立:《论物权法定:宏观叙事与微观求证》,载《中国海商法研究》2020 年第 2 期。

⑧ 参见谢鸿飞:《〈民法典〉实质担保观的规则适用与冲突化解》,载《法学》2020 年第 9 期。

⑨ Vgl. Hans Prütting, Sachenrecht, 37. Aufl., München: C. H. Beck, 2020, S. 14.

非占有型动产担保的经济需求主导了动产担保教义学的发展,促使担保性所有权填补了非占有型动产担保物权的空缺。让与担保并不值得我国法借鉴,其只是德国民法教义学在欠缺高效率、低成本的动产登记簿时,对非占有型动产担保经济需求的无奈妥协。在1976年第51届德国法学家大会上,德罗布尼希呼吁借鉴UCC第9编的"担保权益"概念,以统一的担保权整合所有权担保。① 近年来,有学者再次主张这一观点。②

让与担保与动产质权存在评价矛盾,在我国法上也不具备继受土壤。我国《担保法》(已失效)已承认动产抵押,不存在不移转占有型担保物权的空缺,而后所有权保留与让与担保在司法实践中的发展是因为彼时的动产抵押在可抵押财产范围、登记簿设置、优先权规则和执行规则等方面皆存在不足,其本质仍然是针对标的物交换价值的变价权。缓和物权法定原则在动产担保法上的意义被高估了。当事人实际只需要一种登记公示型担保物权,没有增设新型担保物权的必要。

(三)功能化外衣下形式担保观的有限改良

我国功能主义改造悖论在于,实证规范和学理论战聚焦于所有权保留和直租型融资租赁等购置款担保的一元化改造,却对更应当改造的非购置款担保视而不见,甚至有意维持动产让与担保的独立性。此种进路更像是形式主义担保观吸收声明登记制的有限改良。值得警惕的是在功能主义名义下对传统非典型担保理论的"新瓶装旧酒"。对功能主义的认知割裂,源于《民法典》将具有担保功能的合同置于动产和权利担保体系的核心地位,却没有设置统一规则。"具有担保功能的合同"定性反而导致动产担保规则的不一致。在动产抵押权充当实质一元化动产担保物权的背景下,将让与担保等非典型动产担保交易认定为具有担保功能的合同,要么与动产抵押的规则冲突,要么与动产抵押的规则重复,并无实际意义。动产担保法的现存问题是动产抵押权在流担保禁止和私力实现等方面存在不足,而不是缺少新型动产担保物权。应当将动产抵押权作为实质一元化动产担保物权,借此整合动产担保体系。与此相应,其他动产担保交易宜解释或转换为动产抵押合同,同时继续推进动产抵押规则的现代化。

四、"具有担保功能的合同"的本土法内核

继受法国家的前理解、问题意识、价值选择和规范表达可能主导外国法知识的继受。对功能主义担保观的理解、我国司法实践中的固有问题、历史背景和立法技术使得功能主义担保观难以解决"具有担保功能的合同"凸显的问题。我们应当立足于担保合同的

① Vgl. Ulrich Drobnig, Empfehlen sich gesetzliche Maßnahmen zur Reform der Mobiliarsicherheiten?, Gutachten für den 51. Deutschen Juristentag, Band I, München: C. H. Beck, 1976, F. 95f.

② Vgl. Eva-Maria Kieninger, Die Zukunft des deutschen und europäischen Mobiliarkreditsicherungsrechts, AcP, 208 (2008) 182, 222f.

传统教义学理论,在本土法律制度的发展历史中观察法律移植。

(一)以担保合同为中心的传统担保制度

《民法典》选择“具有担保功能的合同”统合动产与权利担保体系的深层历史原因是,担保合同本就处于我国担保法体系的核心地位。我国担保制度具有两大特点:第一,统合人保、物保和金钱担保的大担保法体系并未因物权编和合同编的分立而消退。第二,担保合同在担保物权的一般规定中占据突出位置。

统合“债的担保”的大担保法体系在我国具有深厚的历史传统。1995 年《担保法》(已失效)共规定保证、抵押、质押、留置和定金 5 种担保方式,并在体例结构上将第 5 条“担保合同”提取为公因式。这一体例被之后出台的《合同法》(已失效)和《物权法》(已失效)肢解,最终随着《民法典》出台和《担保法》废止而在形式上宣告终结,抵押权、质权和留置权被规定在物权编中,违约金、定金和保证合同被规定在合同编中。

但是,担保合同并未因合同法(编)和物权法(编)的分立而丧失公因式地位。2007 年《物权法》(已失效)明确承认区分原则,担保物权分编的条文编排自应以担保物权为中心,但一般规定继续保留担保合同规则,只增设了“设立担保物权,应当依照本法和其他法律的规定订立担保合同”的规定。《民法典》第 388 条延续了该规定,增设第 1 款中“具有担保功能的合同”的相关规定。《担保制度解释》中担保合同几乎占据“关于一般规定”的半数。固然我国《民法典》在物权编和合同编分别规定了担保物权和保证合同,但其中存在隐形联系。而担保合同恰是统合人保和物保的关键。《民法典》第 682 条保证合同的从属性和无效责任基本上复述了第 388 条担保合同的规定。王利明教授认为,保证合同的要式性、主合同的变更不得损害保证人的利益、抗辩权、保证合同无效后果等规则可以整体类推于担保合同。[①] 谢鸿飞教授认为,应将担保的一般规则置于担保物权,同时在保证合同中设置准用规范。[②] 保证合同和担保合同的相互类推适用推动人保和物保的统合,1995 年《担保法》(已失效)的立法体例得到实质延续。《民法典》中保证合同的规范密度远大于担保合同,保证合同规则经由担保合同的转介间接成为担保制度的一般规则。[③]

因此,我国法上的担保合同并非只是设立担保物权的原因行为,更是所有旨在保障债权实现的合同的上位概念,除留置之外的保证合同、抵押合同、质押合同和定金合同都被认为是担保合同。[④] 编纂《民法典》时本可以将担保合同抽离出担保体系的核心,解除

---

① 参见王利明:《担保制度的现代化:对〈民法典〉第 388 条第 1 款的评析》,载《法学家》2021 年第 1 期。

② 参见谢鸿飞:《民法典担保规则的再体系化——以〈民法典各分编(草案)二审稿〉为分析对象》,载《社会科学研究》2019 年第 6 期。

③ 参见吴光荣:《担保法精讲:体系解说与实务解答》,中国民主法制出版社 2023 年版,第 35、121 页。

④ 参见郭明瑞:《担保法》,中国政法大学出版社 1998 年版,第 15 ~ 16 页;高圣平:《担保法论》,法律出版社 2009 年版,第 44 页。

围绕担保合同的众多教义学束缚，但立法者在担保合同之上新设“具有担保功能的合同”概念，赋予其统合动产和权利担保、移植功能主义担保观的使命。

“具有担保功能的合同”既没有真正推动功能主义改造，其规范内涵也被担保合同反噬，传统担保合同教义学理论得以栖身于“担保功能”这一模糊语词之中维续其生命力。受到语词表述和条文位置的影响，“具有担保功能的合同”常常被误解为担保合同的同义概念，围绕担保合同的理论争议也往往反映在“具有担保功能的合同”上。由此才能真正理解司法裁判为什么会将定金合同、保证合同和差额补足增信措施等都不加区分地定性为“具有担保功能的合同”。

(二)对合同自由和区分原则的澄清

1. 区分原则在非典型担保中的适用

回溯我国担保物权制度的发展历程，1995 年《担保法》(已失效)尚未承认区分原则，甚至没有“担保物权”这一概念。该法总则第 5 条将担保合同提取为公因式，抵押合同自抵押物登记时生效，质押合同自质物交付时生效，不区分合同效力与物权变动效力。2007 年《物权法》(已失效)第 15 条明确承认区分原则，但非典型担保中仍存在混淆合同效力与物权变动效力的倾向。例如，司法裁判经常以违反物权法定原则、构成通谋虚伪表示、以合法形式掩盖非法目的、流担保等为由一并否定非典型担保的合同效力与物权效力。①

2019 年《全国法院民商事审判工作会议纪要》(以下简称《九民纪要》)第 66 条规定：“当事人订立的具有担保功能的合同，不存在法定无效情形的，应当认定有效。虽然合同约定的权利义务关系不属于物权法规定的典型担保类型，但是其担保功能应予肯定。”该条系“具有担保功能的合同”这一概念首次出现在法律文件中。为了整治非典型担保司法裁判中物债不分的乱象，《九民纪要》第 66 条区分了非典型担保的合同效力及物权效力，明确非典型担保的合同不因违反物权法定而无效，也不因涉嫌以合法形式掩盖非法目的而无效，只要不存在法定无效情形，即应认可其合同效力。② “其担保功能应予肯定”系指担保合同的效力不受物权层面的管制规则的影响。该条的规制对象是非典型担保的合同效力，从区分原则和合同自由的角度积极承认担保合同的效力，限制针对物权效力的管制规则向担保合同扩张，从而保护担保权人的利益。至于债权人能否取得物权、能否就标的物的变价款优先受偿，并非该条的规范内容。最高人民法院《关于向社会公开征求〈关于适用《中华人民共和国民法典》合同编通则部分的解释(征求意见稿)〉意见

① 参见刘贵祥：《〈物权法〉关于担保物权的创新及审判实务面临的问题》(下)，载《法律适用》2007 年第 9 期。

② 参见最高人民法院民事审判第二庭编著：《〈全国法院民商事审判工作会议纪要〉理解与适用》，人民法院出版社 2019 年版，第 386 页。

的说明》第 29 条“另一种方案”第 1 款将期前以物抵债协议定性为“具有担保功能的合同”后,规范重心仍是以物抵债协议的效力。

诚然《九民纪要》释义书提及了让与担保、所有权保留、融资租赁和保理的功能主义改造,[①]但是该条与功能主义的关注点并不相同。形式主义与功能主义的分歧不在担保交易的合同效力,而在物权效力上。功能主义更注重将形式主义下各种所有权担保统合为一元的限制物权,旨在防止虚假交易、表面所有权和虚假财富问题,促进优先顺位的确定性和可预测性以及保护债务人和任何次位第三人执行担保物时的利益。[②] UCC 第 9 编其实更侧重于限制担保权人的利益,在赋予债务人特定权利的同时为担保权人施加不能放弃的义务。即使双方当事人达成形式上绝对移转所有权的交易,法官也可能认定该权益并非绝对转让,而是为了担保债务的履行。既然交易被伪装成所有权转让的形式,当事人便不会采取担保权益的完善措施,债权人的“表面所有权”不仅被降格为担保权益,而且是没有完善的担保权益,不能对抗扣押债权人和破产管理人。美国法上“担保权益”的争议点在于认定当事人是否产生表面所有权以规避 UCC 第 9 编的登记和优先顺位规则。[③]

2. 不动产上“具有担保功能的合同”

“具有担保功能的合同”在不动产上的适用更能够体现合同自由和区分原则。UCC 第 9 编的适用范围仅限于动产和权利担保,但第 9 编的另一起草人邓纳姆(Dunham)致力于在不动产领域引入功能主义担保观。他于 1975 年负责起草了《统一土地交易法》,该法第 3 编“担保交易”以 UCC 第 9 编为蓝本,第 3 - 102 条第(a)款规定,第 3 编适用于意图在不动产之上设立担保权益的合同交易或转让交易,无论其形式如何。这些交易包括按揭、信托契据、担保契据、土地买卖合同、意在设立担保的租赁以及任何其他意图担保债务的合意优先权或所有权保留合同。[④] 该法受到房地产界法律人士的一致反对,因而未在任何一州颁行,不过至少说明功能主义在不动产交易领域存在理论适用的可能。值得注意的是,在美国法上不动产所有权的移转只需交付契据,登记并非必要条件。当出卖人将契据交付买受人时,买受人就成为该财产的合法所有人。一份契据在交付时无论是否登记,都对让与人有效。不知情的在后权利人经过登记后可以优先于在先的未登

---

① 参见最高人民法院民事审判第二庭编著:《〈全国法院民商事审判工作会议纪要〉理解与适用》,人民法院出版社 2019 年版,第 387 页。

② See Bridge & Walsh et al. ,*Formalism*,*Functionalism*,*and Understanding the Law of Secured Transactions*,44 MCG Ⅲ Law Journal 567,574(1999).

③ See Steven L. Harris & Charles W. Mooney,*Security Interests in Personal Property*:*Cases*,*Problems and Materials*,6th,Thomson Reuters,2016,p. 320.

④ See Allison Dunham,*Reflections of a Drafter*,43 Ohio State Law Journal 557,571 - 574(1982).

记权利人。[①] 由于登记只是对抗要件,所以不动产也会产生和动产一样的"表面所有权"问题。

我国法上不动产的所有权变动原则上以登记为生效要件,通过让与担保规避动产质权的交付要件在不动产上没有对应的情形。司法解释恪守"不登记不具有优先受偿效力"的观点。动产上的隐形担保问题在不动产上并不存在。最高人民法院《关于审理买卖合同纠纷案件适用法律问题的解释》第25条排除了《民法典》第641条所有权保留规则适用于不动产的可能,维护了不动产登记簿的公信力。《担保制度解释》第68条第2款基于"流担保禁止"赋予担保权人强制清算义务,将债权人形式上的所有权降格为以主债权额为限的担保物权。我国不动产担保的一元化程度较高,改进方向是优化不动产抵押规则,暂无深化功能主义改造的迫切需求。

然而检索我国司法裁判案件可以发现,"具有担保功能的合同"大量适用于不动产让与担保和买卖型担保,[②]与"统合动产和权利担保"的立法设想大相径庭。立法者与裁判者的观念分歧值得深入探讨。司法实践中,双方当事人以签订商品房买卖合同的方式担保债务的履行,嗣后债务人可能以商品房买卖合同并非当事人真实的意思表示为由主张合同无效。这一毁约行为违背诚实信用原则,不应得到支持。司法裁判的说理依据通常是:虽然商品房买卖合同不是当事人的真实意思,也并非法律明文规定的担保物权类型,但是其作为"具有担保功能的合同",不存在法定无效情形,应当认定有效。[③] "当事人的意思表示不是买卖合同"不能构成合同无效事由,在物权层面的规制规则也不影响负担行为的效力。"具有担保功能的合同"在不动产担保的司法适用佐证了其实际上是对意思自治和区分原则的强调,而不是像UCC中的"担保权益"一样旨在禁止隐形担保。

《民法典》明确承认意思自治和区分原则,无须额外借助"具有担保功能的合同"概念。"合同成立即推定有效"是私人自治的应有之义,如果"担保功能"仅在于证成合同的效力,"具有担保功能的合同"概念将不具有类型区分意义。

五、结论

我国动产和权利担保体系呈现功能主义和形式主义相结合的格局。本文从客观的法律条文入手,揭示在功能主义和形式主义之间摇摆不定的困境不只是价值抉择的问

① See Joseph William Singer et al., *Property Law: Rules, Policies, and Practices*, 7th ed., Wolters Kluwer, 2017, Chapter 12: §3.1, §5.1[A].

② 参见广东省高级人民法院民事判决书,(2020)粤民终1632号;青海省西宁市中级人民法院民事判决书,(2022)青01民终1477号;湖南省长沙市中级人民法院民事判决书,(2022)湘01民终5293号。

③ 参见湖南省长沙市中级人民法院民事判决书,(2022)湘01民终5293号;江西省新余市中级人民法院民事判决书,(2021)赣05民终284号;湖南省张家界市中级人民法院民事判决书,(2020)湘08民终224号。

题,同时也是立法目的与立法技术的张力问题,源于以“具有担保功能的合同”维系动产与权利担保体系的困境,应通过抛弃“具有担保功能的合同”化解。作为功能主义担保观的法典表达,“具有担保功能的合同”无助于所有权保留和融资租赁等购置款担保的功能主义改造,同时寄生着非购置款担保上形式主义担保观的有限改良、传统担保合同理论和不动产担保上的合同自由原则等异质物。

《民法典》没有设置“具有担保功能的合同”的关联规则,无法以此为基点建立统一的动产担保体系,“具有担保功能的合同”的定性并无实益。对于动产担保的功能化改造,动产抵押权充当实质的一元化动产担保物权,为其他动产担保的参照适用提供规范基准。

让与担保、售后回租等非购置款担保的一元化处理是功能主义改造的最低共识,“具有担保功能的合同”的定性反而维持了让与担保的独立性。其结果或与动产抵押的规则相重复或相冲突,本质上均背离了功能主义担保观。我国动产担保制度不存在非移转占有型动产担保物权的空缺,无须像德国学理一样承认让与担保的独立地位,更无缓和物权法定原则的必要。动产抵押权实现程序的不足应通过改革动产抵押规则弥补。

“具有担保功能的合同”的立法原意应指与动产抵押相类似的、以动产或权利为标的担保债务履行的合同。同时,应当警惕其外延范围的恣意扩张,剥离附会其上的传统担保合同理论。“具有担保功能的合同”的司法适用延续了本土的非典型担保裁判规则。在《民法典》出台前,这一概念已具有独立内涵,旨在论证担保合同不会因违反物权法定原则、通谋虚伪表示或流担保而无效,特别体现在不动产让与担保和买卖型担保上,而这实则重申了合同自由和区分原则。

法律继受的另一面是为本国传统理论披上外国法的正当性外衣。在动产和权利担保法的改革浪潮中,移植借鉴外国的先进规则固然重要,理解本土担保体系的特殊构造和历史渊源同样值得重视。无论是贯彻功能主义担保观还是改革传统担保制度,都不应该高估“具有担保功能的合同”的制度价值,以防止其成为我国担保法的难解之结。

Rethinking Article 388 of the *Civil Code*: Contracts with a Security Function

Li Xiangwei

Abstract: Based on the legislative philosophy of “minor formal changes and substantial revisions”, the *Civil Code* does not establish a unitary security interest in movables but instead seeks to integrate the system of security interests in movables and rights through “contracts with a security function”. However, such contracts fail to fill the gap left by the absence of a unitary security interest. The functionalist transformation of security interests in movables is reflected in the application of rules governing chattel mortgages to other types of security interests. Under the guise of functionalism, "contracts with a security function", combined with an open registration and publicity system, have softened the numerus clausus principle of property law and recognized the independence of atypical security interests, such as title transfer for security purposes. This has resulted in a security interest system for movables and rights characterized by diversity and inconsistency, which contradicts the functionalist goal of recording unitary security interests in a single registry. Traditional theories of security agreements are further reflected in "contracts with a security function", clarifying that violations of the numerus clausus principle, sham transactions, and prohibitions on forfeiture clauses do not affect the validity of security contracts. In essence, this reaffirms the principles of contractual freedom and distinction, rather than addressing the issue of hidden security interests. Whether in implementing the functionalist approach or reforming traditional security law, the doctrinal significance of "contracts with a security function" should not be overstated.

Keywords: Contracts with a security function; Security agreement; Functionalist approach; Distinction principle; Title transfer for security purposes

(责任编辑:韦诗蕴　助理编辑:林婷婷)

从法律道德主义理论迈向合理的道德立法

李彦明*

摘　要　道德的法律强制并非一个现代问题，早在亚里士多德的论述中便已提出借法律塑造公民德性，并在阿奎那的承继与修正后形成了道德立法的核心传统。詹姆斯·斯蒂芬首次较为系统地提出了刚性的“法律道德主义”理论；德弗林勋爵在与哈特的论战中也不谋而合地提出一种柔性版本，成为后世道德的法律强制的基本范式。经由乔治的调和，法律道德主义在新自然法背景下重焕生机，在多元至善主义与尊重个人自治之间找寻到了平衡点。但各式理论都有缺陷。鉴于此，合理的道德立法就要做到谨慎选择被强制的道德类型，运用多元的立法模式，且时刻践行辅助性原则。

关键词　法律道德主义　至善主义　道德的法律强制　道德立法

国家可否进行道德的法律强制？如果可以，强制在何种程度上可被证立？这一权力的限度问题随着自由主义的兴起而在理论界一直众说纷纭，由此也产生了各式各样的学说。约翰·穆勒及随后的反至善主义者们力主国家中立性，主张权力介入个人生活的唯一正当理由仅仅是基于伤害原则，由此在他看来，强制执行道德是不可取的。当代的罗尔斯与德沃金也分别从自己的理论学说层面反对道德的法律强制理论。

与之截然不同的是，法律道德主义并不认可国家的中立地位，主张国家有权使用立法（尤其是刑法）等手段规制不道德的行为。这一立场早在亚里士多德和阿奎那的道德立法传统中便初现端倪，他们力主国家（城邦）在成人以德方面的能动地位，主张通过法律的强制手段来教化公民向善。在詹姆斯·斯蒂芬对“伤害原则”反唇相讥时也发展出了被后世誉为“刚性法律道德主义”的观点，认为法律可以且应当塑造一个道德不宽容的

---

* 李彦明，西南政法大学行政法学院法学理论专业 2022 级硕士研究生。本文系 2022 年度重庆市教育委员会基地重点课题“区域治理能力创新战略研究”（22SKJD040）阶段性成果。

环境，压制异议至少可以维系社会团结。20世纪60年代，德弗林同样提出了一种“柔性法律道德主义”的观点，认为虽然允许道德异议的存在，但是联结人们的是道德这一纽带，失去了它国家就会崩溃。虽然最终德弗林放弃了自己的保守观点，但随后，罗伯特·乔治基于新托马斯主义自然法，将该学说提升到一个新的高度。他认为国家执行道德并非不尊重个人，毋宁说是在维护人们赖以生存的道德环境的健康。①

广义的法律道德主义涵盖法律运行的绝大部分过程，以法律规范形式承载道德，主张从法律起草的那一刻起直至司法适用法律裁决为终，都要将道德要求融入其间。狭义的法律道德主义仅聚焦于立法，当代通常所述的“法律道德主义”“道德的法律强制”等也多在这一层面展开讨论。② 借助于对各式学说的剖析，本文试图指出法律道德主义者各自特殊性的问题，以及作为整体的法律道德主义所具有的共性问题，希冀提出一种合理的道德立法模式。

一、亚里士多德——托马斯主义：道德立法的萌芽

在古希腊语词中，“τοὺς νόμους”(The Laws)即一个有着习俗、惯例、道德和实在法等宽泛内涵的词汇。受此影响，智者学派、柏拉图与斯多葛学派等殊途同归地认为，服从法律也就是在遵循正义，某种程度上也是在服从道德的要求。③

而对道德立法最为明确的表述，最早可以追溯到亚里士多德，他认为既然事物的终点必然是至善的，那么个人乃至家庭的目的也在于至善。而作为多个个体家庭的集合，城邦的本质就不仅仅在于达致至善的社会团体，更在于使个人向善。④ 城邦下的凡夫俗子是占多数的，甚至还会有些以行恶为乐的人，对于他们，只能通过法律来进行教化。通过法律的痛苦来“惩罚、管束那些不服从者和没有受到良好教育的人；并完全驱逐那些不可救药的人”⑤，城邦下的每个个体将逐渐通过后天的教育习得高贵与公正的生活方式。德性立法在亚里士多德的学说中因此得到了证立。

追随亚里士多德的学说，阿奎那在讨论法律制定的时候，也涉及对道德立法的论争。在论述人法时，阿奎那认为，虽然人们是自然向善的，但是这种德行的完善需要某种教化，特别是放荡不羁的人，强力与恐惧至少能让他们停止作恶，因此制定出来的人法便是

① See John Stanton-Ife, *The Limits of Law*, The Stanford Encyclopedia of Philosophy (Spring 2022 Edition), Edward N. Zalta (ed.), https://plato.stanford.edu/archives/spr2022/entries/law-limits/.

② See Thomas Søbirk Petersen, *What is Legal Moralism*? 12 SATS 80, 80－88 (2011). 刑法的法律道德主义学者仅在立法惩罚层面展开讨论，参见 Douglas N. Husak, *What's Legal About Legal Moralism*? 54 San Diego Law Review 381, 381－400 (2017)。

③ 参见占茂华：《自然法观念在古希腊的产生与发展》，载何勤华主编：《外国法制史研究：法律文明的起源和变迁——以五大古文明为中心》第21卷，法律出版社2019年版。

④ 参见[古希腊]亚里士多德：《政治学》，吴寿彭译，商务印书馆2017年版，第138～141页。

⑤ [古希腊]亚里士多德：《尼各马可伦理学》，廖申白译，商务印书馆2003年版，第343页。

一种有效的教化手段,它通过循序渐进导人向善。[①] 但人法应当禁止所有不道德的行为吗？应当规定所有德性行为吗？对于这两个问题,阿奎那的答案都是否定的。他认为人法是为普罗大众而立的法,而他们绝大多数在德性上难免不完善,所以人法的权力仅限于压制最为严重的恶习。非但道德立法要注意"过犹不及"的问题,人法对德性所能涉及的,也仅仅是那些可以实现共同善的部分。因此,人法"禁止了每种恶的特定行为,正如它规定了每种善的某些行为"[②]。

相较于亚里士多德,阿奎那承认道德立法存在某些限度,取得了实质性的进步。但阿奎那犯了同样的错误:道德的本质是一种自反性的善。如果借助法律来强制要求人们遵守道德规范,行为人也不假思索地接受了,那么就很难说他意识到了这种道德善。而且,他们都只是预设了某一"至高"的目的,要么是城邦的良善共同生活,要么是宗教的信念。关于前者,正是道德的多元使人们得以实现各种各样的具体善,使得城邦的"立法者"没有资格声称自己的道德水准比被法律所调整的其他个体(包括奴隶)更为优越;至于后者,虽然(广义的)宗教也确实是基本善所追求的目的之一,但阿奎那的信条失之于激进,忽略了不信者等追求自身善的问题。

尽管他们的学说并非完美,甚至带有些许片面,但值得肯定的是,亚里士多德与阿奎那都敏锐地捕捉到了道德立法的必要性,即通过禁止恶,来为善提供良好的环境。这一洞见尽管在法律与道德的关系层面至关重要,但却在后来的学说发展中被逐渐忘却。不过,在近代,为了回应穆勒的自由观,詹姆斯·斯蒂芬大法官——这位英国传统的卫道士,提出了一种被后世称为法律道德主义的法理论,恰好与这一古典训诫有异曲同工之妙。

二、詹姆斯·斯蒂芬:首创者与奠基人

19 世纪,约翰·穆勒凭借旷世巨著《论自由》声名鹊起,特别是那句"人们若要干涉群体中任何个体的行动自由,无论干涉出自个人还是出自集体,其唯一正当的目的乃是保障自我不受伤害"[③],不仅自此以后成为古典自由主义在进行反干预时最为坚定的信条,更是凝结成为鼎鼎大名的"伤害原则"。然而,这一表述引起了保守主义色彩浓厚的詹姆斯·斯蒂芬法官的注意,他撰述的评论文直指穆勒的《论自由》。受霍布斯影响颇深的斯蒂芬认为,人类视为良好的习惯无不都是经过艰苦卓绝的努力才能形成的,这一过程必然会夹杂着形形色色的限制与强迫,因而,穆勒的自由观实际上不仅违背人性,也违

---

① 参见[意]阿奎那:《论法律》,杨天江译,商务印书馆 2016 年版,第 78~81 页。

② 参见[意]阿奎那:《论法律》,杨天江译,商务印书馆 2016 年版,第 99 页。

③ 参见[英]约翰·穆勒:《论自由》,孟凡礼译,上海三联书店 2019 年版,第 9~10 页。

背历史规律。[①] 斯蒂芬认为,这些强制最重要的事例,包括"一、旨在确立和维护宗教信仰的强制。二、旨在确立和在实践中维护道德的强制。三、旨在改变现行政治或社会制度形态的强制"[②]。这些强制手段的目的就在于达到"美好的目标",这就为道德的法律强制留下了充足的空间。不过,美中不足的是,何谓"美好的目标",斯蒂芬只是一笔带过,并没有进一步展开讨论。概念的模糊性使得我们难以判断其强制的目的是实现某一特定的至善,还是允许多元善的存在。

借助反驳伤害原则,斯蒂芬明确了他的法律道德主义观念。他认为,恶是像疾病一样具有传染性的,甚至可以世代相传,因此在道德上保持高标准,惩恶扬善,便是善得以实现的重要条件。但道德的种类不计其数,有些道德还相互冲突。道德不宽容的立法就在这一冲突状态中起裁判作用,其目标在于"确立、维护并授权与立法者所认定的良好道德体系或标准"[③],以免社会陷入长期的争论而走上两败俱伤的内战的道路。只要这种确立和维护的体系是好的,那么这么做就无可非议。

斯蒂芬的《英国刑法史》中有对法律道德主义更为生动形象的表述:

> 此法律之判决之于公众对任何犯罪行为的道德感情,就像印章之于火漆。它转变成了永恒的最后裁判,若非如此,它可能就是转瞬即逝的感情……简言之,利用法律施加惩罚使这样一种憎恶得到了明确的表达、庄严的认可和证成:它是由犯罪行为引发的,并且根据那些已被纳入刑法的道德所作的道德惩罚,或者说来自大众的惩罚就表现为这种憎恶。这种惩罚不同于(个人)良心的惩罚……深思熟虑的愤怒和公正的非难,它们得以表达的诸种形式——刑事判决的执行是最严肃的一种形式——合乎这样一组激情,就像婚姻合乎另一些感情(性激情)。[④]

可见,斯蒂芬的法律道德主义建立在严酷的刑罚观念上,将行为动机、民众激情等因素纳入裁判过程,满足的仅仅是一时的快感,是最原始的"报复主义"[⑤]的复兴。这一惩罚的严酷性与亚里士多德的道德立法观念相比有过之而无不及,并不能真正教育人们遵循

---

① 参见[英]詹姆斯·斯蒂芬:《自由·平等·博爱》,冯克利、杨日鹏译,江西人民出版社 2016 年版,第 10 页。
② 参见[英]詹姆斯·斯蒂芬:《自由·平等·博爱》,冯克利、杨日鹏译,江西人民出版社 2016 年版,第 12 页。
③ 参见[英]詹姆斯·斯蒂芬:《自由·平等·博爱》,冯克利、杨日鹏译,江西人民出版社 2016 年版,第 102 页。
④ James Fitzjames Stephen, *A History of the Criminal Law of England*, Vol. Ⅱ, Cambridge University Press, 1883, p. 81 – 82.
⑤ "报复主义"与"报应主义"虽然共用"retributivism"一词,但"报复主义"基于个人原始的复仇本能,经国家刑罚的进一步放大之后更容易激发民众对行为人的敌意,在近现代已被摒弃。与之不同的是,"报应主义"仅仅指的是,犯罪是一种有罪过的行为,刑罚是对犯罪行为应得的(deserve)报应,罪与刑的关系要建立在该当性(desert)的基础之上。后者在当今刑法哲学中有复兴之势。

道德,无法满足“刑法的道德性”,也无法希求人们在高压环境中能自觉地内化成为有德之人。而且,斯蒂芬在刑事司法适用上着墨过多,对更具有预防性的立法,尤其是更为灵活的民法调控却只有寥寥数语。

不过,至少斯蒂芬对伤害原则的质疑实际上取得了成功,为了回应,后世的刑法学者在密尔式伤害原则的基础之上进行修正,形成了被称为“冒犯原则”的干预原则,认为对于尚未伤害到他人但严重冒犯他人的行为,可以通过法律手段进行规制。与伤害原则相较,冒犯原则在实际层面更具有可操作性。[①] 而在哈特与德弗林那场著名的世纪之战中,哈特在批判德弗林时顺带提及了这位 19 世纪的大法官,也使斯蒂芬的观点得到了重新审视。

三、德弗林勋爵:不道德与社会的崩溃

英国在近代曾规定男性同性恋行为皆属犯罪,而在 20 世纪因这一道德立法而激增的罪犯数目,以及数起著名案件所引起的社会风波,[②]使英国议会不得不反思是否要针对其进行改革。1954 年,沃尔芬登发布报告,其不仅认为成年人之间的同性恋行为不应被认定为犯罪,更是提出了刑法在道德层面的干预界限:

> 正如我们所看到的,(刑法)的功能是维护公共秩序和正派,保护公民免受冒犯或伤害,并提供足够的保障,防止遭受他人的剥削和腐化。……我们认为,法律的职能不是去干预公民的私人生活,或试图强制执行任何特定的行为模式。[③]

沃尔芬登报告认为,个人生活中总是存在“私德领域”,它与“公共领域”泾渭分明,而在前者的领域中,法律不得加以调控。换句话说,法律上的犯罪(crime)与道德上的罪恶(sin)之间存在些许距离。对于报告中对刑法功能的表述,德弗林勋爵表示尊重,但同受英国传统影响的他[④]认为报告的核心内容存在致命的错误,这促使他义不容辞地对该

---

① See Joel Feinberg, *The Moral Limits of the Criminal Law*, *Vol. 2*: *Offense to Others*, Oxford University Press, 1985, p. 1 – 49.

② 例如,1952 年,图灵因同性恋行为而被定罪,被迫接受性激素疗法后,药物产生了包括乳房不断发育等副作用,也使原本热爱体育运动的图灵在身心上受到极大伤害,于 1954 年自杀。See https://en.wikipedia.org/wiki/Alan_Turing#Homosexuality_and_indecency_conviction.

③ John Wolfenden eds., *Wolfenden Report*: *Report of the Committee on Homosexual Offenses and Prostitution*, Stein and Day, 1963, para. 64.

④ 德弗林勋爵是从看到哈特的一篇文章提到斯蒂芬之后,才第一次听说或读到他的书。在德弗林勋爵对沃尔芬登报告的批评与斯蒂芬对密尔的攻击的 100 年间,英国法官的观点也几乎没有改变。See H. L. A. Hart, *The Morality of the Criminal Law*, Oxford University Press, 1965, p. 35.

报告提出批评。

在他看来，所谓的“私人领域”（或者说“非法律事务的领域”）是一种空洞无物的表述。任何行为无论是公开的还是私人的，都难免会或多或少、直接或间接地牵涉其他人。正因处于这种连带状态，个人的不道德行为才会对其他人的道德环境造成污染。“纯粹的私德”也就是不存在的了。① 既然道德不存在纯粹的个人面向，那么通过道德的法律强制也就具有了充分的理由。这即为德弗林的法律道德主义奠定了理论出发点。

在德弗林看来，人们之所以结合并构建成为一个“社会”，对共享道德的认同就是最为必要的条件，因此这一社会便具有了“观念共同体”的色彩。这些道德的价值创造出了集体身份的意义，使个体在社会中得以通力协作、和睦共处，并患难与共，受到共同的约束。“共同道德是束缚的一部分。束缚是社会的一部分代价，而人类需要社会，也必须付出代价。”②

偶发的不道德行为不应被视为草芥而听之任之，而应当将之连根拔起，因为这些不道德将对整个社会所认同的共同道德造成侵蚀，日濡月染后将导致社会的崩溃（disintegration）。③ 不道德行为本身就是对社会共同体共享道德的挑衅，甚至在某些方面与试图颠覆国家的叛国罪有些许如出一辙之处，那么，既然社会可以出于自我保存的目的动用法律来正当地禁止叛国罪，同样也可以用法律对不道德行为进行镇压。④ 简言之，法律的功能就在于以社会的道德共识对行为的道德性进行评判。

不过，需要注意的是，德弗林并没有强调所维系的道德本身是否具有价值，他只是认为道德纯粹是一种感觉问题而非理性认知的产物，法律所强制执行的目的也不在于维护某种真善美的道德，强制也并不是在证立其优异品格，而仅仅是因为这种道德是社会所共享的。⑤

德弗林在阐明自己的法律道德主义后几乎立马引来哈特教授的质疑。哈特认为，将不道德，哪怕是私下的不道德，视为可能危害社会的行为，甚至类比为叛国罪，这未免言重了。评论某一社会是否值得维系，必须关注其是什么样的社会，并且被采取的措施是什么。⑥ 确实，如果不幸生活在纳粹德国，他们的“共享道德”就是屠杀犹太人等其他人种，那么按照德弗林的观点，似乎身处其中的人们不仅有义务在行为上遵守这一共享的道德，甚至还应积极投身其中。这当然是人神共愤的，任何理由都掩饰不了这一所谓“共

---

① See Patrick Devlin, *The Enforcement of Morals*, Oxford University Press, 1965, p. 13 – 14（有中译本《道德的法律强制》，原则上引用中译本）.

② Patrick Devlin, *The Enforcement of Morals*, Oxford University Press, 1965, p. 10.

③ See Patrick Devlin, *The Enforcement of Morals*, Oxford University Press, 1965, p. 12 – 14.

④ See Patrick Devlin, *The Enforcement of Morals*, Oxford University Press, 1965, p. 14.

⑤ See Patrick Devlin, *The Enforcement of Morals*, Oxford University Press, 1965, p. 22.

⑥ 参见［英］H. L. A. 哈特：《法律、自由与道德》，钱一栋译，商务印书馆 2021 年版，第 22 ~ 23 页。

享道德”的罪孽。

实际上,就算是在经验层面,德弗林主张的崩溃理论也站不住脚。先不谈时过境迁后社会的道德内容有多少已经与过去的道德大相径庭,[①]从历史的视角来看,虽然提高了对同性恋、堕胎、安乐死等的容忍度使有些国家经历过短暂的道德动荡,但这些社会都没有如德弗林所警告的那样走向崩溃。以亚里士多德—阿奎那核心传统的视角来看,德弗林的道德怀疑论也值得商榷。无疑有些道德具有地域特色,但道德的特殊性无法推导出道德不具有实在性,甚至认为仅仅是一种群众间的感觉。法律道德主义的道德主张必须是真实的、实在的,否则就有滑落为道德虚无主义的风险。

最终,德弗林在与哈特的论争中败下阵来,颇有学者风度的他也大大方方地宣布抛弃先前所坚持的保守主义观点。但德弗林的法政遗产——法律道德主义,却自此成为西方法理学在探讨法律的干预限度时再也回避不了的问题,这一主张经过适当修正后也在当代找到了自身的理论旗手:罗伯特·乔治。

四、罗伯特·乔治:迈向多元至善主义

作为约瑟夫·拉兹和约翰·菲尼斯共同培养的学生——罗伯特·乔治,其新托马斯主义自然法理论附带有至善主义的色彩,甚至在某些方面比自己的两位老师更进一步。概括而言,坚持自然法传统使乔治的学说具有了保守主义色彩,至善主义进路使其认可法律道德主义的正当性,而拥抱时兴的社群主义又使其更加强调集体而非个人的价值。在考察乔治的法律道德主义思想之前,有必要略谈拉兹的至善主义主张。

拉兹认为,国家在面对道德争议时不仅不应当无动于衷,还应积极促进个人的自治,帮助他们抵御无价值或负价值之事。真正的自治是以“善”为目标的,个体应当拥有追求自己认为“善”观念的权利,且仅当追求这些正确的善时,其选项才体现得出价值。[②] 国家也应当积极搭建并维持相关框架,促进人们过上这种生活,并在人们偏离正轨时,采取强制措施予以纠正。

按照拉兹的进路,他本应承认某种形式的道德立法,但其却在此处戛然而止,认为用强制手段阻止“无害不道德”的行为,事实上就是在侵犯个体的自治性,“刑罚的强迫是对自治全方位无差别的侵犯”[③]。按照他的假定,不道德的行为,无论是否有受害者,甚至无论是否有害,都应会被认为是对行为人自身有害的行为,动用惩罚本身是在更好地呵护自治的价值。

---

① See H. L. A. Hart, *Social Solidarity and the Enforcement of Morality*, 35 University of Chicago Law Review 11, 11 – 13 (1967).

② See Joseph Raz, *The Morality of Freedom*, Clarendon Press, 1986, p. 411 – 412.

③ Joseph Raz, *The Morality of Freedom*, Clarendon Press, 1986, p. 419.

在批判性地接受拉兹的多元至善主义之后，乔治对本已危如累卵的法律道德主义加以改造，从德弗林勋爵的主张中提取了社群主义的精华，认为一个社会之所以倡导共享道德，并不是因维系的道德自身值得珍视，毋宁说是产生了某种社会的凝聚力，而它的价值不仅仅在于能够作为维系社会存续的方式，其本身就具有一种内在的价值。[①] 按照这一观点，社群凝聚的价值就独立于社会秩序，后者的变动与前者的增减并没有明显的关系，正如夫妻间渐行渐远而丧失的婚姻之善并不意味着婚姻关系的崩溃。

借由对德弗林式法律道德主义的扬弃，乔治提出一种新理论，其间，法律通过"(1)阻止人们选择沉溺于不道德行为的(进一步的)自我堕落；(2)阻止会诱使其他人模仿同样行为的坏榜样；(3)帮助保护道德环境，在其中人们做出他们在道德上具有自我构建性(self-constituting)的选择；(4)教导人们道德上的是非"来禁止蛊惑性的不道德行为以保证人们过上有德性的生活。[②] 真正的道德立法，也应当维护基本善与共同善。

乔治或多或少地体现了亚里士多德—阿奎那的传统，主张法律通过塑造公民的道德确信和外在行为，能在社会中发挥教化的作用。道德立法会限制行为的选择空间，但如果这种立法不误入歧途，其所限制的就仅仅是不道德的选项，实际上毋宁说是在促进道德，这不仅维护了个体的自治性，还做到了不侵犯良心自由。这样的法律道德主义"能够规定道德立法的正当范围，并仍然允许可欲的多样化生活方式的存在，此外还为尊重和保护公民自由提供原则性基础"[③]。

最终，乔治的法律道德主义迈向了一种多元至善主义的理论，一方面它尊重个人自治，让个体在多元选项中进行自我选择而不侵犯公民自由；另一方面它会出于维系共同善的目的而在特定情况下限制个体的道德选择。它情真意切地为个体的自由而服务，但也并不承诺会对行恶的自由权利(或者说做错事的权利)提供保护。

但乔治的法律道德主义并非无可置辩。基于乔治的自然法理论，基本善之间是不可比较的，那么如果有人在寒窗苦读时(知识的善)，正好有人危在旦夕，用尽全身最后一丝气力向他求助(生命的善)，他却不肯伸出援手，哪怕这仅仅是举手之劳，对乔治而言也无可厚非，因为要求在不同的基本善之间做出命令性的选择都会是专断的！乔治意识到了这个问题，于是提出了两条原则进行修正，即(1)保禄原则：不去为得到善果而作恶；(2)金规则：凡你们愿意人给你们做的，你们也要照样给人做。这表面上解决了冲突的问

---

① 参见[美]罗伯特·乔治：《使人成为有德之人：公民自由与公共道德》，孙海波、彭宁译，商务印书馆 2020 年版，第 126～128 页。

② 参见[美]罗伯特·乔治：《使人成为有德之人：公民自由与公共道德》，孙海波、彭宁译，商务印书馆 2020 年版，第 15 页。

③ 参见[美]罗伯特·乔治：《使人成为有德之人：公民自由与公共道德》，孙海波、彭宁译，商务印书馆 2020 年版，第 317～318 页。

题,但实际上绝大多数人都会不假思索地选择救人一命,而没有考虑乔治的道德原则。对此的回应也显得是“换汤不换药”,当这两种原则相冲突时又该如何解决? 对这一类型的两难困境,乔治的观点并没有给出解决方案。

综观各式法律道德主义的经典表述,会发现他们基本站在某种社群主义的立场上对传统自由主义观展开批判,认为个人并非原子式的存在物,而必然属于或大或小诸共同体的一分子。共同体的存续也是因为人们无形之中共享着道德、文化等精神层面的观念,由此也形成了身份认同与行为趋同,而为此动用强制手段对整体社会秩序加以维系就是无可厚非甚至有必要的。

如若采取自由放任的范式,确实能在社会中达成最大限度的“共识”,但共识空洞无物,并不试图解决泛多元化危机之下的问题,只会进一步诱发道德的虚无主义和相对主义。一再退出道德领域的最终判断,形不散神散的社会共识也终会分崩离析。法律道德主义者看到了这一不足,试图弥补国家在道德判断的真空地位,无疑可以理解,而一种温和的法律道德主义只会取消个人做“(严重的)恶”的权利,并不会对个人的自由造成不应有的伤害。可惜的是,前人的提议都有着或多或少的缺陷。但这并不是我们停滞不前的借口。

五、通往一种合理的道德立法路径

立法作为制定出来的规则,其本身的存在就为人们提供了行动的理由,有时甚至是道德层面上行动的理由。受其影响的主体意识到:法律的权威不仅是正当的而且是有效的,因而有一个合理的理由遵从法律。这就在社会层面产生了一个权威性的惯例,即便规则本身不仅仅是惯例。当然立法的内容有可能是任意的、次优的甚至是专断的,但对一个问题的权威回答本身就有价值,我们也不再是单单依靠自己花样繁多的道德判断来对一个尚未形成惯习的事项做出各种独具特色的回应,而仅仅遵从法律便已足够。

因而,立法便可对一些争议问题予以事前规定,国家也有事前的理由通过相关的法律,而非留待司法续造。司法固然具有自由裁量权,能够在个案中分别处理不同的道德纠纷,并在类案形成之后对共通问题形成一般性的回应,在这个层面也能给出一定的行动理由;但这些理由是溯及既往的,是对已经发生过的先前行为做出的评价,面向事后而不具前瞻性。因此一种恰当的法律道德主义就应当采取狭义的概念,将主要的注意力转向道德立法层面,选择一套恰当的立法模式。这也是当代法律道德主义者的相关论述均转向立法层面的缘由所在,现今法律道德主义也与“道德立法”几乎成为同义词。①

① 以将道德裁量融入司法裁判的主张而闻名的罗纳德·德沃金也因此并不会被认为是一位“法律道德主义者”,虽然他是不是一位严格意义上的“自然法学者”同样具有争论。

在批判吸收前述法律道德主义者的相关主张之后，一种恰当的道德立法的进路，在笔者看来，便有如下所述。

（一）区分多维度的道德概念

实际运作中的道德并非如经典法律道德主义者所含混地说的，只有一元论的道德模式，而是可以被分为多个维度的。哈特在批驳德弗林时便已区分出实在道德与批判道德。[①] 实在道德即社会道德，是社会群体事实上所接受的道德，也是社会群体对某些行为进行道德评判最基本的工具，它作为一个共同的标准对某些行为进行批判。不过这种道德不要求正当，也有可能随着时间而发生改变甚至消亡。而批判道德基于人们普遍的理性能力，在不同社会中都不约而同地形成了，是人类共同体共同享有的一套道德规范与理念。

在实在道德的范围内，根据要求程度的不同，可以分为美德与一般道德。一般道德指的是社会通常的道德要求，它是对普通人提出的要求，生活在社会中就必须满足这一约束。与之相较，美德是更高层次的道德，但并没有多少人能实现，因此对普通人而言没有约束力。每个社会都会塑造专属于自身的美德，如我国“克己复礼”的要求、西方基督教传统的“圣徒”等。

法律道德主义者在讨论“道德的法律强制”时，被“强制”的道德其实是实在道德中的一般道德，是社会公众所实际认可且能落到实处的道德。例如，我们通常认为处罚单纯不礼貌行为极易引起美德的暴政，这种惩罚的配套是所有合理的法律道德主义者都会反对的，一种合理的道德立法模式也要铭记仅将一些值得加以规定的一般道德纳入法律的规制渠道。

但正因为实在道德并不保证其在道德上为真，一套合理的道德立法模式也就需要批判道德的出场，为实在道德提供“活水之源”。批判道德作为人们理性所抽象出来的价值评价体系，自身即正当性的标准，能够在检验实在道德的同时引起实在道德的不断变化，而批判道德也会逐渐转向实在道德。

（二）运用多元的立法模式

立法模式并非单一，处理道德问题也并非任何一纸规定便能取得立竿见影的效果。

第一，在部门法层面，道德立法具有刑事立法与民事立法之分。刑事立法是传统法律道德主义者都会关注到的，在刑法哲学领域也已出现诸多学者阐述限于刑法的法律道德主义学说，最为典型的主张是将不道德作为刑罚的依据。刑法确实是国家限制不道德

① 参见［英］H. L. A. 哈特：《法律、自由与道德》，钱一栋译，商务印书馆 2021 年版，第 21 ~ 26 页。有关实在道德与批判道德更详细的阐述，参见［英］尼尔·麦考密克：《大师学述：哈特》，刘叶深译，法律出版社 2010 年版，第 90 ~ 106、273 ~ 297 页。

行为最有力的手段,诸如“法定犯”等也彰显出国家塑造着公民的道德认知;但他们都过于关注刑法的“禁止恶”,却忽视了民法的面向。在适当的立法技术之下,民法可凭借其灵活性本能起到“规定善”的作用,弥补刑法的惩罚过于刚性和范围过于局限的不足。

第二,民法因其调控的灵活性,可被分为义务型、权利型与免责型的立法模式。[①] 刑法偏向于禁止性规范,因而多采取义务型的立法模式;但有些不道德行为虽应予以惩处,却无须上升到刑罚高度,因此便可落入民法的调控范围,在民法的义务规定落空之后要求行为人承担相应责任。而权利型立法模式则与之相反,该模式赋予行为人从事道德行为的权能与自由,对其是否主动行善予以充分的尊重,有时亦可采取正激励的模式鼓舞向善。免责型立法模式则是对人们行善的过程所带来的民事责任予以免除,打消其后顾之忧。

根据前文对于道德的分类,诸如批判道德与美德等如果真的要进入法律,那么最好应采取的是后两种立法模式,降低人们行善时的预期与实际成本。法律道德主义者如果想更全面诠释立法的道德示范功能,就应不仅限于刑法的义务型指引,而应更为注重民法的上述后两种立法模式。

(三)尊重多层次的辅助性原则

辅助性原则来自天主教解决国家与下位者之间的层级关系,后被载于欧盟与德国宪法。该原则认为,在下级无法无力自主实现目标时,上级可予以介入,但仅限以辅助性姿态介入;此外,它也禁止上级积极介入下级自身能解决的问题。

不过,辅助性原则并非被误解的那样,主张越袖珍越唯美,一概驱离国家的干涉。相反,它强调的是社会联合的价值,也在这里消解了国家与个人传统的二元对立,将彼此都置于层级关系中,给予人类间的联合以及人们对共同善的追求更为充分且全面的道德理由。国家在这一模式下确实应与个体保持适当距离,但也不意味着国家就应当对任何道德问题都无动于衷,它如果真正关注人的生活,就得使环境是支持个人追求善的,至少不会破坏到善。道德立法也在这个层面展开。以立法手段禁止不正当的选项是正当的,因其不会实际侵犯到个人自治的空间;而且也是应当的,因它必须保护个体免受有力且持续诱惑的影响。正如国家可以立法禁止自由地奴役一样,以家长主义的态度温和地促进善也无可厚非。但这并不意味着国家就得提供事无巨细的道德规范,它必须留有个人犯错误的空间,审慎地选择规制的道德问题。在辅助性原则看来,良好的道德立法应当是这样的:

(1)对于那些违背人类善的恶习(诸如吸食毒品、性交易),国家有义务通过

① 参见孙海波:《反思道德性立法的方式及限度》,载《东岳论丛》2023年第2期。

强制力予以限制。尽管这些恶习在某些情况下并不侵犯他人之权利,但这却是对人本身的一种败坏;(2)对于那些因我们被给予的不利而招致的缺陷,国家有义务来予以改善,为其提供个人发展之基本条件(比如对于残疾人的救助);(3)对于那些依赖于我们自身之活动的人类善,诸如道德德性之培养、知识之获取,国家不能予以干涉也不应介入其中。但是,国家却有义务提供一个良好的环境来促进人类德性之培养、知识之获取。①

六、结语

在梳理各位法律道德主义者的学说时,我们很容易发现,他们都为经年累月所形成的道德进行辩护,认为维系这一传统的结晶以及因此所产生的凝聚力,具有内在的价值,而不道德行为无论是否公开,或多或少都是对这一价值的否定。个体不可能是孤立的个体,是个体组成了共同体,而共同体又反过来对个体进行规制,共同体必然负有义务纠正个体越轨的行为。这就是道德立法的正当之处。

当然,需要牢记的是,道德的要求不能通过法律的强家长主义式做法得到直接的实现。它所能做到的仅仅是使个体在拒绝不道德的事情时免于担惊受怕,并在一个相对良好的环境中逐渐寻得自身道德完满的实现方式。将实现道德的追求全部摊派给法律,将使其承受不能承受之重。片面强调用法律的强制手段要求人们在外表上的行为举止"有德性",却没有注意干预的限度,越权侵入人们自治的范围,无视人们所拥有的自我反思能力,不仅不能批量培养出"圣人",甚至可能只会让人们对道德要求麻木不仁。仅当充分尊重个人的主体性价值,在立法设计层面刚柔相济,且时刻践行层次分明的辅助性原则时,清平的道德环境才能真正实现。

Transitioning from Legal Moralism to Reasonable Moral Legislation

Li Yanming

Abstract: The legal enforcement of morality is not a modern issue; it was already addressed in Aristotle's discussions about shaping citizens' virtue through law, and after being inherited and modified by Aquinas, it formed the core tradition of moral legislation. James Stephen was the first to systematically propose a rigid theory of "legal moralism"; Lord Devlin, in his debate with Hart, coincidentally proposed a more flexible version, which

① 参见吴彦:《心智与政治秩序》,商务印书馆2023年版,第182~183页。

became the basic paradigm for the legal enforcement of morality in later generations. Through George's reconciliation, legal moralism has been revitalized in the context of new natural law, finding a balance between pluralistic perfectionism and respect for individual autonomy. However, all kinds of such theories faced their challenges. In view of this, reasonable moral legislation must carefully choose the types of morality to be enforced, employ diverse legislative models, and constantly practice the principle of subsidiarity.

Keywords: Legal moralism; Perfectionism; Legal enforcement of morality; Moral legislation

(责任编辑:葛嘉伟　助理编辑:白琳谛)

波斯纳法律实用主义的理论内涵与有效性辩护

邢泳航*

摘　要　波斯纳的法律实用主义理论以日常实用主义而非哲学实用主义为基础,它坚持向前看的、注重后果的观点,是一种态度而非教条,并且坚持实用主义道德怀疑论。法律实用主义归根结底是裁判理念,它关注的是在当下情形如何作出最佳的判决,其最为有力的工具是经济分析,并对跨学科工具持开放态度。它遭受了以德沃金为代表的批判和挑战,被认为是"反理论"的、存在工具主义缺陷的,并且波斯纳法律经济学的"财富最大化"基础和经济分析工具也存在问题。但是,波斯纳法律实用主义是基于法官视角的、重视实践的裁判理论,它在批判形式主义方面的有效性不会因为外界的理论批判而被削弱,将其应用于国内疑难案件问题研究以及批判法教义学,依然能够发挥理论优势,如此便构成了对法律实用主义有效性的辩护和拓展。

关键词　日常实用主义　实用主义司法　实践型方法　经济分析　后果主义

一、引言

目前,国内对波斯纳法律实用主义的研究尚缺乏一种整体视角的研究方案,以往的研究往往是依靠司法实践、法律经济分析、道德怀疑论、实用主义中某一特定的或局部的研究视角,这不仅无法全面、准确地把握波斯纳法律实用主义的理论特性和优势,还在应用其理论时出现误解。比如,深受波斯纳法律实用主义影响的社科法学者不遗余力地批判法教义学以及主张"超越法律"立场时,波斯纳却认为,中国的司法部门应当尽量避免

---

* 邢泳航,南京师范大学法学院法学理论专业2022级硕士研究生。本文获第二届"继来法视界杯"全国法学征文大赛二等奖。

“实用主义风格”、远离实践性以及尽可能保持“抽象和形式主义”。① 在整体把握波斯纳法律实用主义之后,我们并不会对波斯纳“泼的冷水”感到惊讶,因为在其理论中,形式主义是当法治建设不完善时的更好选择。那些受波斯纳影响却又坚决地反对某种理论观点的态度,都是缺乏整体研究视角导致的误解。波斯纳的法律实用主义是在他的法律经济分析、法官视角、工具主义倾向等共同作用下形成的,是一种持续发展和逐渐充实的理论。只有对波斯纳法律实用主义进行整体把握,才能从其“空洞”(德沃金语)的实用主义形式中挖掘出实在的内容。

反观国内,社科法学与法教义学的长期争论、后果主义裁判思维的讨论等问题,都将矛头指向司法实践中的形式主义、法条主义、教条主义、司法僵化以及灵活性不足,这类问题与基于法官视角的法律实用主义所面临的具体语境有着极大的相似性。在这一理论背景下,重新思考“波斯纳牌”法律实用主义对国内相似问题的解决有着相当重要的意义。

基于上述问题意识,本文将完成两项任务:第一项任务是对“波斯纳牌”法律实用主义进行整体梳理,以尽可能完整地呈现其理论的基本内涵;第二项任务是通过梳理波斯纳法律理论所遭受的批判以及理论自身存在的缺陷,以确定波斯纳法律实用主义的有效性范围,并将其转化应用于国内相关问题的研究。

二、波斯纳法律实用主义理论的基本主张与裁判理念

(一)从法律的经济分析到法律实用主义

提及波斯纳,人们最先想到的大概是法律经济学,而非法律实用主义。专注于波斯纳法律实用主义的研究,又往往会忽略其法律经济学理论与法律实用主义之间的关联。虽然本文也专注于法律实用主义的研究,但不论是基于本文“整体视角”的研究立场还是基于波斯纳理论本身的特性,法律经济学都应该被妥当地安置于法律实用主义之中。这是因为,波斯纳是从法律的经济分析转向法律实用主义的,同时前者又作用于“波斯纳牌”法律实用主义的形成。

将经济分析应用于法律的前提是要承认法律与经济学是同构的。在法律经济学看来,正是因为有了交易成本的存在,通过法律制度进行资源配置以期达到更佳效率才有必要。二者的关系就如同法律与经济的关系一样,是内在的对应关系。用波斯纳的话来讲就是,法律的很多隐含结构都是经济学的。法律应当促进和便利竞争性市场,并且在

① 参见田雷:《波斯纳反对波斯纳——为什么从来没有学术的自由市场这回事》,载《北大法律评论》第 14 卷第 2 辑,北京大学出版社 2013 年版。

交易费用过高而导致禁止交易时，模仿市场。① 波斯纳法律经济学的基本主张为：当市场交易成本过高而导致交易无法顺利进行时，“财富最大化”要求把权利初始授予最珍视这些权利的人，以此来使交易费用最小化。② 得益于贝克尔对非市场行为的经济学研究，波斯纳的法律经济学首先假设，人不仅在经济活动中是理性的功利最大化者，在所有的生活领域中都是如此，会对激励做出反应。③ 这一假设奠定了波斯纳将经济分析贯穿整个法律部门的基础。

通常来看，波斯纳法律实用主义与波斯纳的法律经济分析往往会被研究者分离开来，这种人为的割裂导致其法律实用主义被不恰当地理解。从波斯纳的理论发展脉络看，他最先选择，也最为著名的研究进路是法律的经济分析。在《法理学问题》一书问世之前，波斯纳长期从事的工作可以被归结为“为将经济学应用于法学而传教”，他执着于将经济分析带入法律。但是，波斯纳不遗余力地推广的经济分析进路遭到了猛烈的批判和反对，这迫使他放弃将法律的经济分析构建成一个社会理论以及为经济分析建构“财富最大化”基础的野心，进而转向了实用主义，主张要对法律的经济分析做实用主义的理解。在规范层面，波斯纳未能对“财富最大化”以及法律经济学做出有力辩护，但他认为法律经济学和“成本—收益”分析能够通过实证的、实用主义的检验，并主张最好将“成本—收益”分析视为实用主义的工具，使其服务于复杂判断。尽管法律经济学丧失了在规范层面所能拥有的地位，但波斯纳仍坚持认为存在大量事实和证据，表明普通法大部分都是有效率的，是符合“财富最大化”的。这一辩护也是实用主义的，因为它要求关注事实和经验问题，而非语义学和形而上学问题。④ 在波斯纳发出“一个实用主义的宣言”之后，法律的经济分析被置于法律实用主义之中，成为法律实用主义的工具之一。

（二）波斯纳法律实用主义的基本主张

波斯纳所主张的实用主义强调思想开放、不尚空谈，注重研究过程而不是研究的结果；“形而上学”的研究并不会在其中占据任何重要地位，因为它始终对任何研究领域中的客观真理都持质疑态度，也不致力于为自己建立充分的哲学基础；喜好实验并且不迷信教条，只在非常谨慎的范围内才情愿同过去保持连续性用于塑造未来。总之，它是一种态度而非教条，是一种以未来为导向，目的在于促进有效行动的工具主义观点。实用主义能够为法律贡献的东西，主要集中于保持开放的态度（包括对其他学科的开放态度）、质疑精神、敌视形而上学、注重实效和工具主义。正是在该态度的指引下，波斯纳对法律的“客观性”与“确定性”问题展开了全面的批判，认为没有任何法律理论能够达到

---

① 参见［美］理查德·A. 波斯纳：《超越法律》，苏力译，北京大学出版社 2016 年版，第 353 页。

② 参见［美］理查德·A. 波斯纳：《正义/司法的经济学》，苏力译，中国政法大学出版社 2002 年版，第 71 页。

③ 参见［美］理查德·波斯纳：《法律的经济分析（第 7 版）》，蒋兆康译，法律出版社 2012 年版，第 4 页。

④ 参见［美］理查德·A. 波斯纳：《法理学问题》，苏力译，中国政法大学出版社 2002 年版，第 483 ~ 484 页。

这一目标。即使是法律推理,它与其他推理也并没有什么不同,算不上什么特殊方法。基于实践理性的推理方法才是更好的,这在哲学家那里被称为“手段—目的”理性,而在经济学家那里则是“成本—收益”分析。在这里,实用主义对法律的一大贡献就可以被感知到,即推翻那些法律理论,让问题的讨论不要太早结束。波斯纳版本的法律实用主义,归根到底是司法裁判的理论,对传统法律理论的批判也是为了让这种裁判理论的出现顺理成章。承继被波斯纳偏爱的实用主义诸多特点的法官需要更多的科学探究的伦理道德去做他们日常的裁决工作。他们需要成为“开放的、向前看的、尊重事实的、愿意实证的、不尊重神学的、反形而上学的”①。由此,也可以更清楚地理解为何实用主义司法是法律实用主义的核心内容。

法律实用主义的提倡者波斯纳强调,托克维尔所称的实用主义文化,抑或实用主义的情绪,对法律有很大的贡献。波斯纳将这种实用主义的情绪称作“日常实用主义”,日常实用主义意味着讲求实际、实事求是、严肃认真,其还具有轻蔑抽象理论以及反对智识上的矫揉造作的意味。② 波斯纳法律实用主义的基本主张所表露出的那些特点,在很大程度上是日常实用主义所赋予的。实用主义的哲学话语是学术化、精细化的,并且很复杂,给人一种拒人千里之外的感觉。日常实用主义并不像哲学版本那样倾向于玄思,它的主张者通常会采用常识来解决问题。在这种意义上,日常实用主义更加具有“实用”一词的真实意蕴。日常版本的主张者并不会思考“上帝是否存在”之类的问题,他们认为,既然相信与否并不会在结果上带来什么不同,为何还要浪费脑力思考它呢? 日常实用主义的核心可以被归纳为:以行为的后果去审视行为。波斯纳将此种后果主义(或者广义的后果论)立场引入法律领域,认为法官和其他政策制定者都要从后果的角度思考问题。对日常实用主义的偏爱也表露出波斯纳并不试图在哲学上有所贡献,他需要的只是能够将思维引导至正确的方向,以及对行动后果的深思熟虑,而不是“形而上”的哲学玄思。他并不像传统哲学家和其他皈依于哲学的理论家那样渴求牢固的基础,法律实用主义并不为缺少基础而担忧,它在意的是自己作出的策略选择和安排在当前情况下是不是最好的。

(三)法律实用主义的司法裁判理念

波斯纳法律实用主义的核心——实用主义司法,强调司法要关心后果,以及基于后果而不是概念和原则做出政策判断的倾向。德沃金认为,“实用主义是一种对法律持怀疑态度的见解,因为它否认真实的、非策略性的法律权利”③。相较于德沃金所主张的道

---

① Alan J. Haugh, *Richard A. Posner's Pragmatic Jurisprudence*, 9 Irish Student Law Review 32, 32 - 51(2001).

② 参见[美]理查德·A. 波斯纳:《法律、实用主义与民主》,凌斌、李国庆译,中国政法大学出版社 2005 年版,第 63 页。

③ 参见[美]德沃金:《法律帝国》,李常青译,中国大百科全书出版社 1996 年版,第 144 页。

德理论，波斯纳主张实用主义是更好的司法工具。通过对德沃金的纠正，波斯纳定义了实用主义法官的工作方式："实用主义法官总是为了目前和未来做最好的事，不受任何在原则上同其他官员的已为保持一致的义务所约束。"①波斯纳将法官所从事的工作与政策判断联系在一起，重视事实和后果，而不是概念和一般原则。法律实用主义的核心主张也由此得以明确，即德沃金提供的道德理论或理论内置型方法与法官判案无关，法官真正需要的是一种实践性方法。② 波斯纳曾批评美国法官对科学的感觉太钝化了，法官们需要更多科学探究的伦理道德去做他们的裁决工作，而不是从系统的、不可靠的信息来源中获得他们关于世界如何运作的知识，尤其是司法判例。相较于法律文本和材料，实用主义法官更倾向于以科学探究的精神发掘裁判的现实因素，并以"作出结果最佳的选择"的目标为指引。但是，当法官以作出"最好的决定"为指引但又缺乏系统的、科学的训练时，其所能依靠的只有直觉。

实用主义司法的最终标准是"合乎情理"，该标准的内涵是开放的，因为实用主义不会告诉我们什么是最好的。实用主义法官探求"最佳后果"，是以法官群体中存在相当程度的价值共识为前提的，对"最佳后果"更好的称谓应该是"合乎情理"的结果，这与波斯纳的理论对手——德沃金的主张形成强烈的反差。"合乎情理"一词并不是用来专指纯粹法律问题的裁决，而是用来指引事实的或裁量性的决定，其还包括法律规则对事实的适用。实用主义审判对"合乎情理"这一结果的强调，与后果论或功利主义极不相同。在前者看来，合乎情理就意味着可行的、有道理的，是强调法官在具体情形中作出最合乎情理的决定，这也是司法实践使用法律研究工具追求的目标。实用主义司法反对"专注于一种使某类后果最大化的策略"的后果论，虽然二者均关注后果，但前者更喜欢用"合乎情理"而不是后果论的"最佳后果"作为评价司法判决的标准。

波斯纳主张的裁判理念排斥道德理论，这会进一步塑造法官的道德论立场。进而，波斯纳用于批判校园道德家的实用主义道德怀疑论，也构成法律实用主义及其裁判理念的重要内容。波斯纳批评校园道德论(academic moralism)无法运用道德理论解决道德争论，他试图论辩："道德对于行为的影响程度比道德学家认为的程度要小。"波斯纳将自己的立场称为"实用主义的道德怀疑论"，它与道德相对主义、道德主观主义、道德多元主义以及道德怀疑主义都存在差别。此立场服务于波斯纳对实用主义法官的期望，即法官最好还是不要用道德理论或者宪法理论裁定案件，否则会让他感到很不放心。正如波斯纳并不试图为哲学作出贡献那样，实用主义的目标也并不是取代道德哲学或解决道德哲

① 参见[美]理查德·A.波斯纳：《道德和法律理论的疑问》，苏力译，中国政法大学出版社2001年版，第279页。

② 参见张超：《实用主义批判与保卫"道德"理论——评德沃金的〈身披法袍的正义〉》，载《清华法学》2012年第1期。

学无法解决的问题。实用主义者的希望是,通过放弃道德争论,转而关注事实,成为一名实用主义者。

三、波斯纳法律实用主义遭受的批判和挑战

(一)实用主义司法的"空洞"与工具主义缺陷

波斯纳与德沃金在理论上基本是对立的。① 德沃金指责法律实用主义是一种与理论无关的"实践型方法",他本人维护的是一种"理论内置型"方法——"道德理论与法律实践是相互嵌入、无可分割的"。② 在内置型方法这里,"法律推理意味着把特定的、个别的法律问题,置于法律推演诸原则或者政治之道德性的广大网络中来加以考察"③。实践型方法认为,德沃金所提出的那些宏大的、一般性的和贯通全体的东西都是不合时宜的,唯一需要考虑的事情就是"如何让事情变得更好",这需要充分考量不同判决的各种后果。如果这里指的是波斯纳的那种主张,最好还要懂一些经济学。从这里的描述来看,内置型方法远不如实践型方法符合一般人的直觉与偏好,前者代表着空洞的、虚无的、无用的观点,而后者是务实的。但是德沃金强调内置型观点是不可避免的,同时也是具有吸引力的。反而是实践型方法,在真实语境中是无法被"实践"的。德沃金批判波斯纳是功利论的后果主义者和相对主义者,还与后现代主义纠缠不清。尽管波斯纳强调法官应当在裁判中追求"最佳结果",但却并没有对何为"最佳结果"进行说明。仅凭"合乎情理"这一开放性的概念,并不足以说服德沃金。德沃金提醒,功利主义是法律实用主义这种理论最有可能采用的,但波斯纳虽然拒绝了它,也并没有说明用什么更好的道德理论来替代它。在实用主义司法中,法官们追求的目标仅仅是做最好的事情,波斯纳并没有对这一目标作清晰的学术定义,这就会导致"指向不明"。德沃金从美国司法实践出发,强调法官们经常会在裁判的目标上出现严重分歧,波斯纳提出的法官们都同意的目标并不现实。总之,德沃金宣称,波斯纳的那种实用主义形式(更少哲学化的)是失败的,因为它太过于空洞。

"空洞"和"无用"并不是法律实用主义以及实用主义司法的全部问题,一些零散但十分具有警醒作用的批判也不能被忽视。首先是波斯纳法律理论中浓厚的工具主义倾向,在他看来,法律只是工具,是一套激励系统。法律的作用只是通过不同的制度设计来激励具有特定偏好的人做出相应的反应。但是,波斯纳忽略了法律的表达和价值塑造功

---

① See Richard A. Posner, *Tribute to Ronald Dworkin and a Note on Pragmatic Adjudication*, 63 New York University Annual Survey of American Law 9,9 – 13(2007).

② 参见张超:《实用主义批判与保卫"道德"理论——评德沃金的〈身披法袍的正义〉》,载《清华法学》2012 年第 1 期。

③ 参见[美]罗纳德·德沃金:《身披法袍的正义》,周林刚、翟志勇译,北京大学出版社 2010 年版,第 58 页。

能,它们被法律实用主义遮蔽了。[①] 这种工具主义只注意到了如何作用于人们的价值和偏好,而否定了法律还能重塑人们的价值和偏好。这与波斯纳所称的“实用主义道德怀疑论”也存在一定关系,他并不认为法官能够用道德理论来解决道德争议。在他看来,知识的增长、科技的进步、新问题的出现、关注焦点的转移等,都要比道德论证在解决道德争论问题上有用得多。还有,道德理论在改变人的道德观点方面,也并不是那么有效。因此,法律会影响人们的价值和偏好,但绝对不会起到塑造价值和偏好的作用。批评者的态度是,波斯纳反对法律的价值塑造功能并不是出于实用主义的理论,而仅仅是未能进行逻辑推演和缺乏对经验的关注,因此这种反对是不必要的。

(二)法律经济学基础的疑问与方法的道德缺陷

波斯纳除了在法律实用主义、实用主义司法以及“道德理论”问题上受到德沃金的批判外,其法律经济学的基础——财富最大化理论也受到了德沃金的质疑和反驳。德沃金认为,波斯纳的财富最大化理论在规范层面是失败的。德沃金提出,为什么财富最大化能够成为值得社会追求的目标?他将可能的答案分为两种:一种是财富本身就是社会价值的组成部分;另一种是财富不是价值的组成部分而是实现价值的工具。前一种主张可以细分为不谦虚的版本和谦虚的版本,前者认为财富是社会价值的唯一组成部分,后者认为财富只是组成部分中的一种。工具性的主张也分为两个版本,第一个版本认为财富增加本身就能够带来社会价值的改善,第二个版本认为财富增加能够为社会价值的改善提供材料。德沃金对第一种答案的两个版本均提出了直接的反对意见,如果将社会财富视为社会价值的组成部分,即便只是其中一个,那也是毫无意义的。财富最大化的工具性主张虽然是可信的,但存在复杂的论证问题。若持工具性主张,则需要解释为什么法官能够合理地认为改善社会财富的规则能够促进法官所追求的那些目标。波斯纳承认,德沃金对财富最大化理论提出的批评具有相当的说服力,但是在某些方面有些“言过其实”。波斯纳确实未能对此提出有力的辩驳,并随后放弃了对财富最大化理论的坚持。尽管如此,德沃金还是紧追不舍地对波斯纳进行批判,就波斯纳放弃其视为法律经济学基础的财富最大化理论这一点,他严厉地抨击了波斯纳作为一个学者的素质。[②]

经济分析是法律实用主义的方法之一,法律经济学所遭受的批判,当然也能够被归入法律实用主义的批判内容。但也存在一种质疑,认为波斯纳的法律经济分析以及财富最大化理论忽视人的尊严,难以保护人伦关系,并且违背了分配正义。[③] 这种反对意见认为,波斯纳的法律经济学观点意味着,人的尊严是由市场价值决定的而不是由自身的主

① See Jason Scott Johnston, *Not so Cold an Eye*: *Richard Posner's Pragmatism*, 44 Vanderbilt Law Review 741, 741 - 766 (1991).

② 参见[美]威廉·唐纳尔斯基:《波斯纳》,郑戈译,中国民主法制出版社 2022 年版,第 318 页。

③ 参见黄光顺:《“波斯纳定理”的道德缺陷》,载《伦理学研究》2014 年第 4 期。

观认知决定的,尊严的多少与市场价值的高低成正比。在人伦关系方面,如果遵照财富最大化的理论假设,那么在帕尔默案中,如果帕尔默具有极高的创造财富的能力,则由其继续拥有祖父的财产继承权才是正确的。此种判断显然与大众的道德倾向和人伦关系不相符合。法律的经济分析进路选择的是卡尔多－希克斯效率,而不是帕累托改善。帕累托改善是指,至少使一个人的境况变得更好而不会有一个人因此变得更差。卡尔多－希克斯效率则是对帕累托原则的改进,获利者可以对因此而受损的人进行补偿,只要财富的净值实现了增加就是被允许的,而不管这种补偿是否会实际进行。帕累托改善准则对于真实世界的有效性很小,现实中的大多数交易无论如何都会对第三方产生影响。在质疑观点中,波斯纳选择的卡尔多－希克斯效率将会忽视人的尊严和基本权利,忽视个体的差异。如此看来,波斯纳的法律经济学与他所拒绝的功利主义走上了同一道路。

四、对波斯纳法律实用主义有效性的辩护

(一)法教义学与疑难案件的后果主义裁判

在震惊于波斯纳法律理论竟存在如此之多无法有力辩驳的缺陷时,特别需要注意的是,法律实用主义是从法官和司法经验切入的实践性的理论。波斯纳并不热衷于为自身主张寻找可靠的哲学基础以及建立严密理论体系,他关注的是如何促进司法行为的改进,以及将法官引导至正确的方向。[①] 法官们需要回答的问题都是具体的,只有能够与具体问题联系在一起并且贯穿始终的理论,才是波斯纳所主张的。归根结底,法律实用主义是从事物本身的逻辑出发思考问题的。波斯纳法律理论的吸引力在于向前看的、注重后果的态度指引和综合运用多学科工具解释问题,而从来不是追求“粉饰得良好”的理论外观。本文坚持认为,从波斯纳法律理论中依然能找到具备有效性的内容,并且能够对其进行拓展,用于国内具体问题的研究。法律实用主义最直接反对的敌人是形式主义,其说服力和解释力的最佳体现就在于对形式主义的批评过程。但是,这并不足以支撑径直将波斯纳法律理论应用于国内后果主义等问题的研究。法律实用主义为自己设定的主要对手是法律形式主义,国内受波斯纳深刻影响的社科法学则主要与法律教义学形成对立,这两组对立关系的相似性是存疑的。

在“许霆案”中,一审法院判决对许霆的量刑过重是共识,即便存在同情和理解一审判决的观点,也大多是出于“维护法律尊严和保持法律稳定性的考量”[②]。“许霆案”暴露出我国司法实践正被一种“形式主义法律观”所支配,这种形式主义法律观将法律理解为

---

① See Richard A. Posner, *Legal Research and Practical Experience*, 84 The University of Chicago Law Review 239, 239－248(2017).

② 参见桑本谦:《传统刑法学理论的尴尬(Ⅰ)——面对许霆案》,载《广东商学院学报》2009 年第 5 期。

具有真理性的规则或原则,认为三段论式的法律推理能够为案件带来无可置疑的、唯一的确定性。[①] 这种形式主义法律观认为,“法律推理应该仅仅依据客观事实、明确的规则以及逻辑去决定一切为法律所要求的具体行为”[②],法律的确定性也由此得到保障。“形式主义法律观”将法官严格束缚在封闭的规则框架内,进行机械的逻辑推演,并且将法律推理与法外因素隔绝。如此一来,在规则指引并不明确的疑难案件中,仍然坚持三段论式逻辑推演的法官们将会遭遇难题。

与法律形式主义不同的是,法教义学承认法律的不确定性,但这并不影响后者对疑难案件裁判之法律属性的捍卫。[③] 法教义学自信能够为疑难案件提供“理论上可行、规范上可欲、实证上充分的说明”[④]。其通过将案件裁判活动牢牢限定在具有独特结构的法律论证领域,进而维护疑难案件裁决的法律属性。法律教义学可以分为教义学体系和教义学方法,在常规案件中,教义学体系至少能够起到减负、制约等作用;教义学方法能够解决常规案件,但其无法为疑难案件提供“唯一正确的答案”[⑤]。“无法提供确定的答案”并不意味着无法提供答案,教义学方法仍会在多个候选判决中进行衡量,这一选择的过程同时也会促进教义学方法的自我修正和完善。

但是,实践证明,法教义学在疑难案件中依然存在后果难题。法教义学以规范为基础的逻辑推演以及法律推理、解释、论证等,无法保证其在疑难案件中得出的结果符合实质正义的要求,它依然未能解决规则与后果的协调难题。社科法学观点认为,传统抠字眼的教义学无助于疑难案件的解决,正确的司法裁判需要明智有效地处理各种信息,并且能够有效预测和掌控后果。[⑥] 教条式地运用法教义学方法对疑难案件的解决难有成效。社科法学者主张“实用后果主义”方法,坚持实用主义立场,“从法律规范之外寻求可靠的、客观的后果”[⑦]。这是一种“向前看”的司法态度,它拒绝法律人沉湎于由规则和概念编织出的“法律天国”,强调在实践中慎重考量社会后果,要善于运用各种社会、政治等知识和经验,作出恰当的判断和行为。社科法学者反对法教义学可能导致的法律迷信与制度迷信,也批判由此导致的法院系统对现实生活的忽视和以司法为中心的品格的轻视。

(二)后果主义的经济分析进路与法律实用主义

在支持“实用后果主义”的意见中,最为有力的是桑本谦教授所采用的法律经济学进

---

① 参见蔡宏伟:《“许霆案”与中国法律的形式主义困境——兼论波斯纳的法律活动理论》,载《法制与社会发展》2008 年第 5 期。

② [美]史蒂文·J. 伯顿:《法律和法律推理导论》,张志铭、解兴权译,中国政法大学出版社 1998 年版,第 3 页。

③ 参见雷磊:《法教义学的基本立场》,载《中外法学》2015 年第 1 期。

④ 焦宝乾:《法教义学在中国:一个学术史的概览》,载《法治研究》2016 年第 3 期。

⑤ 陈坤:《法律教义学:要旨、作用与发展》,载《甘肃政法学院学报》2012 年第 2 期。

⑥ 参见苏力:《法律人思维?》,载《北大法律评论》第 14 卷第 2 辑,北京大学出版社 2013 年版。

⑦ 陈辉:《后果主义在司法裁判中的价值和定位》,载《法学家》2018 年第 4 期。

路。他援用了波斯纳的理论立场,认为法律规则具有经济学结构,法律和法律教义应当以实践逻辑(或者经济逻辑)来理解。桑本谦教授以"成本—收益"分析承认了法律教义学能够在应对常规案件方面起作用,但又由于教义学方法需要新要件、新概念才能应对新问题,随着理论的前提预设越来越多,法教义学会逐渐沦落为模糊不清、杂乱不堪的"教义包"。法教义学的这种应对策略,实际上是在强化理论的"内部复杂性",而"内部复杂性"的实质是逃避直面"外部复杂性",法教义学用表象繁冗的教义修辞替代对政策和经验问题的有效思考,这将导致学术资源过度投入在教义研讨上,最终忽略了对实质性问题的把握。[①] 从法律实用主义者的观点来看,实在毫无必要人为地增加学科的内部复杂性使得法学变成一门深不可测的学问。[②] 法教义学因在普通案件中符合经济逻辑而有效,在疑难案件中违背经济逻辑而无效,因此,疑难案件的处理需要回归经济逻辑,也就是以法律经济学的分析方法应对。"法律经济学的分析方法与后果主义的规范立场完全契合。"[③]因为,只要承认法律是一套激励系统,就必须主张"向前看"的立场。后果主义之后果并非指实际发生的结果,而是对判决可能引发的结果的预测,即对未来的预测。

通过对桑本谦教授为后果主义所做辩护的粗略描绘,我们能够发现他的立场与波斯纳的法律经济学是契合的,他为后果主义的辩护本质上属于法律实用主义。法律实用主义是否会为后果主义带来更多的东西?当我们考虑后果主义和桑本谦教授这一有力的辩护时,能够发现的是后果主义立场是更有效的,但却无法明确地认识到后果主义方法是如何运作的。社科法学者强调以后果主义取代法教义学,但却并未对后果主义进行理论阐释和说明其运作方法,这是后果主义被诟病的重要原因。[④] 再者,社科法学阵营也并非仅有法律经济学这一主张,在对待和评价后果的问题上,法律经济学注重的是财富或社会福利的最大化;法律社会学注重的是社会结构和秩序的稳定性;法律人类学注重的是在地人的感受。[⑤] 如此看来,后果主义自身也存在模糊、混乱、指向不明的问题。法律实用主义会建议法官,要在后果的可能范围内认真权衡,选择最好的那个,即"合乎情理"的。法律实用主义的司法态度是充满政策意味的、讲究事实的、工具主义的,它以"合乎情理"的标准统领了所有案件的判决,只不过"合乎情理"在疑难案件中的独特性更加明显而已。"合乎情理"能够弥补后果主义的标准缺陷,那么方法缺失问题如何在法律实用主义中得到解决?根据法律实用主义的基本主张和裁判理念,我们不能从中寻找到独属

---

① 参见戴昕:《"教义学启发式"思维的偏误与纠正——以法学中的"自杀研究"为例》,载《法商研究》2018 年第 5 期。

② 参见戴昕:《认真对待现实主义——评〈波斯纳法官司法反思录〉》,载《环球法律评论》2015 年第 3 期。

③ 参见桑本谦:《法律教义是怎样产生的——基于后果主义视角的分析》,载《法学家》2019 年第 4 期。

④ 参见王彬:《为后果主义审判正名——基于理论谱系的梳理》,载《内蒙古社会科学》2023 年第 2 期。

⑤ 参见钱一栋:《规则至上与后果主义的价值理由及其局限——从法教义学与社科法学之争看当代中国司法哲学》,载《甘肃政法学院学报》2018 年第 4 期。

于它的方法,但它会依赖于经济学、博弈论等其他社会科学学科,强调要关注事实和后果,而不是政策原则和一般概念。后果主义缺乏运作方法,实际上是缺乏能够被称为法律推理或者法律方法的方法,而波斯纳否认法律推理是特殊的方法,它不过是一种实践推理。因此,用社会科学的方法促进疑难案件产生"合乎情理"的结果,依然是法律意义上的判决。用桑本谦教授的话来讲,这只不过是将法律人思维还原为理性人思维用于解决眼前的问题,而法律规则和法律教义本质上都是符合经济逻辑的。

五、结语

波斯纳法律实用主义理论包括日常实用主义基础、实用主义道德怀疑论、实用主义司法、对法学的科学化改造以及法律的经济分析等方面,对这些方面的整体把握有助于我们更为准确地理解法律实用主义的真正优势。除此之外,还要了解它的主要反对意见,德沃金指责波斯纳的法律实用主义是"反理论的"、空洞无物的,其法律经济学的财富最大化基础是失败的。但这并不会削弱波斯纳理论的真正优势,法律实用主义的有效性需要在司法裁判和法官的语境中进行维护,因为它归根结底是一种裁判理论,而非试图建立严谨的理论体系和寻找坚实的哲学基础。本文认为,法律实用主义在批判形式主义方面的有效性可以拓展至国内的相关问题上。在社科法学中,对法教义学提出有力批判的法经济学,在很大程度上受波斯纳的经济分析影响;在处理后果主义问题上,法律实用主义能够为后果主义的主张提供有力的辩护,并且弥补实用后果主义存在的理论缺陷。

Theoretical Connotation and Validity Defense of Posner's Legal Pragmatism

Xing Yonghang

Abstract: Posner's theory of legal pragmatism is based on everyday pragmatism rather than philosophical pragmatism. It maintains a forward-looking and consequence-based view, an attitude rather than a dogma, and maintains pragmatic moral skepticism. Legal pragmatism is ultimately the idea of adjudication, which is concerned with making the best decision in a given situation. Its most powerful tool is economic analysis, and it is open to interdisciplinary tools. It has been criticized and challenged by Dworkin as an "anti-theory" with instrumentalist flaws, and Posner's "wealth maximization" foundations and tools of economic analysis are questionable. However, Posner's legal pragmatism is a judgment theory based on the judge's perspective and attaches great importance to practice, and its effectiveness in criticizing formalism will not be weakened by external theoretical criticism. If it is applied to the study of domestic difficult cases and critical legal doctrine, it can still exert its theoretical advantages. In this way, the validity of legal pragmatism is defended and expanded.

Keywords: Everyday pragmatism; Pragmatic adjudication; Practical approach; Economic analysis; Consequentialism

(责任编辑:白琳谛)

结果加重犯直接性关联理论溯源及其独立价值判别

吴炫霓*

摘　要　通说以直接性关联限定结果加重犯，但其与客观归责理论的界限不清。在危险实现阶段，直接性关联未在危险并行实现的情形中否定结果加重犯，因此未提出较客观归责更严格的归属要求。但在危险创设阶段，直接性关联将“构成要件的规范保护目的”前移，将结果加重犯的危险限定为典型危险，表现出与客观归责一般原理的差别。直接性关联应成为结果加重犯的独有归责机制，以避免在并罚情形中不当认定结果加重犯，或否定结果加重犯后忽略本应成立的轻罪。

关键词　结果加重犯　直接性关联　客观归责　危险创设　危险实现

结果加重犯因其严厉法定刑而饱受争议，刑法学界一向主张严格限制其成立范围。部分论者取法德日学说，引介“直接性关联”理论，认为仅当基础犯罪与加重结果间具有直接性关联时结果加重犯才可成立。细观之下，学界对该要件的界定和阐释却大相径庭，主要分歧在于其与客观归责理论、相当因果关系说等归责理论的关系纠缠不清。有观点认为，直接性关联是不同于客观归责的独立构成要件的要素。① 相反，另有观点认为，直接性关联与客观归责的理论内容具有同一性，应整合入客观归责框架之下。②

无论各家学说如何定位体系，其实质性争议仅在于结果加重犯的归责标准是否应在一般结果犯的基础上进一步限缩：若是，则直接性关联具有区别于归责理论的独立价值；若否，则单设此要件难言必要。鉴于此，本文将首先厘清直接性关联的渊源与内涵，通过

* 吴炫霓，复旦大学法学院刑法学专业 2023 级硕士研究生。

① 参见郭莉：《结果加重犯基本行为和加重结果的关系研究》，载《政治与法律》2013 年第 12 期；李邦友：《结果加重犯基本理论研究》，武汉大学出版社 2001 年版，第 151 页；李晓龙：《论结果加重犯的直接性关联》，载《法学》2014 年第 4 期。

② 参见王若思：《结果加重犯的基本理论与中国问题》，法律出版社 2022 年版，第 140 页；刘灿华：《结果加重犯研究》，法律出版社 2016 年版，第 172 页。

与客观归责理论对比明确直接性关联的功能、价值和应然定位。

一、直接性关联的理论溯源

(一)结果加重犯加重处罚根据

学说史上,结果加重犯的本质论经历了单一形态说、复合形态说到危险性说的演进。单一形态说将结果加重犯视作单纯一罪,仅因偶现加重结果而施以重刑。① 该学说违反罪责主义,已遭淘汰。复合形态说视结果加重犯为“基本犯”与“加重的结果犯”两个构成要件的单纯叠加。② 该学说与罪数理论存在冲突,亦被批评有违“平等”这一宪法原则。③

危险性说认为,结果加重犯本质上为危险犯,即基本行为内含导致加重结果的高度、典型危险,这一类型性危险使其上升为一种独立形态。危险性说奠基人厄勒(Oehler)认为,一切犯罪行为均有概率引发死伤等严重后果,但立法者仅针对部分人身安全和公共安全犯罪设置刑罚加重,而盗窃、诈骗罪等则无此等特殊立法。立法上区别对待的原因在于,从经验来看,此类基本行为引发加重结果的盖然性较高,立法者欲以严厉法定刑加以遏制、预防。因此,基本行为的“类型性危险”构成结果加重犯的固有不法内涵。④ 目前,危险性说已成为通说,并构成相关罪名的解释依据。

(二)德国判例中的直接性关联

早在 1910 年“枪支走火案”中,德意志帝国法院便已提出“直接性关联”(der unmittelbare Zusammenhang),但彼时法院未作具体解释。⑤

首次明确阐释直接性关联的是 1970 年“阳台坠落案”⑥。德国联邦最高法院援引危险性说,指出“伤害致死罪加重处罚的立法目的在于,立法者要抑制伤害行为中蕴含的导致死亡结果的‘特有危险’”。即使根据对具体因果关系通常经验的判断,基本行为与加重结果间存在因果关系,也不能立即满足结果加重犯的成立要件。⑦

此后,德国法院在一系列判例中运用了直接性关联。例如 1982 年“瞭望台坠落案”

---

① 参见王若思:《实质责任论视野下的结果加重犯归责机制研究》,载江溯主编:《刑事法评论:刑法的多元化》(第 44 卷),北京大学出版社 2021 年版。

② 参见刘灿华:《结果加重犯研究》,法律出版社 2016 年版,第 51 页;高铭暄、赵秉志主编:《犯罪总论比较研究》,北京大学出版社 2008 年版,第 290 页。

③ 参见[德]克劳斯·罗克辛:《德国刑法学总论:犯罪原理的基础构造》(第 1 卷),王世洲译,法律出版社 2005 年版,第 218 页;[德]汉斯·海因里希·耶塞克、[德]托马斯·魏根特:《德国刑法教科书》,徐久生译,中国法制出版社 2001 年版,第 685 页。

④ Vgl. Dietrich Oehler, Das erfolgsqualifizierte Delikt als Gefährdungsdelikt, ZStW 69(1957), S. 503 ff.

⑤ RGSt 44,137.

⑥ BGH NJW 1971,152 ff.

⑦ 参见邓毅丞:《结果加重犯的因果关系判断——以被害人行为的介入为例》,载《政治与法律》2017 年第 2 期。

中,德国联邦最高法院论述:"伤害行为所附带的'固有内在危险'之实现是伤害致死罪的适用前提。"①又如,1992年"堂兄帮杀案"中,德国联邦最高法院认为伤害致死罪的目的在于抑制伤害的固有风险②,因而"尽管被告人的伤害行为与死亡结果间有第三人的介入,'直接的'危险实现关系也应当得到肯定"③。可见,德国法院明确将危险性说作为直接性关联的理论基础。

(三)直接性关联要件之争议

在判例基础上,德日学者以各类学说填充、丰富了"直接性"的内涵。相关争议主要集中于两个方面:

其一,特殊危险应通过基本犯行为还是基本犯结果表现?对此存在"行为危险说"与"结果危险说"之争,前者认为特殊危险显现于基本犯行为,后者则强调加重结果必须经由基本犯结果状态恶化而来。

其二,直接性关联是否意味着比客观归责更严格的归属标准,即结果加重犯是否存在独有归属原理?日本学者山中敬一认为,特别归属原理在结果加重犯中并无必要。④德国学者罗克辛(Roxin)也认为,"直接性"并非与过失并存的属性,应归属于"规范保护目的"体系之下。⑤ 相反,德国学者赫什(Hirsch)认为,基本行为与加重结果间通过客观归责检验后,仍必须进一步进行特有危险实现关系的检验。⑥ 雅各布斯(Jacobs)则从中抽象出"风险同一性"理论,指出基础犯结果与加重结果必须源自同一风险,加重结果的产生仅因行为人在"同一风险上产生了量的误判"。⑦

然而,前述司法判例与教学案例大多已可用客观归责理论妥善解决,由此无法确定直接性关联具有独立必要性,相反逻辑上存在将其并入客观归责体系的可能。因此,有必要对比、考察二者的实质内涵,以明确结果加重犯的归责标准。

二、危险实现:限缩归属标准之证否

"危险创设"和"危险实现"系归责判断的两个核心步骤。然而,归责的本质是对既存的行为和结果作出归属与否的规范评价。⑧ 至于危险存在与否、行为是否违反举动规

① BGHSt 31,96.

② BGHSt 32,25.

③ Vogel/Bülte,in:Leipziger Kommentar,Band Ⅰ,13. Aufl. 2020,§ 18 Rn. 24.

④ 参见邓毅丞:《结果加重犯的因果关系判断——以被害人行为的介入为例》,载《政治与法律》2017年第2期。

⑤ 参见[德]克劳斯·罗克辛:《德国刑法学总论:犯罪原理的基础构造》(第1卷),王世洲译,法律出版社2005年版,第218~221页。

⑥ 参见蔡蕙芳:《德国法上结果加重犯归责理论之研究——以伤害致死罪为例》,载《刑事法学新趋势——Lothar Philipps教授七秩祝寿论文集》2004年。

⑦ Günther Jakobs,Strafrecht AT,2. Aufl. 1991,S. 332 ff.

⑧ 参见陈兴良:《从归因到归责:客观归责理论研究》,载《法学研究》2006年第2期。

范,实为归责思考的客体或前提。[①] 可见归属判断主要在归责公式的第二步“危险实现”中完成,故本文首先聚焦于在危险实现阶段考察二者。

(一)学说史

尽管归责学说的理论源头可追溯至黑格尔、拉伦茨等,但现代客观归责理论于 20 世纪 70 年代才被系统提出。[②] 在出现时间上,现代客观归责理论远远晚于直接性关联。纵观其不断膨胀丰富的内容,可知客观归责的显著优势在于其体系性与包容性,能够将诸多具体问题意识下的碎片学说纳入统一论证框架之下。[③] 但其实质内容大多是此前已被提出的洞见,如回溯禁止、义务违反关联性等,[④]被收纳归类的结论中也包括大量结果加重犯的处理意见。对此,刘灿华指出,直接性关联是在客观归责原理尚未产生之前,从德国实务中发展起来的、带有现代客观归责理论特征的理论,是实践需求下的问题性思维产物。[⑤] 因此,从理论发展脉络来看,直接性关联的实质内涵可能已被现代客观归责理论所吸收。

再审视直接性关联所依赖的理论基础,应当认为危险性说并未提出更高的归责要求。论及因果关系时,危险性说仅要求“必须对无限追溯的‘条件说’加以限制”,该出发点与客观归责理论相一致。危险性说自身也采用了客观归责早期理论的术语和论述。例如,厄勒使用了霍尼希(Honig)提出的“客观目的性”或“客观可企求性”(objektiv Bezweckbarkeit)概念,并解释为“只有客观上可以被作为目的而设定的结果,才是可归责的”,“该判断与个别行为人的主观目的无关”[⑥],种种表述与霍尼希几近相同。而罗克辛正是在霍尼希等人的基础上,将与意志支配相关的“客观目的性”替换为“法律上重要的风险之创设与实现”,由此发展出客观归责论。[⑦] 理论学说的演进和概念术语的迭代显然不足以证成结果加重犯的归责标准有别于一般结果犯。

(二)解决问题的同一性

客观归责危险实现阶段关注的问题在于,能否将已出现的结果归咎于行为所包含的危险,而该行为正是因为包含了这种危险才受到禁止。[⑧] 换言之,危险“实现”的真实思维

① 参见[德]沃尔夫冈·弗里施:《客观归责理论的成就史及批判——兼论对犯罪论体系进行修正的必要性》,陈璇译,载《国家检察官学院学报》2020 年第 1 期。

② 参见于改之、吴玉萍:《刑法中的客观归责理论》,载《法律科学(西北政法学院学报)》2007 年第 3 期。

③ 参见劳东燕:《风险分配与刑法归责:因果关系理论的反思》,载《政法论坛》2010 年第 6 期。

④ 参见[德]沃尔夫冈·弗里施:《客观归责理论的成就史及批判——兼论对犯罪论体系进行修正的必要性》,陈璇译,载《国家检察官学院学报》2020 年第 1 期。

⑤ 参见刘灿华:《结果加重犯直接关联性理论的本源性反思》,载《现代法学》2017 年第 1 期。

⑥ Vgl. Dietrich Oehler, Das erfolgsqualifizierte Delikt als Gefährdungsdelikt, ZStW 69(1957), S. 503 ff.

⑦ 参见陈尔彦:《现代客观归责理论的源流:从主观到客观》,载赵秉志主编:《刑法论丛》(第 63 卷),法律出版社 2020 年版。

⑧ 参见[德]沃尔夫冈·弗里施:《客观归责理论的成就史及批判——兼论对犯罪论体系进行修正的必要性》,陈璇译,载《国家检察官学院学报》2020 年第 1 期。

过程是事后的裁判者在瞄定特殊危险后,认为某一结果的出现可由该危险得到解释并据其成为不法,单纯的归责问题不涉及评价行为或识别危险。同样地,直接性关联在危险实现阶段要解决的问题也是加重结果是否可在规范上视作某一基本行为的合理衍生,同时排除特殊危险以外的其他因素所致的情形。因此,二者的问题具有同一性。

正如西田典之所言,"刑罚的目的在于预防,刑罚的本质在于报应。因果关系正是从报应情感的视角出发,研究可将多大范围的结果认定为由行为所引起,并进一步归责于该行为"①。归责判断旨在回答客观的原因关联性达到何种程度时可为法律规范所关心和认可,相应的答案在刑事、民事和行政责任间或有区别,但在刑法规范下,确立因果的统计上的强度需求则应当统一。②

(三)直接性关联不要求危险排他实现

危险实现规则的关键应用场景在于出现介入因素时的归责判断。欲证明"直接性关联的归责标准严于客观归责",就必须找到"客观归责肯定结果归责,直接性关联否定结果加重犯成立"的情形。当存在介入因素时,前半个命题意味着:行为创设了法所不容许的风险,虽然出现介入因素,但结果实现的仍是行为风险。在此基础上,若要以直接性关联进一步限缩结果加重犯的成立,理论上就只存在一种可能,即行为创设特殊危险后,该危险与介入因素之危险均在结果中得到实现,此时客观归责肯定结果归责,而直接性关联须排除结果加重犯的成立(见表1,"情形4")。换言之,"直接性"在危险实现阶段是否解释为"特殊危险实现的排他性",决定了是否对直接性关联提出更严格的归责要求。

表1 直接性关联与客观归责的归责情形列举

情形	行为特殊危险实现	介入因素危险实现	客观归责	直接性关联
1	×	×	×	×
2	×	√	×	×
3	√	×	√	√
4	√	√	√	?

1. 司法实践中结果加重犯不排斥危险的并行实现

"魏某军抢劫、放火案"③中,被告人魏某军欲抢劫同村村民刘某明,遂携作案工具翻墙进入刘某明家,翻找钱款未果。刘某明被惊醒,魏某军持农用三轮车半轴朝刘某明头部猛击,见刘某明不动,认为其已死亡,便撬开抽屉并取走3700元电费款。为毁灭罪证、

① 参见[日]西田典之:《日本刑法总论(第2版)》,王昭武、刘明祥译,法律出版社2013年版,第85页。
② 参见劳东燕:《风险分配与刑法归责:因果关系理论的反思》,载《政法论坛》2010年第6期。
③ 参见中华人民共和国最高人民法院刑事审判第一、二、三、四、五庭主办:《刑事审判参考》(总第51集),法律出版社2006年版,第9~10页。

掩盖罪行,魏某军用随身携带的打火机点燃一纤维编织袋并扔在刘某明所盖的被子上,又点燃被子和床单,导致刘某明颅脑损伤后吸入一氧化碳窒息死亡。法院判决被告人犯抢劫罪,处死刑;犯放火罪,处有期徒刑 3 年。

本案为典型的危险并行实现的情形,介入因素为行为人另一毁尸灭迹行为。被害人死于“颅脑损伤并一氧化碳窒息”,表明抢劫暴力行为的危险和放火行为的危险均在死亡结果中得到实现,两个因果流的发展呈现交叠并轨的状态。

以客观归责理论审视,应认为该案所致结果可同时归责于两个行为。客观归责论者认为,仅当介入因素能够从根本上阻断前行为危险的因果作用力时,方能否定对前行为的归责;若前行为的危险仍然对最终结果持续、源源不断地产生实质性影响,客观上就仍可以将结果归责于前行为。[①] 本案中,放火行为创设的危险完全独立于抢劫行为,二者系两个独立的危险源头。而被害人的死因表明前一危险的作用力并未消散于后一行为的介入,“被抢劫犯以硬器击打要害而死亡的危险”和“在火中窒息而死亡的危险”共同作用产生结果,死亡结果应归责于两个行为。

从最终判决结果看,法院亦认为死亡结果可归责于前一抢劫行为,以抢劫罪致人死亡与放火罪并罚。判决结果中放火罪的宣告刑仅为 3 年,应理解为量刑的特殊处理,而非放火罪不构成结果加重犯。也就是说,结果虽可同时归责于两个行为,但为避免过度评价死亡结果而违背禁止双重评价原则,法院在量刑时仅对抢劫行为以结果加重犯论处。

事实上,不仅我国司法实践如此,类似的处理结论在域外也较为常见。例如,日本“大阪南港案”中,即便行为人的伤害行为事后介入了第三人之杀人行为,日本最高裁判所仍以“行为人的行为足以导致死亡结果”“第三人之举仅系将死亡时间稍稍提前”为由,肯定伤害致死罪的成立。[②] 同样地,频繁使用直接性关联说理的德国法院也不排斥危险的并行实现。又如,“瞭望台坠落案”“堂兄帮杀案”“阳台坠落案”等,德国法院均认为出现介入因素不妨碍伤害行为特殊危险的实现。[③]

由此可见,当基本行为的特殊危险和介入因素的危险在结果中一并实现时,司法实践的普遍结论是结果仍应归责于基本行为,不应认为直接性关联在危险实现阶段提出了较客观、归责更为严苛的要求。

2. 理论证成:危险实现阶段不承载加重不法

当然,司法实践的惯性仍不足以论证归责的应然结论,还需进一步挖掘背后的理论正当性。反对观点所提出的一大理由在于,直接性关联构成结果加重犯的“加重不法内

① 参见陈璇:《论主客观归责间的界限与因果流程的偏离》,载《法学家》2014 年第 6 期。

② 参见[日]山口厚:《从新判例看刑法(第 3 版)》,付立庆、刘隽、陈少青译,中国人民大学出版社 2019 年版,第 3 ~ 15 页。

③ BGH NJW 1992,1708.

涵”;若认为二者等同,则无法说明结果加重犯较想象竞合之不法遽升的正当性。[①]

诚然,基于罪刑相适应原则和“以刑制罪”的思考方式,结果加重犯应当比想象竞合具有更多的不法内容。但若深入剖析直接性关联要件的内在结构,则加重不法仅表现在危险创设阶段,危险实现阶段则未承载更多不法内涵;在已经肯定特殊危险创设的前提下,危险排他实现抑或危险并行实现并不影响不法量。

其一,危险实现阶段不体现行为无价值,仅决定结果无价值。目的行为论认为,规范视野下的“行为”指向那些能够以目的为导向塑造未来的举动,即行为应具有目的性。[②]行为无价值评价行为本身的不法性质,仅能覆盖行为人意志存在的因果进程;一旦具有意志性、目的性的行为归于完结,事实流程便进入自然、机械发展的阶段。因而,行为无价值的生成与固定仅存在于危险创设阶段。结果无价值的高低则取决于此后行为危险是否合乎规律地向前进展、如何与其他事实因果纠缠,以及最终止步于何种事态;其存在的意义在于,令法官在行为产生的法益侵害可能性并未于事后真正得到实现的情形无法适用刑罚,抑或只能适用较轻的刑罚。[③] 进而,由于行为实施完毕后的事实性因果发展样态并不受行为人的意志控制,行为无价值在危险创设阶段已然定型,在危险实现阶段是行为危险流单独发挥决定性作用,抑或行为效果与其他危险流之效果部分重合,均不会回溯性地压低或抬高行为不法。

在此基础上,既然常规的归责机制已经能够对结果犯的结果不法进行全面评价,加重不法便仅指向危险创设阶段的行为不法。具体而言,提升的行为不法即为危险性说所言的“特殊、典型危险”。正如厄勒在危险性说中指出的,“结果加重犯的不法在于基本犯罪中产生结果的典型危险和结果本身”。德国学者佩夫根(Paeffgen)也总结到,结果加重犯真正显著拔高的不法体现在“被提高的不法反价值”中。[④] 因而,若一般结果犯的危险实现不排斥行为危险与介入危险的并行实现,则基于平等原则,也不应要求结果加重犯的成立限于危险排他实现。

其二,从现实处罚后果看,在行为实施完毕、事实因果极可能脱轨发展时,令结果加重犯的成立与否系于介入危险的有无,无异于给予危险并行实现情形中的行为人无端优待。申言之,令特殊危险单独实现者成立结果加重犯,令行为后有偶然介入因素者仅成立基本犯或想象竞合犯,将导致实质上的处罚不平等。

从学说史、问题取向和司法实践来看,直接性关联在危险实现阶段并未提出比客观

---

① 参见李晓龙:《论结果加重犯的直接性关联》,载《法学》2014 年第 4 期。

② 参见[德]汉斯·韦尔策尔:《目的行为论导论:刑法理论的新图景》,陈璇译,中国人民大学出版社 2015 年版,第 6 页。

③ 参见陈璇:《刑法归责原理的规范化展开》,法律出版社 2019 年版,第 247 ~ 248 页。

④ 参见刘灿华:《结果加重犯研究》,法律出版社 2016 年版,第 153 页。

归责更严格的归属要求。

三、危险创设:危险典型性的识别

结果加重犯和普通结果犯在归责标准上并无不同,前者成立范围较窄的原因是其实现的必须是立法预设的、契合个罪意旨的特殊危险。参照普通结果犯,结果加重犯归责的独特性在于危险创设阶段即需对危险种类进行识别筛选,如此个罪间的区别化处理是"法所不容许的"这一单一标准无法胜任的,特殊危险的成立必须兼具致果可能性和规范目的符合性。

(一)危险的致果可能性

"孟某聪等非法拘禁案"①中,被告人陈某倩将同学张某园骗至传销据点,要求其参加传销组织。被害人张某园明确表示不愿从事传销活动并要求离开,该传销据点负责人孟某聪锁住房门,扣留张某园的手机,并先后安排多人日夜看管,非法剥夺其人身自由。3 日后,张某园从 7 楼住处阳台逃离时坠楼身亡。法院判决被告人等构成非法拘禁罪致人死亡。

以客观归责理论考察,关锁室内并严加看管的行为剥夺了被害人的人身自由,创设了法所不容许的危险。但危险实现阶段应排除归责,因为被害人冒险逃脱之举自行创设了新的危险并最终得到实现。因此,死亡结果不得归责于被告人等,其仅构成非法拘禁罪的基本犯。

但若运用直接性关联要件,则本案加重结果的归责于危险创设阶段即可排除。直接性关联要求基本行为不仅要满足基本犯构成要件,而且必须蕴含加重结果的高度危险。本案中,非法拘禁的持续时间较短,锁在房内、扣留手机的行为手段相对平和、轻缓,不存在对人身安全的明显、紧迫危险。因此,死亡结果不得归责于非法拘禁行为。

对比二者,可以发现直接性关联对危险的来源和程度设置了一定门槛,要求危险具有致果可能性。从"危险创设与实质的实行行为论无异"②的观点来看,也可认为该危险构成门槛旨在提示"基本行为"的范围小于"基本犯的实行行为",并仅限于呈现高度危险样态的部分行为,危险的具体判断应采行为时的立场,考虑行为方式、手段、工具使用、所处环境等因素。

(二)危险的规范目的符合性

"王某双强奸案"③中,被告人王某双钻窗潜入被害人李某家中行窃,进入卧室见到熟睡的李某,遂起意奸淫。王某双对李某进行威胁、捆绑,强行奸淫后钻窗逃离现场。李某

---

① 江苏省徐州市鼓楼区人民法院刑事判决书,(2011)鼓刑初字第 0023 号。

② [日]山口厚:《刑法总论》,付立庆译,中国人民大学出版社 2018 年版,第 59 页。

③ 北京市高级人民法院刑事判决书,(2006)京高刑终字第 451 号。

到阳台呼救,因双手被捆失去平衡,坠楼身亡。法院判决被告人构成强奸罪致人死亡。

仍先以客观归责分析,在危险创设阶段,行为人采取威胁、捆绑等压制被害人意志的方式实施强奸行为,制造了法所不容许的危险。在危险实现阶段,尽管被害人系自行采取具有相当危险性的呼救行为,但因该情境下的被害人不具备充分的决定能力,亦非对自己所面临的风险进行理性估计后自愿进入风险,不满足被害人自陷风险的多个条件。在被捆绑的物理强制状态和被强奸后的心理恐慌状态下,被害人试图呼救求生,并最终坠楼死亡,属于行为所创设危险的实现。因此,该死亡结果应由行为人负责。

以直接性关联考察,则不得将死亡结果归责于强奸行为。单纯考虑抽象的手段行为样态(行为人采取的捆绑手段)确实具有致果可能性,如捆绑过紧导致被害人窒息或挣扎受伤而死。但本案直至强奸行为终了,被害人的生命法益均未直接处于高度危险之中,实则是强奸引起的精神压力和物理禁锢状态促使被害人不得不实施高度危险的自救行为,从而自行再次提升了危险。换言之,真正发展为加重结果的是捆绑强制状态的效果传递,即被害人因人身自由受限而不得不呼救并坠亡,以捆绑为手段的非法拘禁行为内含致人重伤、死亡的特殊危险。因而,行为人的捆绑行为既是强奸罪的构成要件行为,也是非法拘禁罪的构成要件行为,逃脱坠亡衍生自人身自由面临的危险,而非性自主权受侵害而生的精神压迫,威胁生命法益的高度危险性存在于非法拘禁罪的规范效果之内,死亡结果应归责于非法拘禁行为,行为人构成非法拘禁罪致人死亡和强奸罪的想象竞合。

由此可见,在此类多个构成要件并存的案件中,客观归责仅能实现行为人和被害人间的答责领域分配,而直接性关联能够辨别典型危险附着于哪一行为、该因果进程是哪一危险的效果表达。其背后的机制在于,客观归责的危险创设往往以自然意义上的行为为考察对象,彼时规范保护目的等构成要件个别化原理尚未介入;但直接性关联则始终紧扣特殊、典型危险,个罪的规范意旨得以及早发挥作用。正因如此,日本学者榎本桃也评价,探讨死亡结果是不是“行为人的作品”,是客观归责理论的问题;而能否把该“行为人的作品”当作“伤害的作品”则是直接性要件的问题。[①] 置之于归责判断框架中作体系性思考,直接性关联将客观归责理论中较迟阶段才登上舞台的“构成要件的规范保护目的”前移到风险创设阶段,用于识别危险的典型性。

四、直接性关联要件的应然定位

从宏观视角思考直接性关联的体系性地位,本文倡导将其作为结果加重犯的独有归责机制,即在一般结果犯和结果加重犯的基本结果归责中坚持客观归责的普遍方法,单独对加重结果归责运用直接性关联。理由在于,直接性关联具有避免因混淆归责对象而

---

① 榎本桃也『結果的加重犯の再検討』(成文堂,2011 年)36 – 41 頁参照。

遗漏审查罪名的优势。

"赵某明故意伤害案"①中,被告人赵某明纠集多人,并发给每人一把一尺多长的砍刀,在街上找到被害人马某超后持刀逼近,距离马某超四五米时被后者发现,马某超见势不妙立即朝河堤奔跑。被告人赵某明持刀带头追赶,其余被告人跟随追赶。当被告人一行追赶 40 余米后,马某超从河堤上跳入河中,并往河中心游。被告人等躲至附近棉花田,半小时后见无警察前来,逃离现场。后被害人马某超的尸体在涵闸河内被发现,经鉴定马某超系因溺水死亡。

本案中,多名行为人纠集并手持杀伤性武器追砍被害人,创设了故意伤害罪致人死亡的典型危险;但最终,被害人跳入河中并溺亡,所实现的并非伤害行为之典型风险。此外,伤害的基本结果也未发生,该罪止于未遂。然而,加重结果不得归责于故意伤害罪致人死亡的基本行为,并不意味着便应彻底否定将死亡结果归责于行为人。在过失致人死亡罪的构成要件中,死亡结果仍可归责。申言之,行为人持刀追赶的行为已逾越了社会期待的举止规范,创设了法所不容许的风险;被害人在人身安全受到高度威胁的心理压力下,试图跳河以自我保全,并非异常,死亡结果是该风险合乎规律的实现。因此,被告人等构成故意伤害罪未遂与过失致人死亡罪的想象竞合。

若径行以客观归责判断本案的加重结果归责,容易在否定结果加重犯的归责后,错将一般过失犯的结果归责也一并排除。然而,结果加重犯旨在于特定高危险犯罪情形中强化对人身、生命法益的保护,过失致人死亡罪的规范保护目的则仅为一般的安全保护目的,后者的危险来源明显更为广泛。特定结果未实现特殊、典型危险,并不否定其可能属于普通过失风险现实化的产物。

事实上,结果加重犯归责之所以会陷入上述左支右绌的尴尬,本质上仍根源于审查者的"复合形态说"思维模式。也就是采取"故意基本犯实行行为 + 一般过失犯客观归责 = 结果加重犯"的判断公式,孤立判断、拼凑组合各要件,忽视加重结果必须为基本犯中特殊危险流之一贯发展。相反,若将危险性说贯彻到底,则作为实质一罪的结果加重犯就势必采用"实行行为 + 结果归责"的普适性犯罪论体系,即直接性关联的"特殊危险创设 + 特殊危险实现"。

如此,便能妥善处理基本结果与加重结果间的关系。以"结果加重犯是以特殊危险为固有本质的单一犯罪形态"指导解释,则应当认为基本行为创设了特殊危险、特殊危险引发加重结果,但基本结果并未出现的情形,应成立未遂的结果加重犯。②

① 参见最高人民法院刑事审判第一、二、三、四、五庭主办:《刑事审判参考》(总第 55 集),法律出版社 2007 年版,第 21 ~ 26 页。

② 参见[德]汉斯·海因里希·耶赛克、[德]托马斯·魏根特:《德国刑法教科书》,徐久生译,中国法制出版社 2001 年版,第 705 ~ 706 页;王若思:《结果加重犯的基本理论与中国问题》,法律出版社 2022 年版,第 189 页。

五、结语

直接性关联要件从其诞生之初便与客观归责等理论纠缠不清。结果加重犯的归责标准与其他结果犯并无不同,因而直接性关联与客观归责的实质内容也不存在差异。与客观归责相比,直接性关联仅在体系结构上将规范保护目的前移以指导“危险典型性”的识别,由此较好地贯彻解释作为结果加重犯本质的危险性说。此外,运用该要件能够区分结果加重犯与故意基本犯、一般过失犯的实行行为性,合理圈定结果加重犯的成立范围。故而,直接性关联具有独立价值,宜作为结果加重犯的特有归责要件予以坚持。

Theoretical Tracing of Immediate Relationship Theory in Aggravated Consequential Offences and its Independent Value Identification

Wu Xuanni

Abstract: Prevailing opinions apply the Immediate Relationship Theory to limit qualification of aggravated consequential offences. This approach, however, hardly distinguishes itself from the Objective Imputation Theory. Regarding the realizing risk phase, Immediate Relationship Theory does not propose a more higher attribution requirement because it does not negate aggravated consequential offences in the case of plural risks realization. Nevertheless, by shifting the "Normative Protection Purpose of the Constituent Elements" forward to the creating risk phase, Immediate Relationship Theory distinguishes itself from the general Objective Imputation principle by requiring the risk created by the aggravated consequential offences to be a Typical Risk. Therefore, the Immediate Relationship Theory should be the unique attribution mechanism of aggravated consequential offences, hence avoiding falsely qualifying the aggravated consequential offence in the situation of concurrent sentence, or ignoring other minor offenses that should have been established after dismissing an aggravated consequential offence.

Keywords: Aggravated consequential offence; Immediate relationship theory; Objective imputation theory; Risk creation phase; Risk realization phase

(责任编辑:余鑫扬　助理编辑:曹智)

再论胡适"法家质疑说"：兼论"法家"概念之泛滥

李彦全　潘　研[*]

摘　要　在学术史上，胡适曾通过质疑法家著作的真实性和法家思想的独特性否定"法家"的存在。虽然这一观点受到了梁启超等人的批判，但该观点考虑到了"法家"边界的模糊性，指出了"法家"思想谱系的断裂性，颇有可取之处。在胡适立论的基础上回顾历史，"法家"声誉的破产与近代法治思想对"法家"的重构共同作用，导致"法家"名号脱离其产生时的语境，呈现泛滥的趋势。因此，我们应批判继承"法家质疑说"，在摒弃其疑古太过之弊的前提下理解和接纳儒、法思潮相互转换的可能性，从学术谱系的角度重估"法家"概念的价值。

关键词　法家　儒家　胡适　法家质疑说　儒法转换

一、引言

近年来，学界对法家的探讨表现为两种进路：横向分析和纵向分析。横向分析通过考察法家理论与当时的政治生态的互动，将法家归纳成不同思想范式。例如，任剑涛教授主张同时从王官学、诸子学和霸王学三个面向理解法家。[①] 与之相对，纵向分析则是通过研究法家思想在历史中的流变，探究其理论对后世的影响。譬如喻中教授认为可以将法家思想概括为"三期"，从汉朝到清朝是法家的"第一期"，清末民初则是法家的"第二期"，新中国成立后则是法家的"第三期"，等等。[②] 这两种研究方式的价值在于：横向定位有利于揭示法家和同时代其他学说的智识联系，纵向定位有利于廓清法家在历史长河中的相对位置。但是，无论采取哪种研究方式，研究者都必须面对以下问题：到底谁是"法家"？

---

[*] 李彦全，清华大学法学院比较法与法文化专业 2024 级硕士研究生；潘研，哈佛大学法学院 2024 级 JD。

① 参见任剑涛：《国家变局中的法家——以王官学、诸子学与霸王学为视点》，载《南京大学学报（哲学·人文科学·社会科学）》2023 年第 4 期。

② 参见喻中：《从法家三期论看律学的兴起与衰落》，载《河南大学学报（社会科学版）》2018 年第 6 期。

从时下研究看,已经有学者注意到“法家”概念的含混性。例如,钱锦宇教授指出,将法家“三期”中的“第一期”冠以“外儒内法”的描述并不准确。这是因为,包括“性恶论”、“不法古”、尊君弱民论在内的法家思想的“核心特征”,均非其所独有,故不能将持有这些观点的人不分青红皂白地说成是“外法”。[①] 因此,本文第一部分将从胡适的“法家质疑说”入手,试图探究“法家”划分的恰当性。第二部分将列举胡适“法家质疑说”的主要理据并介绍梁启超等人对该学说的批判。第三部分将综合“法家质疑说”及其批判,通过比较儒家和法家的相似性与相异性,揭示胡适“法家质疑说”的学术意义。第四部分作为文章结论,将进一步指出胡适“法家质疑说”的现实意义。

二、胡适“法家质疑说”及其批判

历代少有人质疑“法家”的存在。但在民国初年,胡适却另辟蹊径,直接否认“法家”之实有。在《中国哲学史大纲》中,胡适在题为“所谓法家”的一节中,开篇即写道“古代本没有什么法家”。[②] 从文本来看,胡适主要从以下几个方面论证“法家”分类之非:

第一,许多所谓“法家”的著作系伪造。举例而言,胡适认为《韩非子》中《初见秦》一篇系以张仪的视角叙述,理由是该篇中出现了劝秦王攻打韩国的语句[③],与《存韩》篇大谈保全韩国相矛盾。通过揭示此类前后矛盾的细节,胡适认为《韩非子》“仅有一二分可靠”[④],甚至连《孤愤》《说林》《说难》《内外储》等司马迁明确认为系韩非所作的篇目,也存在伪作的可能。此外,胡适还认为,《商君书》《申子》等法家著作也属于伪作。《商君书》掺杂了大量明显不属于商鞅的内容。例如,《徕民》提到了伊阙之战、华阳之战、长平之战,这些均是商鞅身后发生的事情。[⑤] 而且,《商君书》多次提到“秦王”,但惠文君称王却发生在商鞅死后。类似地,《申子》的原始文本已经亡佚,仅存后人辑出的残句。胡适认为,此类句子多非申不害之原作,原因是从《韩非子》对申不害施政的描述来看,申不害最多算是一个有手段的政治家,谈不上是一个提倡“一断于法”的法治主义者,今本《申子》“衡设平,无为而轻重自得”等言论不可能出于此人之口。[⑥]

第二,“法家”是后人附会的称号。“法家”之名出自《汉书》十志之一的《艺文志》和《史记》的《论六家要旨》,前者提出了“法家出自理官”的论断,后者把法家和阴阳、儒、墨、名、道德家等并列,然而这两种说法都存有疑问。首先,《汉书》中把法家思想的源流

---

① 参见钱锦宇:《新“法家三期说”的理论阐述——法家思想史断代的几个问题》,载《东方法学》2016 年第 4 期。
② 参见胡适:《中国哲学史大纲》,商务印书馆 2011 年版,第 291 页。
③ 参见胡适:《中国哲学史大纲》,商务印书馆 2011 年版,第 294 页。
④ 胡适:《中国哲学史大纲》,商务印书馆 2011 年版,第 294 页。
⑤ 参见《商君书 · 徕民》。
⑥ 参见胡适:《中国哲学史大纲》,商务印书馆 2011 年版,第 292 页。

直接指向周室官僚,这在胡适看来属于牵强附会:在刘歆之前,从未有史料记载诸家与周室官僚存有联系,[①]在《诸子不出于王官论》一文中,胡适以"墨家"与"清庙之守"的关系为例,批驳了《艺文志》牵强附会的论证方法,从而指出"举此一家,可例其他"。[②] 其次,虽然《论六家要旨》等将法家列为六家之一,但之所以有"法家"之名,不过是后人附会"古代有名的政治家","造出许多讲法治的书"的结果,根本不能说明有一个名为"法家"的门派。[③]

第三,"法家"的思想不具有独特性。胡适认为,这种将诸子分门别类的方法,仅表示不同哲学家所采方法论不同,而非诸人间存在泾渭分明的门派之别。胡适在《〈中国古代哲学史〉台北版自记》中称其不承认"名家",因为各家都有"名学",孔子谈"正名"、墨子谈"言有三表",谈不上谁不是"名家",[④]其进而认为,"法家"的分类标准也犯了类似的错误。在先秦,孔子、墨子、老子都谈了"法理",如孔子有正名论、老子有天道论等,这些都可以被称为"法理",因此"法家"的分类标准是不周延的,古代只有法理学家,而没有所谓的法家。[⑤]

第四,法家许多"代表人物"如商鞅、管子等都属于政治家而非理论家。[⑥] 胡适认为,这就好比先有了种植的实践,才可能有所谓的农学家,但农民并不一定都是农学家。在胡适看来,自发展开法理学论证的,唯有慎到、尹文子、尸子、韩非子、墨子等人,但在传统的观点中,这些人未必尽被划入法家。胡适之所以认为上述几家才是"法理学家",是因为上述四家的观点中都谈到了"法"的本质。例如,尹文子认为"法有四呈",韩非子在《定法》《难三》篇中都谈到了"法"的定义。相反,如果使用刑罚或者热衷使用刑罚就是"法家",那么随意杀人、私刑拷打也可以叫作"法"了。[⑦]

但是,胡适的观点也非金科玉律。梁启超对胡适的观点即不以为然,其于 1920 年致胡适的书信中称:"对于公之《哲学史纲》,欲批评之处甚多。"[⑧]柳诒徵对胡适的《中国哲学史大纲》也持负面态度,认为胡适"诬古而武断"[⑨]。具体来说,胡适学说的不足主要表现为以下几点:

第一,胡适的"疑古"倾向把思想的根源"抹杀太过"。[⑩] 首先,虽然汉人将各家的起

---

① 参见胡适:《中国哲学史大纲》,商务印书馆 2011 年版,第 323 页。
② 参见胡适:《中国哲学史大纲》,商务印书馆 2011 年版,第 324 页。
③ 参见胡适:《中国哲学史大纲》,商务印书馆 2011 年版,第 291 页。
④ 参见胡适:《〈中国古代哲学史〉台北版自记》,载《胡适全集》(第 5 卷),安徽教育出版社 2003 年版,第 537 页。
⑤ 参见胡适:《中国哲学史大纲》,商务印书馆 2011 年版,第 291 页。
⑥ 参见胡适:《中国哲学史大纲》,商务印书馆 2011 年版,第 293 页。
⑦ 参见胡适:《中国哲学史大纲》,商务印书馆 2011 年版,第 298 页。
⑧ 梁启超:《致胡适之》,载《梁启超全集》(第 20 卷),北京出版社 1999 年版,第 6031 页。
⑨ 宁腾飞:《复调的声音:五四时期胡适〈中国哲学史大纲〉的阅读与反响》,载《安徽史学》2023 年第 5 期。
⑩ 梁启超:《评胡适之〈中国哲学史大纲〉》,载《梁启超全集》(第 13 卷),北京出版社 1999 年版,第 3986 页。

源归于王官缺乏过硬根据,但在史料不足的情况下,应当谨慎对待,“多闻阙疑”,而非武断地认为先人在造假。其次,理论自觉不一定全有,但也不一定全无,“政治家”和“法理学家”之间不一定有泾渭分明的区别。梁启超质问道:即便《管子》有引申放大的成分,但后人“为什么不依托令尹子文,为什么不依托狐偃、赵衰,不依托子产,独独依托管仲”。[①] 换句话说,即便各家著作中存在附会之作乃至后代伪作,也不能以此全盘否定此类著作确实反映了一部分先秦诸子的本来思想。

第二,胡适对于“法理学”定义的理解存在偏颇。无争议的是,胡适的“法家就是法理学家”的观点受到了梁启超的“法理学”框架的影响。但是,从梁启超的观点来看,他并不否认法家的存在。在 1904 年的《中国法理学发达史论》中,梁启超谈到了“法理”的源流,试图对什么是“法”展开界说,这使该文被誉为“中国法理学史”的问世之作。[②] 在“法”字语源一节中,梁启超通过考察古代典籍,得出“法”在古代有七重含义的结论:其一,“法”(强制制裁);其二,“刑”(以“井刂”);其三,“律”(事物标准);其四,“典”(尊贵书册);其五,“则”(“自然法”);其六,“范”(与“法”同);其七,“式”(以中正平均为体用)。[③] 在此基础上,梁氏对古代儒家、道家、墨家的“法理学”理论进行了阐发,在比较中发现,战国末期确实存在“法治主义”的思潮,其可以概括为反“无为”、反“人治”、反“礼治”、反“势治”。[④] 在此,梁启超实在地区分了“德”“礼”“势”“法”四对范畴,从而将研究法的“法理学”独立出来。1916 年,胡适阅读了梁启超的著作且颇为赞赏。[⑤] 故而,在《中国哲学史大纲》中,胡适直接采用“法理学”的范畴,质疑传统的“法家”体系是否周延,认为商鞅、管仲等人并无法学理论的自觉,只是“实行的政治家”而已。但是,哪怕套用梁启超的框架,胡适的论证也颇为偏颇。胡适直接断言商鞅“注重刑赏”和法理没有关系显然无理。商鞅“德生于刑”“断官强、断君弱”的观点[⑥],在梁启超的范畴下无疑属于反对“德治”“礼治”“势治”,足以说明商鞅确实是“法治主义”者,能够自觉地区分法治和其他社会控制措施。那么,又怎么能说他不是“法理学家”呢?

第三,“法家”就是“法理学家”的观点只是胡适的一家之言。从论证思路来看,在批判经典的“法家”定义时,胡适应有的合理做法是先指出传统定义的不足,再比较指出新定义相对旧定义的合理性,而非虚空打靶,直接批判前人没有在自己生造的框架内谈论

---

① 参见梁启超:《评胡适之〈中国哲学史大纲〉》,载《梁启超全集》(第 13 卷),北京出版社 1999 年版,第 3987 页。

② 参见程燎原:《“中国法理学”的“发现”——“中国法理学史”在近代的创建》,载《法制与社会发展》2009 年第 3 期。

③ 参见梁启超:《中国法理学发达史论》,载《梁启超全集》(第 5 卷),北京出版社 1999 年版,第 1258 页。

④ 参见梁启超:《中国法理学发达史论》,载《梁启超全集》(第 5 卷),北京出版社 1999 年版,第 1276 页。

⑤ 参见宁腾飞:《胡适“先秦无六家”论及其意义》,载《安徽史学》2019 年第 1 期。

⑥ 参见《商君书·说民》。

"法家"。在《论六家要旨》中,司马谈认为法家的特征是"严而少恩""正君臣上下之分",[①]把遵守法律作为第一位的原则,其他社会关系都要屈从于法律,因而"不别亲疏,不殊贵贱,一断于法,则亲亲尊尊之恩绝矣"[②]。可以看出,这种区分法家的标准主要着眼于其人是否采取严苛的、法律本位的施政风格,而从未把"讲法理"当成判断"法家"的分类标准。按司马谈的定性,则先秦又怎么会没有"法家"呢?

总的来说,胡适的论证虽然有令人耳目一新之处,但难免失之标新立异。故而,后世对此段论证不乏批判之声,如冯友兰就在《中国哲学简史》中指出,法家的特征是强调"一个好的政府要建立在成文法典的基础上",而刘歆的归类法虽然难免有错误之处,但却看到了当时社会政治环境对各家学说的实质性影响。[③] 总的来说,冯友兰强调"这些流派是本来有的",也就是先秦已经有法家门派之实,司马谈只是给此部分人以法家之名,不能因为法家之名是后出的,就连带地否认法家之实的存在。

三、"法家"定义再检讨:从"法家质疑说"出发

(一)从"儒法转换"看胡适立论的合理性

虽然从表面上看,胡适对传统理论的批判不得要领,但这并不意味着传统的划分法家门派的标准就比胡适"是否谈过法理"的标准合理。倘若我们根据传统定义,将划分法家思想的准据概括为"一断于法"的政治思想或者"严而少恩"的施政风格,那么,很自然接下来的问题便是:如何判断一个人是"法治本位"或"严而少恩"呢?如果采用此类传统标准来划分"法家",会不会导致传统上不被认为是"法家"的思想家也被划入"法家"的范畴呢?

细究这两个概念,我们会发现:只要加以阐释引申,儒家的部分政治思想也可以被解说成"法治本位""严而少恩"。举例而言,法史学界向来有"出礼入法"的说法,早在西周时期,"礼"和"刑"就有一定的关联,体现出"礼为本,刑为用"的特征。何勤华教授指出:"至于什么情况下用刑,《周礼》与《吕刑》相比规定得较为详细,实际上便体现了礼刑之间的紧密联系。"[④]《吕刑》孔疏中有"伯夷道民典礼,断之以法"[⑤]"有不从教者,乃以刑威之"[⑥]等语。这说明礼和法在先秦本就是互相补全的关系,那么,既然礼法是一体两面的,是出礼入刑的,那这个所谓的"法治本位"和儒家的"礼教本位"的本质区别何在呢?

---

① 参见《史记·太史公自序》。
② 参见《史记·太史公自序》。
③ 参见冯友兰:《中国哲学简史》,赵复三译,新世界出版社 2004 年版,第 28~30 页。
④ 参见何勤华:《中国古代"出礼入刑"传统之赓续与创新》,载《政治与法律》2023 年第 8 期。
⑤ 参见(汉)孔安国传,(唐)孔颖达等正义:《尚书正义·吕刑》,载阮元校刻:《十三经注疏》,中华书局 2009 年版,第 528 页。
⑥ 参见(汉)孔安国传,(唐)孔颖达等正义:《尚书正义·吕刑》,载阮元校刻:《十三经注疏》,中华书局 2009 年版,第 528 页。

固然,可以认为法家在理论上更强调以威驭人的一面,但从儒家的代表人物的实际行迹来看,"礼教本位"并不排斥"刑杀为手段"。换言之,一个政治家完全可以高唱"德主刑辅",但实际执政时把刑罚作为重要手段。例如,孔子本人虽然提倡"为政以德",最终达到"法无所用"的境界,但考察孔子在鲁国的为政风格,其本人恐怕也不排斥使用刑罚。根据《史记》记载,在夹谷之盟中,孔子果断令有司斩杀齐景公派来的跳舞侏儒,威慑齐国交还了汶阳之田。[①] 鲁定公十三年,孔子主持隳三都事业,为此引发费邑叛乱,被孔子铁腕镇压。[②] 在《荀子》中,孔子甚至果断诛杀了与自己观点不一、有所谓"五大罪"的少正卯。[③] 在听说弟子冉求为季孙氏收取田赋后,孔子大怒并表示冉求"非吾徒",弟子们可以"鸣鼓而攻之"。[④] 从孔子的实际言行来看,要在乱世维护道德上的"礼教本位"就必须采取政策上的"刑杀本位"。在《韩非子》中,孔子甚至被刻画成一个认为"弃灰于路"应当被判处死刑的"法家人士"[⑤],虽然此事当出伪托,但套用梁启超质疑胡适的逻辑,韩非子为什么不伪托庄子、伪托孟子、伪托墨子而独伪托孔子呢?这是否说明在时人眼里,孔子对使用刑罚其实并不排斥呢?

从另一件事也可以看出孔子意欲采取的政治路线与所谓"齐法家"采取的路线其实没有实质性的分歧。孔子居齐期间,齐景公一度计划任用孔子,但被晏子劝阻,其理由是认为儒者傲慢好游说,且儒家礼仪过于烦琐,讲究排场,恐怕不适应齐地的民情。从这点来看,被后世称为"齐法家"的晏子并不认为自己在所谓的"德治还是法治""德主还是刑主"的问题上和孔子存在分歧。[⑥] 孔子个人对晏子也评价颇高:"晏平仲善与人交,久而敬之。"[⑦]

从反面看,法家虽然讲"法",但并非不谈"礼"。法家用重刑,并非法家一味好杀,而是时势所迫,其最终目的还是通过威慑使天下趋于"无刑"的境界。从商鞅的学术谱系来看,其人虽然"少好刑名之学",但其内心深处恐怕还是有信从儒家的成分。举例而言,商鞅见秦王时,先说五帝之"帝道"而不见用,再说三代之"王道"而不见信,孝公认为上述二道均"久远不能待",见效太慢,最后商鞅才说以"霸道"。[⑧] 另外,从《商君书》的文本来看,法家实际上吸收了大量儒家的成分,虽然表面上把儒家赖以生存的礼乐诚信等斥为"六虱",但实际上却不得不仍然依赖"礼"展开统治。譬如《更法》就谈道:"礼者,所以便

---

① 参见《史记·孔子世家》。
② 参见《史记·孔子世家》。
③ 参见《荀子·宥坐》。
④ 参见《论语·先进》。
⑤ 参见《韩非子·内储说上》。
⑥ 参见《史记·孔子世家》。
⑦ 参见《论语·公冶长》。
⑧ 参见《史记·商君列传》。

事也。是以圣人苟可以强国,不法其故;苟可以利民,不循其礼。”商鞅仅是主张“不循古礼”,并不是要彻底废弃“礼”。[①] 从秦国的政治实践来看,宗法制渗透了秦律的各个方面,秦律引入了“非公室告”“家罪”等概念,规定“子告父母,臣妾告主,非公室告,勿听”,“父杀伤人及奴妾,父死而告之,勿治”等,全面引入法律维护家父权。[②] 至于“仁”“德”“信”等概念,商鞅仍然承认这些境界是可欲的,只不过传统儒家在追求的进路上有根本性的错误。举例而言,《靳令》认为,“仁者,心之续也。圣君之治人也,必得其心”。只不过普通民众畏威不怀德,因此必须秉承“威生德,德生于力”的原则,才能够“述仁义于天下”[③]。

由此可见,法家与儒家在对终极价值的追求上并没有太多区别,只是在“主”“次”的安排上存在分歧。但是,“主”和“次”只是一种修辞手法,修辞手法的区别并不意味着实践上的区别。王伯琦指出,所谓德主刑辅,既可能指“法律是手段,道德是目的”,也可能指“能用教化的方法达到目的就不要用刑罚”,更可能指“先有道德,后有刑罚”。[④] 这几种理解都不必然反对重刑主义,因此具体到执政措施上,信奉儒家的人士完全可能采取激烈的措施打击异己,信奉法家的人士也不能置宗法、礼教等于不顾来制定措施。因此,“儒”和“法”天生就有结合的基因,随着执政措施的宽严转化,二者能彼此结合沟通,正如司马迁本人感叹的那样:“能言之者未必能行,能行之者未必能言……吴起说武侯以形势不如德,然行之于楚,以刻暴少恩亡其躯。”[⑤]正因如此,后人在给韩非子等人进行“门派定性”时,也没有简单地把韩非子等人定性为“法家”,而是观察到了韩非子的学术谱系和其政治主张间的某种张力。在《史记》中,韩非和老子被安排在同一个传内,司马迁形容韩非“喜刑名法术之学,而其归本于黄老”[⑥]。从《韩非子》的文本来看,韩非子本人颇为推崇老子,著有《解老》《喻老》二篇,其本人排斥儒墨,在《五蠹》中列出的五蠹中包含了游侠、游士、儒生、工商业者和逃避兵役者,却没有谈到道家。[⑦] 此外,有学者发现,刘向在描绘韩非子时,将其归入“儒”的范畴,这种归类颇有其道理,证据包括:韩非的行文与思想对荀子多有模仿,提到孔子时总体上对其持正面态度,韩非本人同时治《春秋》等。[⑧] 由此可见,实际上无论一个人治学的起点是什么,只要对具体措施加以某种技术性调整,他完全可以在不同的“家”之间进行转换。

---

① 参见《商君书 · 更法》。

② 参见王辉、王伟编:《秦出土文献编年订补》,三秦出版社 2014 年版,第 246 页。

③ 参见《商君书 · 靳令》。

④ 参见王伯琦:《近代法律思潮与中国固有文化》,清华大学出版社 2005 年版,第 20 ~ 21 页。

⑤ 参见《史记 · 孙子吴起列传》。

⑥ 参见《史记 · 老子韩非列传》。

⑦ 参见蒋原伦:《韩非说老》,载《中国图书评论》2023 年第 5 期。

⑧ 参见周炽成:《先秦有法家吗? ——兼论“法家”的概念及儒法关系》,载《哲学研究》2017 年第 4 期。

由此观之，胡适“法家质疑说”的观点并非全无现实价值。从政治现实的角度，各个学派一样要面对政治混乱、群雄并起、游士四出的社会情况，而各家能运用的社会控制手段又是有限的，故而儒家人士同样有使用刑杀展开威慑的必要，法家人士同样能使用宗法进行整合。通过指出各家都讲“法理”，胡适的理论无疑揭示了各“家”边界的模糊性，批判了传统定义强为各家分门别类的生硬性。

（二）从“法家”称谓的滥用看传统定义的缺陷

表面上看，相比胡适给所谓“法家”下的定义（“法理学家”），司马谈给法家下的定义似乎要更有意义一些，毕竟可能先秦诸子人人都谈“法理”，但绝非人人都“严而少恩”。使用司马谈给出的定义为先秦诸子分门别类似乎是可行的，然而，本文认为这一定义也存在缺陷。该定义从施政风格入手区分“法家”，但是，对施政风格的评价颇易流于主观，从历史事实来看，这些所谓的“法家”精神也可以在儒家乃至一切统治阶级处看到，这无疑为后世“法家”定义的混乱埋下了祸根。

追本溯源，在汉代以后的讨论语境下，各个学者并不区分对方的学说与真正的“申韩”之学的相似性，而是只要看到对方的政策带有一定的国家主义色彩，就攻击对方是“申韩之术”。萧公权就注意到，有宋一代，旧党往往攻击以王安石等人为首的新党是“申韩之异端”，实际上萧公权认为王安石不过是“儒之有为者”，绝对不至于入申韩一流。① 钱锦宇教授亦指出，法治主义应当是法家区别于儒家的最显著特征，至于“尊君弱民”“性恶论”“不法古不循今”等其他所谓的“特征”，均不是法家独有，历史上将王安石、陈群、诸葛亮、刘颂、张居正等人都说成法家一流是毫无道理的。② 可见，历史话语中的“申韩之术”与本来意义的“申韩之术”简直是离题万里。具体而言，这一夸大“法家”范围的趋势主要体现在夸大儒法区别和无端扩张法家概念这两个方面：

所谓“夸大儒法间的区别”指的是把简单的政策性分歧都归纳到“儒法斗争”的命题中。以《盐铁论》为例，该书中御史大夫一方多次赞扬秦制，以“申韩”或是“杂儒”概括之大抵不成问题。但是，并不能因此认为御史一派的所有观点都代表了“法家”。在民国，研究《盐铁论》的林振翰认为，御史大夫阐发的盐铁专卖等思想系“法家经济原理”，与之相对，贤良文学秉承的不应与民争利等主张是“儒家经济原理”。③ 但实际上，不能简单地把专卖政策和“法家”经济政策画等号。

第一，儒家学说不是一人一时一地造就的，其中必然存在大量引申空间，不能简单概括为“藏富于民”。在《盐铁论》中，大夫一方多次试图引用儒家典籍证明自己的经济政

① 参见宋洪兵：《法家的历史名声以及帝制中国的“法家议题”》，载《史学月刊》2023 年第 5 期。

② 参见钱锦宇：《新“法家三期说”的理论阐述——法家思想史断代的几个问题》，载《东方法学》2016 年第 4 期。

③ 参见龙文玲：《〈盐铁论〉研究综述》，载《广西师范学院学报（哲学社会科学版）》2012 年第 1 期。

策的合理性。在谈工商业的重要性时,大夫们引用《论语》的“百工居肆,以致其事”说明农商交易两相利的道理。在为朝廷徭役政策辩护时,御史引用《诗经》中的《小雅·采芑》试图说明朝廷目前的税收政策相比前代已经更加宽容。在为盐铁官营辩护时,大夫们一样会“托古”来说明自己观点的道德合理性,比如,《复古》篇中大夫们认为“古者,名山大泽不以封”①,试图论证资源国有系三代传统。这足以说明,从儒家的思想资源出发,完全可以为盐铁专卖政策找出辩护理据。事实上,大夫们虽然敢于公然为商鞅、李斯辩护,但在具体论证专卖政策的合理性时,反而未尝引用法家的学说。

第二,崇儒的统治者也可以采用大规模的专卖政策,如王莽实行的“五均六筦”政策等。学者指出,该政策几乎是汉武帝时期盐铁专卖政策的延续。② 但是该政策的提出者之一刘歆在论证该政策的合理性时,采用的完全是儒家口吻:“周有泉府之官,收不售,与欲得,即《易》所谓‘理财正辞,禁民为非’者也。”归根结底,正如聂鑫教授指出的那样,专卖政策的核心考量其实是财政压力,③并非执政者崇儒或者崇法。

不仅如此,部分学者还把《盐铁论》中“和”“战”的争论也视为儒法斗争的表现形式,忽略了儒家学说一样可以被用于为开边战争辩护。有学者认为,盐铁会议中两方关于“战”“和”的分歧是儒法斗争的表现形式。④ 但是,大夫们所说的“战”不同于法家所说的“耕战”,从《商君书》中的《境内》可以看出,“耕战”中“战”的核心要义是将社会地位和军功绑定起来,把军功作为唯一的社会地位上升途径。⑤ 但从《盐铁论》文本来看,大夫主战的原因主要是:其一,汉朝兵力武备充足,足以压倒匈奴;其二,匈奴反复无常难以羁縻;其三,主动出击驱除四夷符合《春秋》之义;其四,边境保全中原才能安全。可见,其理由主要是战略上的,和法家的“耕战”理论并没有什么相似之处。相反,大夫们还引用了《春秋》来说明经略边境不违背古礼。⑥ 陈苏镇教授指出:汉武帝的开边战争,其实是公羊学历史观的反映,在汉武帝看来,根据公羊学的“三世说”,自己在位时汉家天下已经从“升平世”进入“太平世”,相应地,他的历史任务不再是“内诸夏而外夷狄”,而是“远夷之君,内而不外”,即让天下都归服汉朝的统治。⑦ 因此,在这一理论的指导下,汉武帝一朝的大方略是四面出击。因此,把“和”“战”之争也当成是“儒法斗争”的组成部分,是错误地扩大了儒法两家的真正分歧。

① 参见《盐铁论·复古》。

② 参见杨华星、缪坤和:《试论盐铁会议及西汉后期的盐铁政策》,载《盐业史研究》2007 年第 1 期。

③ 参见聂鑫:《中国法制史讲义》,北京大学出版社 2014 年版,第 110 页。

④ 参见李国娟:《盐铁会议与儒法价值观之争——盐铁会议实质再研究》,载《上海师范大学学报(哲学社会科学版)》2019 年第 6 期。

⑤ 参见《商君书·境内》。

⑥ 参见《盐铁论·世务》。

⑦ 参见陈苏镇:《〈春秋〉与“汉道”:两汉政治与政治文化研究》,中华书局 2023 版,第 272 页。

所谓“无端扩张法家概念”指的是把一般的社会控制措施都归纳成“法家”，从而使得“法家”的概念漫无边际，失其意义。喻中教授指出，如果以原始法家的思想比对之，则“严格来说，汉代以后是没有法家的”①。但同时，喻中教授又认为，在汉代后仍然可以抽取法家的“精神实质”，从而判断谁是真正的“新法家”，这三条精神包括“富国强兵”“政治整合”“以法治国”。但是，问题在于，难道儒家就希望“弱国弱兵”“权力分散”“无法可依”吗？充实国库、集中权力和以刑威慑是任何统治者都或多或少希望达到的境界和采取的措施，甚至可以认为，整个官僚系统存在的目的不外就是经理税收、整饬军队、协助集权和立法司法，根据喻中教授的定义，古代官僚系统几乎无人不能被称为法家了。

这种把法家概念推而广之以致漫无边际的趋势在近代也是屡见不鲜，如在《儒法二家争辩问题的本质》中，王伯琦就一口气列出了历代的二三十个“不乏在某一方面表现法家精神的议论”者，把方孝孺、黄宗羲、袁枚、沈家本都列入其中。② 这一分类的问题在于过于泛化：如果非要搜检某个著述稍微丰富一些的学人是否发表过类似于经世致用、集中权力、重视法律一类的所谓“法家之论”，恐怕找到只言片语不成问题，但就此将这些言论都说成表现法家精神，却绝称不上妥当。正如上段所述，很多被当成“法家言论”的说法并非法家所独有，且如若整体把握，这部分思想家相较典型法家的不同之处恐怕会比相似之处更多。以黄宗羲、沈家本为例，在《明夷待访录》中，黄宗羲固然在《原法》一篇有“先有治法而后有治人”一说，但诉诸上下文，《原法》一篇说的“治法”无论如何都不会是法家意义上的“刻薄少恩”的法，恰恰相反，黄宗羲在该篇批判的是那种“利不欲其遗于下，福必欲其敛于上”的服务于少数统治者利益的法，可以想见黄宗羲脑海中设想的“法”无论如何都和那种典型法家的“法术势”沾不上边。③ 不仅如此，在《方镇》一篇中，黄宗羲本人又表现出对中央集权的深刻怀疑，其赞成应当将边境各镇诸侯化以防止事权不一、相互推诿、调动成本过大等现象，在《原君》《原臣》二篇中，黄宗羲更是大力批判“私一人一姓”的封建专制制度。如此一综合，可知黄宗羲和商鞅一流的思想内核恰恰完全相反。与之类似，王伯琦把沈家本归入“法家”也颇有深文周纳之嫌疑。沈家本虽然主持了清末修律，推崇《管子》，但其人不仅以“仁政”为尚，认为不应“推求太密，每涉于苛”④，还多次批判秦法，认为“申韩之术”不过是“持威相劫”“实专制之尤”。现代法治绝非“申韩之术”，而是“以保护治安为宗旨”，最后要达到“人人有自由之便利”的境界。⑤ 王伯琦遽尔认为沈家本展现法家精神，更不知理据何在。

---

① 参见喻中：《新旧法家异同论》，载《国学学刊》2022 年第 3 期。

② 参见王伯琦：《近代法律思潮与中国固有文化》，清华大学出版社 2005 年版，第 9 页。

③ 参见（明）黄宗羲著，孙卫华校释：《明夷待访录校释》，岳麓书社 2010 年版，第 18 页。

④ 参见李贵连：《沈家本评传》，中国民主法制出版社 2016 年版，第 128 页。

⑤ 参见李贵连：《沈家本评传》，中国民主法制出版社 2016 年版，第 134 页。

可见,两相比较,法家的经典定义同样存在问题,这一问题很大程度来源于后人对“法家”概念的续造,无论是像古人那样用于攻击政敌,还是像近代的梁启超等人那样用于引入西法,这些续造很大程度上均导致了“法家”概念流于泛滥,从而失去其区分意义。我们不能先入为主,把肯定法律的作用看成“一断于法”,把集权倾向说成“刻薄少恩”,把采取亲政府的立场当成“国家主义”,否则自古以来一切统治集团的几乎每一个成员都算是“法家”了,后人如此滥用“法家”的经典定义,也无怪乎胡适一定要标新立异,直接否定“法家”的存在了。

四、结论:“法家质疑说”的当下意义

胡适对“法家”概念的质疑的合理性何在?对今人是否有启发?首先,胡适注意到了“法家”概念的不周延性,指出“谈法理”并非“法家”独有,个别“法家”人士也不一定谈过“法理”,后世所传“法家”言论也存在大量的伪造附会之处,这说明“法家”的命名方式并不严谨,容易导致混淆。后人依托这种并不严谨的分类方式展开归类,更是错上加错。其次,胡适的质疑提醒我们:汉代以后学人的个别言行与先秦法家有相似之处,但不等于这些人就是“法家”。第一,很多社会控制措施,如任法、集权等,并非法家独有,而是贯穿中国历史的一般性社会控制手段,故不能看到当事人采取相应措施,就称这部分人是“法家”。第二,考察学人是否属于“法家”,不能抓住只言片语的相似之处就大作文章,大加“罗织”,而要整体考察其言论。否则就会如王伯琦一般,把旗帜鲜明地反对法家、反对秦制的黄宗羲和沈家本也归入表现法家精神者,实在是厚诬古人。

因此,综上所述,通过批判继承这一学说,我们得以打破长期以来非儒即法的刻板印象和生硬划分门派的错误方法论,看到儒法二家交融的内在理路。今天的社会治理也是如此,在看到“儒”“法”的分野的同时,更应该看到“儒”“法”相互转化的基因。在当下,这种整体化的观照思路即体现为德治和法治的辩证统一。习近平总书记指出,改革开放以来,我们深刻总结我国社会主义法治建设的成功经验和深刻教训,把依法治国确定为党领导人民治理国家的基本方略,把依法执政确定为党治国理政的基本方式,走出了一条中国特色社会主义法治道路。这条道路的一个鲜明特点,就是坚持依法治国和以德治国相结合,强调法治和德治两手抓、两手都要硬。① 法治与德治结合,绝不等于我们有“德治派”和“法治派”的分野,更不等于有什么“德法斗争”,而是道德与法律融合,在以法治承载道德理念的同时,运用法治手段解决道德领域的突出问题,提高全民法治意识和道德自觉。

---

① 《习近平主持中共中央政治局第三十七次集体学习》,载中央人民政府网,https://www.gov.cn/xinwen/2016-12/10/content_5146257.htm。

Revisiting Hu Shi's "Skepticism of Fajia": A Discussion on the Proliferation of the Concept of "Fajia"

Li Yanquan Pan Yan

Abstract: In academic history, Hu Shi denied the existence of the "Fajia" by questioning the authenticity of their writings and the uniqueness of their ideas. Although this viewpoint was criticized by Liang Qichao and others, it has some merit in considering the possibility of "the Conversion between Confucianism and Fajia" and pointing out the fractured nature of the genealogy of "Fajia" thought. On the basis of Hu Shi's argument, looking back at history, the combined effect of the destruction of the reputation of the "Fajia" and the reconstruction of the "Fajia" concept by modern theories has led to the proliferation of the named "Fajia" out of its original context. Therefore, we should critically analyze Hu Shi's theory about "Fajia", understand and accept the possibility of the mutual conversion of Confucianism and Fajia thinking under the premise of abandoning the disadvantage of questioning the ancient too much, and reassess the value of "Fajia" from the perspective of historical genealogy.

Keywords: Fajia; Confucianism; Hu Shi; Skepticism of Fajia; Conversion between Confucianism and Fajia

(责任编辑:陈劭颖)

人权与现代社会

——系统论视角下的社会学分析

格特·弗施雷根[*] 著 翁壮壮[**] 译

摘 要 格特·弗施雷根揭示出尼克拉斯·卢曼的系统论对人权社会学理论的贡献,认为该理论为真正的人权社会学理论奠定了基础,并据此阐明人权对现代社会的高度重要性。人权的存在与社会特定的主导结构密切相关。经由法律系统将人权予以制度化,其被定义为附加于个体身上的不可剥夺的权利,使个人脱离传统的约束,通过参与不同社会系统建立和表达其个性,实现人与社会系统之共存,现代功能分化社会亦可防范去分化的自我毁灭风险。基本权利通过维持现代社会的包容机制,既保障自由选择,也保障分化的社会环境。格特·弗施雷根认为卢曼的人权社会学很好地克服了古典人权理论的狭隘性,可为未来社会变革提供可能性,但由于卢曼系统论的高度抽象性导致其并未深入探讨具体的人权问题,因此其在提供具体建议方面存在局限。

关键词 人权 社会系统论 基本权利 功能分化

本文认为,尼克拉斯·卢曼的系统理论为真正的人权社会学理论奠定了基础。它通过介绍卢曼的人权工作,描述了历史和社会学进程,使人权成为现代社会的核心特征的

---

* 格特·弗施雷根(Gert Verschraegen),比利时安特卫普大学社会学教授。

** 翁壮壮,深圳大学法学院助理教授。本文已获得作者授权,英文标题为“Human Rights and Modern Society: A Sociological Analysis from the Perspective of Systems Theory”,发表于《法律与社会杂志》(Journal of Law and Society)2002 年第 2 期。由于原文脚注格式与法学引注手册格式差异过大,为方便读者查找,译者在尊重作者脚注表达方式的基础上,适度予以调整。读者可直接参考原文查找文献。

原因显而易见。有人认为,基本自由和人权的出现可能与现代社会的主导结构,即功能分化有关。人权被视为一种社会制度,现代社会借此保护其自身结构免遭自我毁灭的倾向。通过赋予全人类不可剥夺的平等权利,社会确保不同功能子系统之间的差异得以维持,同时将具体机制制度化,以增加稳定性和对个人的保护。本文首先探讨了用于描述和分析人权问题的系统理论框架的一些特征,并于之后简要概述了人权的语义演变。这种重构的重点是如何将现代人权语义与特定的社会结构转型联系起来。本文的第二部分专门讨论人权的社会功能。在关注一般功能之后,本文一方面区分了"基本自由"(fundamental freedoms),另一方面区分了"平等权利"(rights of equality)。

一、简介

《世界人权宣言》有时仍然被认为是在宏大叙事。① 在我们的后现代社会中,《世界人权宣言》的30条内容越来越多地被视为普遍道德准则的组成部分。尽管国际人权法的实施还很不完善,但人权宣言已广为人知,几乎被普遍接受,因此,社会学迄今为止还没有给予人权太多关注,这令人惊讶。尽管人权具有巨大的社会和科学重要性,但无论是从经验上还是从理论上,人权都不是最受欢迎的社会学主题。布莱恩·S.特纳(Bryan S. Turner)在一篇关于人权的社会学文章中评论道:"一般来说,社会学忽视了人权的实证问题,并且没有发展出任何作为一种制度的一般社会权利理论。"②本文认为,至少存在一个此"一般规则"的例外。本文还认为,法社会学德国系统理论学者尼克拉斯·卢曼为真正的人权社会学理论奠定了基础。卢曼(去世于1998年11月)实际上是少数几个确实提出过为什么人权在社会中占有如此重要地位这一问题的社会学家之一。因此,本文对卢曼关于人的著作的介绍有一个明确的目标:它试图描述历史和社会进程,使人们明白为什么人权成为现代社会的一个中心特征。论证将主要基于卢曼早期的书籍《作为制度的基本权利》(Grundrechte als Institution)(1957年)。③ 卢曼最近的作品加深了笔者对《作为制度的基本权利》的理解,例如,《社会中的法》(Das Recht der Gesellschaft)(1993)

---

① See J. A. Lindgren Alves, *The Declaration of Human Rights in Post-modernity*, 22 Human Rights Q. 478 (2000).

② B. S. Turner, *Outline of a Theory of Human Rights*, 27 Sociology 489, 489(1993).

③ 《作为制度的基本权利》(Grundrechte als Institution, 1957)是卢曼在社会学中最不为人所知的著作之一,这本书几乎没有受到任何关注[除了以下文献:Hellmann, Systemtheorie und neue soziale Bewegungen. Identitiitsproblem Risikogesellschaft, 1996, S. 168 – 77 以及 H. Tyrell, Zur Diversitiit der Dif zierungstheorie. Soziologiehistorische Anmerkungen (1998) 4 Soziale Systeme 119],这可以部分地解释为,《作为制度的基本权利》尚未被翻译成英文(或者,在后帕森斯时代,人们对系统理论更为普遍地厌恶,这可能是对系统理论应用人权的兴趣明显缺乏的原因)。在伦理学、法哲学和法律研究领域,该书得到了德语、荷兰语和法语国家的一些回应,See H. Van Eikema Hommes, *Moderne Rechtsstaat en Grondrechten*, 47 Philosophia Reformata 97(1982); F. De Wachter, *Ethiek en mensenrechten*, 49 Tijdschrift voor Filosofie 579(1987); W. Brugger, Menschenrechte im modern, 114 Archiv des iiffentlichen Rechts 537(1989); J. Clam, Droit et Socidtd chez Niklas Luhmann. La Contingence des Normes (1997) 81 – 103; C. B. Graber and G. Teubner, *Art and Money: Constitutional Rights in the Private Sphere?*, 18 Legal Studies 61(1998).

和《社会的社会》(Die Gesellschaft der Gesellschaft)(1997)。[①] 利用系统理论的最新发展,本文试图强调卢曼(一以贯之的)的人权理论概念框架的当代相关性。

作为介绍,本文将考察用于描述和分析人权问题的系统理论框架的一些特征(第二部分)。接下来,本文将简要概述人权的语义演变(第三部分)。这种重构的重点是现代人权语义如何与特定的社会结构转型联系起来。本文的第二部分专门讨论人权的社会功能。在关注一般功能(第四部分)之后,本文将一方面区分"基本自由"(第五部分),另一方面区分"平等权利"(第六部分)。

二、系统理论与人权

正如已经指出的,一般社会学很少考察人权在现代社会中的地位和作用。[②] 少数关注人权的社会学家主要关注具体的讨论(文化相对主义的挑战、社会和文化人权的重要性、儿童权利、大赦和真相委员会、全球化和移民等),而尤尔根·哈贝马斯等理论导向的作者则主要用社会哲学的语言来阐述他们对人权的分析。哈贝马斯感兴趣的焦点是人权合法性的哲学问题,而不是对人类权利的社会学分析。[③]

正如本文所述,卢曼在他的理论中没有考虑如何使人权合法化这一古老的哲学问题。相反,他关注的是人权所嵌入的社会结构以及其中隐含的社会描述的可能性。卢曼撰写的项目是发展一种全面的、但非规范的社会理论。这使他在社会系统理论的抽象概念框架中重构(reconstruct)了一系列非常广泛的问题。显然,本文无法详细阐述这一大规模的理论事业。[④] 这里仅讨论卢曼处理人权问题核心的一些基本概念和概念性决定(conceptual determinations)。

一个重要的起点是分化理论,系统理论用它来概念化社会结构。[⑤] 事实上,系统理论根据内部社会分化的主导(不是唯一或排他的)形式,或根据子系统在称为社会的整个社会系统内的构建方式,来区分不同类型的社会。更具体地说,卢曼认为前现代社会要么被组织成同等结构的子系统(分段分化),如相互依存性相对较小的宗教宗族或家庭,要

---

① N. Luhmann, Das Recht der Gesellschaf (1993) 110 – 17, 135, 233 ff 452 – 95,513 – 16, 571 – 86; N. Luhmann, Die Gesellschaft der Gesellschaf (1997) 145 – 71,618 – 34967 ff, 992 ff,1021 – 2,1026,1075 – 6.

② 一个例外是 B. S. Turner, *Outline of a Theory of Human Rights*,27 Sociology 498,489 (1993)。一些哲学家和政界也关注社会学见解。See J. Donnelly, *The Concept of Human Rights* (1985); J. Donnelly, *Universal Human Rights in Theory and Practice* (1989); N. Bobbio, *The Age of Right* (1996).

③ J. Habermas, Faktizität und Geltung: Beiträge zur Diskurstheorie des Rechts und des demokratischen Rechtsstaats (1992).

④ 有关卢曼思想的英文介绍,参见 M. King and A. Schütz, *The Ambitious Modesty of Niklas Luhmann*,21 J. of Law and Society 261 (1994)。

⑤ See N. Luhmann, *The Differentiation of Society* (1982); N. Luhmann, *The Paradox of System Differentiation and the Evolution of Society*, in eds. J. C. Alexander and P. Colomy, *Differentiation Theory and Social Change: Comparative and Historical Principles*, 1990, p. 409.

么根据财富分配的不平等和权力的等级结构(分层分化)。对卢曼来说,现代社会具有在功能上分化为多个子系统的性质,如政治、宗教、经济等。社会根据主要的社会功能“分裂”,或者更确切地说,它已经被组织起来了,如满足需求(经济)、作出有约束力的决定(政治)、二级社会化(教育)或“真理生产”(科学)。① 这些功能上不同的子系统是不同但相互依存的意义领域,具有自己独特的符码以及卢曼所说的象征性一般化沟通媒介(symbolically generalized media of communication),如金钱、权力、合法性、(科学)真理、信仰等。卢曼还认为,现代和当代社会中这种功能分化的存在是由于社会日益复杂以及缺乏任何超越性权威(如上帝的法律或主权者的统治)而演变的结果。另一个需要强调的重点是功能分化社会的全球特征。一旦功能分化根深蒂固,社会就只能被视为“世界社会”,因为象征性一般化沟通媒介并不局限其自身于西欧和北美,而是遍布世界各地。②

功能分化的概念是卢曼人权分析的核心。卢曼认为,国际人权的出现可以被视为对现代“世界社会”功能分化的回应。因此,功能分化和人权的出现是互补的历史进程。在致力于宪法和人权的唯一独立研究《作为制度的基本权利》中,卢曼更具体地指出,基本自由和人权不是跨历史的,但他认为它们是保护和稳定功能分化社会的机制。通过将基本自由和人权制度化,现代社会保护其自身结构免受(永远存在的)倒退或去分化的趋势的影响。换句话说,人权确保不同功能子系统之间的差异得以维持。例如,现代社会通过将宗教自由和良心自由制度化,防止宗教和政治的持续干涉。与此同时,卢曼认为,人权确保了对现代社会典型的个人行动领域的保护。正如我们将看到的,随着向功能分化的转变,个人的地位变得脆弱。因此,基本自由和人权将具体机制制度化,以增强稳定性和对个人的保护。

显然,卢曼的人权社会学概念不同于当前的哲学、政治或司法方法。社会系统论既未将人权问题表述为寻找人权基本原则的伦理问题,也未将其表述为巩固和实施人权法的问题。作为一名社会学家,卢曼对将人权与特定的社会结构联系起来非常感兴趣。因此,人权不是以伦理或法律的方式来考虑的,而是被视为具有特定功能的社会制度。卢曼认为:

> “自由”“财产”“言论和表达自由”“平等”等基本权利法的核心概念及相应

① 然而,我们必须考虑到,功能分化是现代社会内部分化的主导形式,而不是唯一或排他的形式。功能分化实际上是与中心/边缘(南北)分化、分段分化(国家、企业)等结合起来的。

② See N. Luhmann, Die Gesellschaft der Gesellschaft, 1997, S. 145 – 71; N. Luhmann, *Globalization or World Society: How to Conceive of Modem Society*, 7 International Rev. of Sociology 67(1997). 有关卢曼对“世界社会”解释的批评观点,特别是在法律方面,参见 M. Neves, *From the Autopoiesis to the Allopoiesis of Law*, 28 J. of Law and Society 242(2001), especially 258 ff。

> 条款象征着制度化的期望,并在具体情境中经过权衡(mediate)加以落实/贯彻。因此,基本权利的制度化是一个事实性事件——即使将基本权利纳入宪法也不应该让我们忘记这一事件——必须审查这一事件的功能(因此不仅仅是期望的规范意义)。①

宪法权利和人权不是法律创造的,而是作为一种社会制度、作为社会的自我保护机制而存在的。当然,法律对它们进行实证化、解释和稳定,但这不应掩盖这样一个事实:基本自由和人权首先是构成法律系统基础的制度化期望。②

从社会学的角度来看,我们可以看到为什么基本自由和人权从一开始就被认为在道德上优先于社会和国家。卢曼在分析中试图阐明为什么经典宣言——法国的《人权与公民权宣言》(1789 年)、美国联邦宪法前十条修正案(1791 年)、《世界人权宣言》(1948 年)等——将人权宣布为"基本"权利和自由,这些权利是"自然"赋予的,因此是无条件的。这种分析的一个明显的起点是"人类"一词本身。"人权"一词本身就表明它们是人因其为人而享有的权利。人权是所有人的共同权利,无论一个人作为公民、信徒,还是家庭成员等角色,都可能拥有(或不拥有)任何权利或义务。人权是个人作为人类、作为共同人类的抽象成员所享有的权利,无论肤色、信仰、社会地位等如何。因此,人权构成了对人性和道德个人主义的典型现代信仰的最显著的表达,涂尔干也将其称为"个人崇拜"。每个人都被视为神圣的存在,因此有权获得对其内在和自主价值的最低限度的尊重。③

如前所述,卢曼系统理论关注的是这种神圣性、普遍性和个体性语言的社会功能。为什么人权被作为每个人都平等且无条件地享有的自然或基本权利而被颁布?是否有可能将人权的语义与现代社会的结构联系起来?为了回答这些问题,本文首先要考虑现代人权概念的语义前提。

三、人权的语义背景:从客观法到主观权利

无条件且专属于个人的权利只有在长期的社会演化过程中才会出现。它们的相关性与现代社会典型的历史早期个人行动领域相关。在前现代社会,个人不是享有权利的

---

① N. Luhmann, Grundrechte als Institution, 1957, S. 13.

② C. B. Graber and G. Teubner, *Art and Money: Constitutional Rights in the Private Sphere?*, 18 Ox. J. of Legal Studies 61, 65(1998).

③ See E. Durkheim, *Individualism and the Intellectuals*, XVII Political Studies 14(1969); W. Brugger, *The Image of the Person in the Human Rights Concept*, 18 Human Rights Q. 594(1996); P. Heelas, *On Things not Being Worse, and the Ethic of Humanity*, in P. Heelas et al. ed., De-traditionalization: Critical Reflections on Authority and Identity at a Time of Uncertainty, 1996, p. 200.

实体。[①] 在语义层面上,这由术语"法律"(ius)来表达:在古代和中世纪,这个术语总是暗示着社会的客观性,或者大多意味着事实上的法律秩序本身,即定义群体的权利和义务或人们被期望承担的特定角色的总体规范、法律和制度。有时,这一术语也指个人的权利,但这种权利被视为一种"客观事物"(res iusta),即基于某种社会地位而应得的客观正当,例如,一块土地、一笔遗产,或贵族、显贵或主教所享有的特定权利与义务。总之,分层社会的法律秩序并不是我们所熟知的权利,即个人享有的主观权利,而是一种复杂的特定自由模式,一个人只有基于其属于特定社会群体的成员身份才能获得特定的自由、特权和与之相应的义务:王室权利和义务、修道院权利、贵族自由、城市自由等。[②] 中世纪欧洲的法律秩序实例反映了现有的社会秩序,或者用卢曼自己的话说:"它构成了权利和义务的统一体,并在社会层面上构成了制度化的互惠(institutionalised reciprocity)"。[③]

随着现代性的实现,个人成为权利的拥有者:从中世纪末期开始,一种主观的权利概念逐渐被引入。[④] 根据卢曼的说法,主观权利是"具有合法性的权利"[⑤]。因此,法律基础不再是社会秩序,而是个人本身,这里被视为法律主体(juridical subject)。权利不再被视为客观事物(res iusta),而是主体本身的属性:自由行动或支配某事的意志力(potestas)或能力(facultas)。最初,主观权利仍然被认为是客观维度的反身性权利(reflexive right):如果合法地(基于社会地位)有权享有某物,就可以主张它。但在启蒙传统中,从霍布斯开始,这种主观的自我决定权被认为是主体不可剥夺的属性,无论客观法律秩序如何。[⑥] 那么,所有个人都有权享有主观权利,仅仅因为他们是"主体",也就是说,一个人不再由他或她的社会地位来定义,而是有能力去定义他或她自己。

从社会系统论的角度来看,主观权利的引入可以与特定的社会结构转型联系起来[请注意"可以"一词:不存在社会学主义(sociologism)]。更具体地说,借助社会学包容

① N. Luhmann, Subjektive Rechte: Zum Umbau des Rechtsbewusstseins für die moderne Gesellschaft, in N. Luhmann, Gesellschaftsstruktur und Semantik. Studien zur Wissenssoziologie der modernen Gesellschaft. Band 2,1981,S. 45,S. 48 ff.

② H. Bielefeldt, Die Menschenrechte als Chance in der pluralistischen Weltgesellschaft gesellschaft (1988) 21 Zeitschrift für Rechtspolitik 423,S. 428.

③ N. Luhmann, Subjektive Rechte: Zum Umbau des Rechtsbewusstsein moderne Gesellschaft, in N. Luhmann, Gesellschaftsstruktur und Semantik. Studien zur Wissenssoziologie der modernen Gesellschaft. Band 2,1981,S. 51.

④ 从客观法到主观权利的相当复杂的历史转变的详细概述可从如下文献中找到:N. Luhmann, Subjektive Rechte: Zum Umbau des Rechtsbewusstsein moderne Gesellschaft, in N. Luhmann, Gesellschaftsstruktur und Semantik. Studien zur Wissenssoziologie der modernen Gesellschaft. Band 2,1981,S. 48 – 68; N. Luhmann, Zur Funktion der subjektiven Rechte, in N. Luhmann., Ausdifferenzierung des Rechts: Beiträge zur Rechtssoziologie und Rechtstheorie (1981),S. 360; M. Villey, Lecons d'Histoire de la Philosophie du Droit (1957); F. De Wachter, Ethiek en mensenrechten, 49 Tijdschrift voor Filosofie 579(1987),S. 580 ff.

⑤ N. Luhmann, Subjektive Rechte: Zum Umbau des Rechtsbewusstsein moderne Gesellschaft, in N. Luhmann, Gesellschaftsstruktur und Semantik. Studien zur Wissenssoziologie der modernen Gesellschaft. Band 2,1981,S. 45.

⑥ N. Luhmann, Subjektive Rechte: Zum Umbau des Rechtsbewusstsein moderne Gesellschaft, in N. Luhmann, Gesellschaftsstruktur und Semantik. Studien zur Wissenssoziologie der modernen Gesellschaft. Band 2,1981,S. 57 – 68.

原则,可以将主观权利的概念与从分层社会向功能分化社会的转变联系起来。包容(inclusion)是一种社会机制,社会系统通过这种机制将人类纳入考虑范围,也就是说,使人类成为像人一样的负责任的行为者。① 我们将看到,包容的形式随着向现代社会的过渡而发生变化,并且这已经远远达到法律语义的后果。

在分段社会和等级社会中,客观法足以规范社会交往,主观权利不是必需的。因为个人在这里具有固定的社会地位,从而全面地嵌入社会环境之中。社会与个人之间的关系是由这种"全面包容"决定的:个体性和社会性位置相同。② 个体完全属于部落、家庭、公司或阶层。双重成员身份是不可能存在的:一个人只能属于一个阶层,因此社会混合体(social hybrids)被认为是怪物。这种全面包容(overall inclusion)的优点是为个人提供稳定和受保护的位置。正是因为个人在生活的各个领域都由他或她固定的社会地位所定义,所以他或她同时被纳入社会纽带网络并受到社会纽带网络的保护,该网络构成了一种对抗君主、教会等权力的缓冲。

系统论的中心论点是,随着功能分化社会的形成,这种秩序必须被放弃。③ 社会分化不能再基于将"整个人类"(whole persons)划分为不同的群体,被分化的不再是人群,而是沟通的类型。系统论显然不可能将人们分配到宗教、经济、科学、教育和政治系统中,以至于每个人都生活在其中某个且仅在该系统之中。关于这一点,卢曼写道:

> 以前看似正常的事情现在是不可能的。单一的人不能再属于一个且仅属于一个社会子系统。个体可以专业地参与经济系统、法律系统、政治系统、教育系统等,社会地位在某种程度上遵循专业划分的成功路径;但个体不能只生活在一个功能子系统中。④

因此,社会包容变成了一种异质的,甚至是混合的事情。访问规则取代了旧的秩序,

---

① See N. Luhmann, Die Gesellschaft der Gesellschaft, 1997, S. 618 – 34.

② N. Luhmann, Individuum, Individualität, Individualismus, in N. Luhmann, Gesellschaftsstruktur und Semantik. Studien zur Wissenssoziologie der modernen Gesellschaft. Band 3, 1989, S. 149; R. Laermans and G. Verschraegen, *Modernity and Individuality: a Sociological Analysis from the Point of View of Systems Theory*, in A. Van Harskamp and A. W. Musschenga eds., The Many Faces of Individualism, 2001, p. 111.

③ 有关这一演化的总体概述,参见 Luhmann, N. Luhmann, Individuum, Individualität, Individualismus, in N. Luhmann, Gesellschaftsstruktur und Semantik. Studien zur Wissenssoziologie der modernen Gesellschaft. Band 3, 1989, S. 154 ff.; R. Laermans & G. Verschraegen, *Modernity and Individuality: A Sociological Analysis from the Point of View of Systems Theory*, in A. Van Harskamp and A. W. Musschenga eds., The Many Faces of Individualism, 2001, p. 121 ff.; N. Luhmann, *The Individuality of the Individual: Historical Meanings and Contemporary Problems*, in T. C. Heller et al. eds., Reconstructing Individualism. Autonomy, Individuality and the Self, 1986, p. 313。

④ N. Luhmann, Individuum, Individualität, Individualismus, in N. Luhmann, Gesellschaftsstruktur und Semantik. Studien zur Wissenssoziologie der modernen Gesellschaft. Band 3, 1989, S. 158.

即人们被分为不同的群体。作为个体,人生活在功能系统之外。但是,如果每个人的生活方式需要利用社会的功能,那么他或她就必须能够使用每一个功能系统。每个人都应该能够享有合法地位和法律的保护,每个人都应该在学校接受教育,每个人都应该能够获得和消费金钱,等等。

根据卢曼的说法,这种部分的和"多功能"的包容新形式可以与主观权利的引入联系起来。为了确保多重和部分包容,个人应该从强大的包容性社会群体中解放出来,并有权享有参与经济、政治、法律、教育、宗教等的权利和主张。用卢曼的话说:

> 民众融入社会必须采取新的形式,这一愿望以主观权利的形式体现,因为它仍尚未实现。在象征层面上,这个角色具有双重含义:首先,它涉及主观权利(而不仅仅是客观秩序的反身性权利),它象征着现在必须将个人视为更加个性化和更加独立于其社会地位的人。其次,这个角色涉及主观权利(而不是义务),象征着将每个人纳入所有功能系统并不完全成功……与此相对应的是权利(right)以及请求权(claim)术语被创造,而不是义务(duty)和责任(responsibilities)被创造。[①]

因此,主观权利可以被理解为对完全包容和固定社会地位丧失的一种补偿。[②]

从语义层面看,主观权利概念是人权概念发展的必要条件。简单回顾一下人权史,我们就会发现,第一代人权是在 18 世纪末美国和法国的伟大民主革命中被宣告的。在这里,第一次出现了明确的书面权利宣言,每个个体(individual)、每个自然人(human being by nature),无论其社会属性如何,都有权享有这些权利。在 20 世纪,"人权"的观念得到了普遍化。联合国于 1948 年 12 月 10 日通过了《世界人权宣言》,该宣言并不局限于西欧和北美,而是声称代表"所有人民和所有国家的共同成就标准"[③]。值得注意的是,卢曼的论点是,这种主观和不可剥夺的权利语义具有社会功能:人权排除了可以通过群体成员身份强制定义个人身份的可能性,并确保将其纳入不同的功能系统。为了防止个人被家庭、社会阶层、教会或(绝对的)国家传唤和剥夺其权利,这些权利被称为人权,是附属于(法律)主体或个人的不可剥夺的权利。因为作为人不能被放弃、失去或没收,所以人权是不可剥夺的。通过将权利表述为"人权",进一步保证了每个人无论其社会地

---

① N. Luhmann, Subjektive Rechte: Zum Umbau des Rechtsbewusstsein moderne Gesellschaft, in N. Luhmann, Gesellschaftsstruktur und Semantik. Studien zur Wissenssoziologie der modernen Gesellschaft. Band 2, 1981, S. 84 – 85.

② N. Luhmann, Das Recht der Gesellschaft, 1993, S. 487 – 488.

③ 关于这个"悖论",请参见 N. Luhmann, Das Paradox der Menschenrechte und drei Formen seiner Entfaltung, in N. Luhmann, Soziologische Aufklärung 6. Die Soziologie und der Mensch 229, 1995, S. 233 – 234。

位如何,都可以参与不同的功能系统,从而建立自己的人格(personality)。每个人格体(person),作为人(human being),都有权享有他或她的人权。

自由和平等是所有人权宣言的核心概念,①象征着与新的现代包容形式一起出现的法律秩序。② 基本自由表明整个社会,特别是不同的社会群体必须离开这取决于个人何时以及为何想要参与社会的不同功能系统。基本自由保证每个人都可以决定他/她投票给哪个政党、他/她从事哪个职业、他/她正在阅读哪份报纸等。例如,宗教自由涉及保护个人宗教自由免受国家和各种宗教团体的侵害。因此,《世界人权宣言》第 18 条包含了“改变宗教或信仰的自由”的权利。正是因为一个人的社会地位不受考虑,所以平等权象征着作为法律主体的个人与其他所有个人一律平等。在法律面前,我们首先是平等的公民,平等地享有一系列权利和保护。从这个意义上说,人们可以说,人权宣言的基本依据是权利平等,而不是自由。自由同样存在于分层社会的法律秩序中,但不是每个人都享有自由,而且程度也不同。我们将一方面更详细地讨论基本自由的具体作用,另一方面讨论平等权利的具体作用。然而,为了理解卢曼的思想,首先需要简要了解一下人权的一般社会功能。

四、功能分化、排斥和人权

卢曼认为,基本自由和人权构成了一个“多功能”的制度,即它不仅试图保护个人的自由和利益,还想要加强现代社会功能分化的结构。③ 如何理解这种对个人和社会利益的“多功能”保护?

如前所述,前现代社会不需要人权,正是因为这里的个人完全由其社会地位所定义,并且受到社会纽带网络的保护。然而,在现代社会,个体的境况更为复杂:人格不再与固定的角色和典型相一致,而是必须通过对不同子系统的多样化和部分参与来建立。在某些情况下,个体只能短暂地属于功能分化社会的某个子系统,如作为诉讼中的对手、选举中的选民、学生等。这种短暂性将每部传记都变成一个单独的时间序列,并由单独的时间性位置价值(temporal place-values)打断。④ 每个人被包容的历史都是不同的。每个人必须作为个人(individual)或人格体被完全排除在社会之外。因此,卢曼将现代个体性称

① 例如,《世界人权宣言》第 1 条宣称“人人生而自由,在尊严和权利上一律平等”。

② N. Luhmann, Der Gleichheitssatz als Form und Norm, 77 Archiv für Rechts und Sozialphilosophie 435 (1991); G. Verschraegen, De maatschappelijke evolutie van de moraal, 21 Tijdschrift voor Sociologie 229 (2000).

③ N. Luhmann, Grundrechte als Institution, 1957, S. 79 – 80.

④ G. Corsi, Die Dunkle Seite der Karriere, in D. Baecker ed., Probleme der Form, 1993, S. 252 – 265; R. Laermans and G. Verschraegen, op. cit., n. 22, p. 125 – 126.

为“排斥个体性”(exclusion individuality)。[①] 被社会排斥反过来又允许他或她在特定条件下重新进入社会:一个人必须有钱可以支配,通过考试,遵守诉讼惯例等。卢曼的论点是,这种根本性的排斥导致个人自由和风险的急剧增加。个人不再有能力诉诸明确的社会身份,但必须决定如何建立个性以及如何将其传达给他人。与此同时,个人的福祉变得依赖于教育系统、政治、公司或劳动力市场等其他地方的条件和决策。卢曼写道:“在这样的结构性社会条件和这样的行为负担下,个人人格需要特殊保护(至少不是他的非个人自由)。”[②]个人的地位越脆弱,社会就越需要为个人的自我展示和流动性制定保护机制。《作为制度的基本权利》的中心论点是,正是这种机制正在通过人权法得以制度化。

人权确保个人进入不同功能系统的机会保持开放:通过赋予个人参与政治、经济、法律、教育等的权利和请求权,人们可以接受甚至期望个人自己决定投票行为、职业选择、亲密关系等。从比较(历史和区域)的角度来看,这一点并不明显。例如,我们在政治极权主义方面的经验表明,需要基本权利和自由来保证个人参与大众媒体、政党或教会不会招致政治谴责或镇压。只有当人们不必担心会受到伤害时,才会表达或发表意见,或者只有当他们知道自己受到私人投票的保护,因此不必向其他社会角色证明自己的投票合理时,才敢于自由投票。[③] 通过鼓励个人自由参与不同的功能系统并防止某个子系统或社会群体完全控制他或她,人权加强和保护了现代社会赖以建立的高度个人流动性和沟通开放性。[④] 通过保护个人,人权这一社会制度也保护了现代社会复杂且分化的秩序。只有赋予个人不可剥夺的权利,社会才能保护自身的分化水平,并削弱倒退或去分化的趋势。

为了不误解这一点,重要的是注意卢曼对去分化危险的信念,与其对现代社会秩序的特定看法有关。卢曼与其他社会思想家不同,他坚信当代社会秩序的根本偶联性和脆弱性。面对现代社会的普遍偶联性和复杂性,社会秩序是不可能存在的,于是,他问“什么使社会秩序成为可能”?“卢曼在他的作品中强调的不是现代社会的稳定性,而是它们的脆弱性和不可能性,以及在可能的情况下增加稳定条件的必要性。”[⑤]现代社会建立在很难演化的社会结构之上,因此需要特别保护。卢曼认为,如果没有制度化的机制来实

---

① N. Luhmann, Individuum, Individualität, Individualismus, in N. Luhmann, Gesellschaftsstruktur und Semantik. Studien zur Wissenssoziologie der modernen Gesellschaft. Band 3, 1989, S. 158 ff.; R. Laermans and G. Verschraegen, *Modernity and Individuality: A Sociological Analysis from the Point of View of Systems Theory*, in A. Van Harskamp and A. W. Musschenga eds., The Many Faces of Individualism, 2001, p. 123 ff.

② N. Luhmann, Grundrechte als Institution, 1957, S. 51.

③ N. Luhmann, Legitimation durch Verfahren, 1983, S. 160.

④ N. Luhmann, Grundrechte als Institution, 1957, S. 23.

⑤ King and Schütz, *The Ambitious Modesty of Niklas Luhmann*, 21 J. of Law and Society 261, 270(1994).

现和加强高度个性化的人和自主功能系统的共存,那么倒退或去分化的风险是真实存在的。[①] 因为其高度复杂性和对刺激的高度敏感性,功能分化社会特别是政治子系统很容易寻求激进的解决方案。面对日益增加的偶联性、短暂性和个人流动性,人们可以提倡和遵循宗教、归属感和习俗等绝对价值观。这对现代社会的主导结构构成了真正的风险。卢曼多次强调,这种简化和去分化的风险不仅仅是一个理论问题。例如,在一次采访中,卢曼曾说:

> 国家社会主义的经验拓宽了我们对可能性的认识。暴行在政治上变得可以接受,甚至在没有受到法律阻止的情况下进行……因此,人们必须提出这样的问题——这一事件是否以及在多大程度上受到法律的管辖,甚至更根本的是,它是否可能成为法律。[②]

因此,《作为制度的基本权利》的潜台词是由 20 世纪政治极权主义的创伤经历构成的。卢曼询问是否有可能将保护机制制度化以防止这种去分化趋势重演,现代社会可以发明哪些机制来阻止危害其自身结构的倒退?

与占主导地位的法哲学相反,卢曼并没有向复兴自然法寻求答案:

> 1945 年之后,人们寻求自然法的保障,以防止"极权国家"的卷土重来。这不仅缺乏说服力,同时也是一种政治上危险的幻想:它分散了人们的认识,即这种安全只能在政治系统本身中找到,而且归根结底只能在政治行动本身中找到。[③]

相应地,卢曼的分析是从"基本自由和人权将政治系统的自我限制制度化"这一观点出发的。在所有的功能系统中,政治系统最有根据自身政治目标简化社会功能分化秩序的倾向。卢曼于 1965 年在"冷战"背景下提出该论点,当时人们对纳粹政权的记忆鲜活。在没有社会保护机制的情况下,卢曼写道:

> 政治系统倾向于将所有社会进程纳入政治范围,并从政治角度对待它们,

---

① 卢曼在这里又回到了帕森斯的主题。See F. J. Lechner, *Fundamentalism and Sociocultural Revitalization*: *On the Logic of Dedifferentiation*, in J. C. Alexander and P. Colomy eds., Differentiation Theory and Social Change, Comparative and Historical Principles, 1990, p. 88.

② 卢曼引用自 R. Stichweh ed., Niklas Luhmann. Wirkungen eines Theoretikers, 1999, S. 24。

③ N. Luhmann, Grundrechte als Institution, 1957, S. 41.

这超出了其执行具有约束力的决定的功能。①

现在,从系统论的角度来看,很明显,政治系统只有在不承担社会生活的所有问题的情况下,才能执行其自身的功能运作(做出具有约束力的决定)。因为这将导致无限的复杂性,而这种复杂性只能通过非常粗暴和强制性的措施来降低。此外,政治对经济、科研、教育、法律等持续全方位的调控,也会严重扰乱这些功能系统的选择性。随着功能分化的彻底突破,一种新型的自我限制因此以宪法的形式出现。② 宪法权利作为一种社会防御制度(social counter-institution)出现,限制政治形式的殖民倾向。通过宪法保障的权利和自由,政治系统界定了国家权力的管辖范围,并将其与所有其他非政治的社会领域区分开来。政治只有在宪法上自我约束,并承认其他系统的自主性,才能正常发挥自己的功能。政治权力的这种内部限制更加必要,因为各功能系统的自治性与相互依赖性的增强相伴而行。例如,政治权力不应该被出售,因为政治决策涉及巨大的经济利益;司法自主必须得到宪法的保障,因为司法判决对其他功能系统有很大的影响;新闻自由必须受到宪法保护,因为对大众媒体的政治依赖越来越大;等等。③

总而言之,自1789年美国宪法生效与法国人权宣言颁布以来,基本自由和人权一方面充当国家权力面向非政治社会领域的内部边界,另一方面充当个人自由领域的内部边界。基本权利通过防止政治系统将自己的观点绝对化,既保护了个人的自由和利益,又保护了不同功能系统之间的区别。人们可以认为,例如,宗教自由和良心自由防止政治干涉宗教,同时使宗教的选择和实践成为个人的决定。作为基本权利的所有权,它确保了经济系统的自主性,同时使经济运作取决于买或不买的决定,以及保护教育和研究自由,等等。这里可以注意到,不同基本权利的划分反映了不同的、自治的、社会领域的分化。

最后,本文还要指出,卢曼对政治总体化倾向(totalizing tendencies of politics)的关注,这在1965年是可以理解的,但现在需要扩展到其他功能系统。20(和21)世纪的新经验是,极权主义倾向不仅起源于政治,而且起源于社会的其他领域。④ 确实,基本权利的历史作用是保护不稳定的人。社会分化反对其政治化的结果。但是,克里斯托夫·格雷伯(Christoph Graber)和贡塔·托伊布纳(Gunther Teubner)评论道:

---

① N. Luhmann, Grundrechte als Institution, 1957, S. 97.

② N. Luhmann, Verfassung als evolutionäre Errungenschaft, 9 Rechtshistorisches Journal 176 (1990); N. Luhmann, Das Recht der Gesellschaft, 1993, S. 470 ff.; N. Luhmann, Die Politik der Gesellschaft, 2000 S. 391 – 392.

③ N. Luhmann, Das Recht der Gesellschaft, 1993, S. 452 – 495; N. Luhmann, Die Gesellschaft der Gesellschaft, 1997, S. 776 – 789.

④ C. B. Graber & G. Teubner, *Art and Money: Constitutional Rights in the Private Sphere?*, 18 Legal Studies 61 (1998).

> 这是一种历史偶联性,取决于特定时期社会系统的广阔潜力。我们认为,硅谷给科学、教育和研究的自由带来了潜在的风险……这是一种对权力现象的痴迷,往往忽视其他沟通媒介,因为它对个人和社会自治构成了威胁。相反,它是个人和社会自主权需要受到保护的特定沟通媒介,类似于针对国家权力媒介的保护。经济和技术显然是新的候选者。①

在当代社会,基本权利和人权不仅针对国家行为,而且还针对其他广泛的社会系统,如经济、大众媒体、宗教等的侵入。这意味着,认为人权完全由个人/权力/国家三元组构成的经典而狭隘的观点应该得到一种更加有区别的观点的补充,这种观点也应该考虑到其他社会系统。

五、基本自由和制度化个人主义

基本自由和人权首先是保护性权利:它们保护个人自由领域免遭社会过度要求的侵害,不仅免遭政治权力的侵害,也免遭任何具有总体化倾向的社会系统的侵害。从这个意义上说,人权可被理解为消极权利,它们保证消极自由。将人权简化为严格的消极自由很简单,因为它们还使个人能够参与社会,成为一个"人",一个对社会负责的行为者。如果个人自治要成为一种积极主动的条件,就需要允许参与并授权一个人在公共场合行事的权利。个体真正的自主和自我决定不可能由孤立的个体来实现,而只有在更广阔、分化的社会环境中才有可能实现。因此,卢曼认为,将基本人权和基本自由缩减到个人行动领域并没有考虑到社会自由不仅在个人领域而且也在不同的沟通领域实现。因此,本节将试图展示基本自由如何不仅将消极自由制度化,而且在社会层面承认个人发展。②言论、良心、宗教和结社自由等权利不仅保护某个领域的个人自主权,也保障了发展社会身份的能力。

在现代社会,人权对于社会认可和尊重任何人作为一个人至关重要。为了理解这一点,我们应该记住,现代和当代社会中存在的功能分化意味着个人不再能够诉诸明确的社会身份。虽然前现代社会理所当然地认为个体是熟悉的东西,③但现代性已经发展出一种个体性语义,根据这种语义,个体被视为陌生的、不可预测的和自由的。④ 因此,卢曼

---

① C. B. Graber & G. Teubner, *Art and Money: Constitutional Rights in the Private Sphere?*, 18 Legal Studies 61, 69 – 70 (1998).

② 对于类似的尝试,参见 W. Brugger, *The Image of the Person in the Human Rights Concept*, 18 Human Rights Q. 594 (1996)。

③ 请注意,他们并不认为陌生人是社会的一部分。

④ N. Luhmann, Individuum, Individualität, Individualismus, in N. Luhmann, Gesellschaftsstruktur und Semantik. Studien zur Wissenssoziologie der modernen Gesellschaft. Band 3, 1989, S. 158 – 159.

认为,传达自己的身份不再是显而易见的基本权利和人类自由,首先需要保护个人自我展示的可能性条件。①

如何保证个人自我展示的可能性条件?首先是生命权、身体完整权和行动自由权(参见《世界人权宣言》第3条、第4条、第5条和第13条)。任何人都不得阻止一个人随时在场、说话、见面、往来。任何人不得加以酷刑或残忍、不人道或有辱人格的待遇或处罚(第5条)。这些身体完整和行动自由的权利是沟通自我展示的基本权利,主要基于"身体的存在、姿势和表达"②。用欧文·戈夫曼(Erving Goffman)的话,"日常生活中的自我展示"只能通过言语和非言语沟通来实现,这些沟通与身体存在与外表、面部表情、手势和身体移动有关。只有通过自由地运用身体,一个人才能交换信息,表达他或她对在场其他人的欣赏,同时将自己置于他们所代表的社会背景中。从这个意义上说,身体完整权和行动自由权不仅是生物或身体上的权利,它们本质上也是社会权利,不仅因为它们要求尊重他人的身体,更主要是因为它们使个人(individual)成为一个"人格体"(person),参与沟通和社交。③ 这些权利保证沟通可以分配给特定的人,对其自己的决定和行为负责,因为只有当一个人被视为"自由"地说自己想说的话与来往、决定具体的行动方针等时,才可以被视为人格体。例如,通过酷刑获得的口供不能被视为"个人"沟通,因为供词者同时明确表示,该供词并非其内心自愿。

此外,思想、良心和宗教自由权、观点和言论自由权、和平集会和结社自由权、政治参与权、工作权、教育权等旨在保障表达自己个性的能力,从而实现人的尊严。卢曼认为,基本自由保护"自由行动的象征性表达维度……并涉及人的自由发展的一般权利"④。社会沟通和人的发展、自我决定和社会性有着不可分割的联系。所有这些个人权利同时也是沟通权利或社会权利,它们使个人能够参与社会的不同沟通子系统,并使他或她成为一个人。它们不是孤立个体的权利,而是考虑到了现代人类特定的社会环境。例如,观点和言论自由权不仅仅是一项严格的个人的、"占有的"(possessive)权利,即它不仅是持有意见不受干涉的权利,而且是表达意见和承担责任、同时不必担心被监禁或收入损失的权利。新闻自由不是想写什么就写什么的权利,而是参与媒介系统的出版权利,从而保证信息和思想的社会沟通的可能性。工作权、自由选择就业权也将个人的发展与参与现代社会的不同子系统和组织联系起来。一方面,一个人的职业是个人自我理解和自我

① N. Luhmann, Grundrechte als Institution, 1957, S. 21.

② N. Luhmann, Grundrechte als Institution, 1957, S. 79.

③ N. Luhmann, Grundrechte als Institution, 1957, S. 79 – 80. 这一重要的社会或沟通维度很少被讨论。行动自由权和人身安全权大多被解释为孤立的个人的权利。See U. Eco, Vijf morele dilemma's, 1997, S. 85 ff.

④ N. Luhmann, Grundrechte als Institution, 1957, S. 79.

展示的一个非常重要的维度;在现代社会,人是什么在很大程度上取决于其所做的事情。① 另一方面,一个人的职业或工作只有在自由选择的情况下才能获得这种象征价值。② 因此,工作权和自由选择就业权保证了自由包容、自由获得不同功能系统中的各种专业角色。例如,它们确保可以消除家庭期望对职业选择的影响。通过自由选择就业,子承父业的社会期望不再能够得到普遍的社会支持。③ 因此,不同的个人可以在现代社会的各种职业角色之间自由选择。结社自由权也表明,只有保证自由融入现代社会的各种组织,现代个人才有可能决定自我和展示自我。

> 因为他的选择是自由的,并且退出是可能的,个人通过其不同成员身份的性质和数量,也对自己做出了声明……同时,组织(社团)可以通过对那些如果想保持成员资格就必须自愿接受的期望的管理,对个人作出相当精确的规定,这些规定在其细节和区别上,同时在允许行动自由的方式上,都远远超过了可以通过强制来确保的一切。④

简言之,由于人权使个人的自由选择成为可能并使其合法化,它们加强了以自由包容和个人流动性为基础的现代社会的主导结构。"通过自由选择,可以建立并尝试各种不同且相互矛盾的规范、角色和机制。"⑤因此,人权构成了参与现代社会的不被注意的基本条件。人权使我们无须进一步关注就能参与构成现代社会的丰富的社会角色、网络、协会和组织。通过观察人权得不到保障的社会或地区,可以更好地理解这种基本的沟通自由和关系自由的重要性和未被注意到的特征。在这些地方,保持功能分化变得非常困难,因为个体不能自由地被包容在各种功能系统中。在做出每一个决定时,人们都必须问自己,当权者会如何看待一个人阅读的这份报纸、从事这样的职业、公开表达自己对总统的看法等。

专制政府或独裁政权能够长期反映制度化的机制就是大规模传播恐惧。在侵犯权利的政权中(如缅甸、伊拉克、苏丹)存在大规模控制系统,其中酷刑、监禁和"失踪"以系统化、专业化和官僚化的方式组织起来。其目标是吓唬和恐吓民众,让每个人都会问自己,他们的行为是否会给自己以及朋友和亲戚带来风险。人们不仅会避免一切被禁止的

① N. Luhmann, Grundrechte als Institution, 1957, S. 131.
② N. Luhmann, Grundrechte als Institution, 1957, S. 132.
③ N. Luhmann, Grundrechte als Institution, 1957, S. 134.
④ N. Luhmann, Grundrechte als Institution, 1957, S. 91.
⑤ N. Luhmann, Grundrechte als Institution, 1957, S. 102.

事情，而且还会避免一切未被明确允许的事情。① 因此，“政治敌对”活动的风险被保持在尽可能低的水平，丰富且分化的社会活动或沟通受到阻碍。人们不愿冒险或建立新的关系；他们对彼此变得不信任，并试图将属于自己的行动保持在尽可能小的范围内。它强化了“管好自己的事”的倾向。由于每个人都是潜在的警察间谍，因此人们会从公共生活中退回到亲戚和朋友的小圈子中。② 社会生活退回到狭小且相对无差别的飞地。结果，我们之前谈到的社会的简单化或去分化成为现实。我们通常在不同社会领域之间划定的界限被简单地消除了。一个人作为艺术家、媒体用户、信徒等所做的事情可能会对他或她的法律地位、收入、健康等产生严重影响。因此，现代社会相对灵活和分化的包容机制无法维持。获得政治、法律、教育、医疗的机会不再由功能上特定的包容机制来调节，而是依赖于地方官员的裙带关系与政权的小范围的朋友网络的接触等。

六、权利平等与功能分化

基本人权不仅被表述为与自由相关的权利，而且被表述为平等权利。如果所有人仅仅因为是人就享有人权，那么所有人都平等地享有人权。《世界人权宣言》明确指出，人权是普遍权利。“人人有资格享有本宣言所载的一切权利和自由，不分种族、肤色、性别、语言、宗教、政治或其他见解、国籍或社会出身、财产、出生或其他身份等任何区别。”（第2条）正如本文前面所指出的，这种权利平等象征着作为法律主体的个人与所有其他人平等，这是因为没有考虑到一个人的社会地位。现代社会的新包容形式要求每个人都有平等的机会进入不同的功能系统，即不存在妨碍进入的普遍的、制度化的社会歧视。富人和穷人、男人和女人、比利时人和埃及人，都有结婚和建立家庭的权利、拥有财产的权利、接受免费教育的权利等。在不同的功能系统中，只有特定的差异或“不平等”才能决定包容的方式和程度。因此，每个人都有权自由进入教育系统、经济系统等，但融入特定系统的方式只能在这些系统内部决定，如通过差异或学习能力的“不平等”、健康状况的不平等等。③

从社会学的角度来看，“平等”权，至少这个词在现代意义上，④既不是“自然”平等的表达（所有人类都是平等的），也不是价值的表达，而是某种被追求的价值的表达（所有人

---

① A. De Swaan, Terreur als overheidsdienst, in A. De Swaan, De mens is de mens een zorg, 1982, S. 124.

② N. Luhmann, Grundrechte als Institution, 1957, S. 69; D. A. Bell, Een Communitaristische Kritiek op het Autoritarisme, 45 Krisis. Tijdschrift voor Filosofie 40(1995).

③ R. Stichweh, Inklusion in Funktionssysteme der modernen Gesellschaft, in R. Mayntz ed., Differenzierung und Verselbständigung: zur Entwicklung gesellschaftlicher Teilsystme, 1988, S. 261.

④ 平等观念在前现代社会也广泛传播。有关平等观念语义演变的总体概述，参见 N. Luhmann, Der Gleichheitssatz als Form und Norm, 77 Archiv für Rechtsund Sozialphilosophie 435 (1991), S. 435 ff.; S. Holmes, Differenzierung und Arbeitsteilung im Denken des Liberalismus, in N. Luhmann ed., Soziale Differenzierung: zur Geschichte einer Idee, 1985, S. 9。

应受到平等对待)。鉴于其在现代社会中的功能,平等原则更应该被视为一种选择性冷漠原则:在包容的过程中只需要考虑相关的特征或不平等,而不应将所有其他特征或不平等考虑在内。再次强调,相关和非相关不平等的构成只能由相关子系统决定。在医疗子系统内只有健康状况的不平等被视为有意义,在经济系统中只有生存手段的不平等才值得考虑,等等。

也可以从角色区分的角度制定平等原则。平等待遇意味着只应考虑功能上特定的角色期望和要求。因此,消费者应被视为消费者,选民应被视为选民,学生应被视为学生,等等。一般情况下,可以不考虑其他角色。关于这一点,卢曼写道:

> 宪法禁止在某种角色组合中偏袒或伤害某人,因为他或她还承担其他角色,除非有特定理由使这种组合有意义。因此,企业家不应因为是某一特定宗教的信徒而获得补贴;不应因为学生的父母属于城市贵族而让他或她通过;不应因为司机很有钱(因为罚款与收入水平有关)从而使其遭受罚款的可能性更高。任何一种不明确、结构上不相关、有些随机和纯粹个人角色组合的倾向都是对平等原则的违反。①

因此,只有在表明不平等待遇的具体理由的情况下,暗示不平等待遇的决定才是合理的。② 通过这种方式,平等原则保证了不同角色之间也能维持功能区分。平等待遇权确保了只有在考虑到某些“结构上相关的”角色组合的情况下,才能以功能上特定的方式进行包容。

原则上,纳入功能系统仅与功能和角色特定的不平等相关。只有患者健康状况的差异才能决定谁接受肾移植;在决定谁可以收养儿童时,只能考虑家庭情况的差异;在决定谁被精英大学和学校录取时,只有考试成绩、学校成绩等方面的不平等才应该被认为是有意义的。重要的是,根据不平等程度,平等情况(在医疗、家庭或教育角度上平等)得到平等对待,不平等情况(医疗、教育方面)得到不平等对待。③ 平等对待不平等的个人(例如,给所有学生相同的分数)显然是不公平的。因此,每个功能系统都使用特定的标准和程序(如检查、基因筛查等)来区分平等和不平等的情况。④

综上所述,平等权利保证个人只能按照特定的、一致的标准和程序纳入现代社会的不同功能系统。因为只有这样,才能确保不相关的社会特征,如肤色、性别、语言、宗教、

---

① N. Luhmann, Grundrechte als Institution, 1957, S. 179.

② N. Luhmann, Das Recht der Gesellschaft, 1993, S. 111 – 112.

③ N. Luhmann, Das Recht der Gesellschaft, 1993, S. 110 – 117.

④ See J. Elster, *Local Justice: How Institutions Allocate Scarce Goods and Necessary Burdens*(1992).

政治或其他观点等,不被考虑在内。用卢曼自己的话说:

> 最终,前面的分析使我们能够将平等权纳入人权的一般规范范围内,甚至将其视为人权的范式……人权与现代社会结构上所需的对未来的开放性相关。如果每个人都需要自由地访问所有功能系统,那么它们的包容只能在功能系统本身的内部进行调节,因为人们只能根据功能来决定什么是平等或不平等的具体标准。如果这一切都属于现代社会的结构性要求,那么人们就不能提前说“谁必须说什么”或“谁扮演哪个角色”……从功能上看,人权有助于为功能特定的自创生式再生产保持开放的未来。任何分裂、任何分类,特别是任何对个人的政治分类都不能限制未来。人类属于系统的环境,未来无法预测,只能是社会自创生(autopoiesis)和结构漂移(structural drift)的结果。①

七、结论

本文试图为真正的人权社会学解释奠定基础。通过对卢曼人权理论的介绍,本文试图描述历史和社会学的观点,以阐明为什么人权成为社会的核心特征。因此,基本自由和人权并不是跨历史的,而是与社会的特定和主导结构以及功能分化相关。通过将基本自由和人权制度化,现代社会可以保护自己的力量免受去分化的自我毁灭倾向的影响。有时,人权保护了现代社会个体的脆弱地位。卢曼认为,如果没有制度化的机制来加强高度个性化的人和自主的功能系统的共存,那么倒退或去分化的风险是真实存在的。因此,人权被表述为附加于(法律)主体或人类本身、肤色、信仰、国籍、社会地位等的不可剥夺的权利。它们有利于加强现代个体性,而现代个体性不再是“融入”家庭、公司或庄园。通过排除能被群体成员强制定义的个人身份,可以确保包含在不同的功能系统中的自由,人权使建立和沟通个性成为可能。通过自由参与不同的社会系统、组织和团体,个体可以建立和尝试各种不同且常常相互矛盾的规范、角色和社会身份。

只有基本权利和人权一方面保障个人的自由选择,另一方面保障分化的社会环境,现代社会灵活的、分化的包容机制才能得以维持。基本自由保障“自由”包容,它们确保个人可以自由决定何时以及为何想要参与社会的不同功能系统。平等权确保对不同功能系统的“平等访问”,即只有特定的“差异”或“不平等”才能决定公共卫生系统、教育系统、政治系统等系统的包容方式和程度。

人权构成了一种社会制度,可以保护功能分化免遭其自我毁灭倾向影响,这一论点

① N. Luhmann, Das Recht der Gesellschaft, 1993, S. 115 - 116.

可以被视为一项铺垫工作,它代表着一种尝试,为人权提供一般的社会学方向,作为对古典人权理论(自然权利、自由主义政治哲学)的回应。例如,从社会学的角度来看,经典的人权观(仅由个人—权力—国家三元组合构成)过于狭隘,应该用一种更加分化的、同时还要考虑社会其他领域的方法来补充(而不是取代)。然而,关于人权的社会重要性的系统理论论证是在高度抽象的层面上提出的。它既没有涉及文化相对主义问题、难民和庇护问题等具体问题,也没有指出如何更好地促进和有效地落实人权。本文认为这意味着对社会系统论的高估,因为该理论不适合为政府或国际机构提供建议。相反,卢曼的社会理论旨在充分观察和描述我们所处的社会类型,以便在下一阶段,人们可以寻找可能的变化,从而减轻痛苦。

Human Rights and Modern Society

—A Sociological Analysis from the Perspective of Systems Theory

Gert Verschraegen　Weng Zhuangzhuang

Abstract: Gert Verschraegen revealed the contribution of Niklas Luhmann's system theory to the sociological theory of human rights, believing that it laid the foundation for the true sociological theory of human rights, and based on this, he clarified the impact of human rights on modern society. The existence of human rights is closely related to the specific dominant structure of society. Human rights are institutionalized through the legal system and are defined as inalienable rights attached to individuals, allowing individuals to break away from traditional constraints and establish and express their individuality through participation in different social systems, thereby realizing the coexistence of people and social systems. A differentiated society can also guard against the self-destructive risks of dedifferentiation. Fundamental rights protect not only free choice but also a differentiated social environment by maintaining the inclusive mechanism of modern society. Gert Verschraegen believes that Luhmann's sociology of human rights has well overcome the narrowness of classical human rights theory and can provide possibilities for future social changes. However, due to the highly abstract nature of Luhmann's system theory, it did not delve into specific human rights issues, resulting in its limitations in providing specific suggestions.

Keywords: Human rights; Social system theory; Basic rights; Functional differentiation

(责任编辑:徐翌洋　助理编辑:李素淳)